马克思主义与
中华文明探源

MAKESIZHUYI YU ZHONGHUA WENMING TANYUAN

张碧波　陈永宏　著

黑龙江人民出版社

图书在版编目（CIP）数据

马克思主义与中华文明探源／张碧波,陈永宏著.
—哈尔滨：黑龙江人民出版社，2016.3（2021.5重印）
ISBN 978－7－207－10688－9

Ⅰ.①马… Ⅱ.①张… ②陈… Ⅲ.①中华文化—研
究 Ⅳ.①K203

中国版本图书馆 CIP 数据核字(2016)第 060016 号

责任编辑:孙国志
封面设计:张 涛

马克思主义与中华文明探源
张碧波 陈永宏 著

出版发行	黑龙江人民出版社
通信地址	哈尔滨市南岗区宣庆小区 1 号楼
邮 编	150008
网 址	www.longpress.com
电子邮箱	hljrmcbs@ yeah.net
印 刷	北京一鑫印务有限责任公司
开 本	787×1092 1/16
印 张	15.25
字 数	220 千字
版 次	2016 年 4 月第 1 版 2021年5月第2次印刷
书 号	ISBN 978－7－207－10688－9
定 价	32.00 元

序

孙慕天

　　张碧波先生的新作《马克思主义与中华文明探源》杀青，承蒙先生不耻下问，有幸先睹为快，并嘱我弁言于前，顿感惶惑不已。自忖不仅学殖瘠茫，而且对于历史是地道的门外汉，深恐佛头着粪，有损先生佳作的光辉。

　　我对中国文明起源问题的关注，是因求学时听过侯外庐师的专题课，侯师运用马克思亚细亚生产方式的理论，对中国文明早熟性所做的鞭辟入里的分析，使我茅塞顿开。我多年从事科学哲学和科学史研究，中西科学发展道路的比较是这一领域中最引人入胜的课题，而所谓李约瑟问题——为什么近代科学的发生地是西欧而不是中国——更是科学编史学的一大公案。随着研究的深入，我慢慢意识到破解这一学术疑难的关键正是亚细亚生产方式的理论。

　　碧波先生新著的立论基础正是马克思的亚细亚生产方式学说。先生明确指出："关于中华文明的亚细亚生产方式诸特点，关于中华文明早熟性问题因马克思的关于原始公社理论而落实了，这成为研究解决中华文明探源、中华文明独特特征及其独特道路的一把金钥匙。"就中国文明起源的研究来说，从1930年郭沫若依据恩格斯《家庭、私有制和国家的起源》写作《中国古代社会研究》，到后来侯外庐师遵循马克思《政治经济学批判》（"巴黎手稿"）关于亚细亚生产方式的理论写出《中国古代社会史论》，明确提出中国文明起源和发展的亚细亚性质。从那时起一直到今天，围绕这一问题的争论始终没有停止过。平心而论，在围绕中国文明起源问题的各种史论中，仍以马克思的亚细亚生产方式最有说服力。侯师认为，文明路径的指标是家族、私产和国家,"古典的古代"的道路是从家族到私产再到国家,国家代替了家族;而"亚细亚的古代"则是从家族到国家,跳过了私产这一环,国家混合在家族里:"前者是新陈代谢,新的冲破了旧的,是革命的路线;那后者却是新旧纠葛,旧的拖住了新的,是维新的路线。"①这就是所谓"人惟求旧,器惟求新","周虽旧邦,其命维新"。值得注意的是,中外许多学者就其学术立场说,并不服膺马克思主义,但通过自己的独立研究,却对中国文明起源的道路得出了与亚细亚生产方式理论相同的结论。这里不能不提到美籍华人考古学家张光直先生,他在《中国青铜时代》一集和二集中,提出中国文明起源的道路是"连续性"形态,而西方则是"破裂性"形态。他认为,中国文明起源道路的连续性表现在:1. 生产工具和技术在文明产生前后没有质的变化;2. 氏族的宗族制度没有打碎而是延续下来,成为家族分化和财富集中的基础;3. 天人合一的宇宙观从史前继承下来造成王权与神权结合的制度模式。难怪李学勤先生在比较侯、张二氏的观点时要说:"观点的相似是显然的,这大概就是殊途同归吧?"②中国文明道路的这种连续性的特点,早已为史家所认识。孔子就主张殷因于夏礼,周因于殷礼,只是有所损益而已。张光直先生提出三代文化一系论,归根结底,"都是有独特性的中国古代文明的组成部分",所以他把自己关于东西方文明起源不同道路的论文题名为《连续与破裂》(*Continuity and Rupture*)。

在各种文明(家庭、私有制和国家)起源问题的历史哲学理论中,唯物史观的优越性是不容置疑的。碧波先生开宗明义,旗帜鲜明地宣称遵循导师杨公骥先生的教导,"一定要学习一辈子马克思主义"。毋庸讳言,当前国内学界新锐的时髦话语是"告别马克思"。先生自觉做马克思主义的"文化托命之人",也许会被先锋人士讥为落伍,但我却觉得这正是先生的高明之处。随着历史的发展和后工业时代社会矛盾的暴露,马克思的理论正在重新显示出强大的生命力,社会科学领域的各种学说和观点都在接受马克思主义的检验。保罗·托马斯(Paul Thomas)在《批判地接受:马克思的当时和现在》一文中,引用戴维·麦克莱伦(David McLellan)的话说:"纵观社会科学

---

① 侯外庐:《韧的追求》,三联书店 1985 年版,第 235 页。
② 李学勤:《走出疑古时代》,辽宁大学出版社 1997 年第 2 版,第 68 页。

的全部领域,马克思也许对 20 世纪最有影响的人物一直都在进行检验。"①
碧波先生以深厚的学养和理性的洞见,坚持用马克思亚细亚生产方式的理
论,破解中国文明诞生之谜,这是真正原创性的研究,和那些镂冰刻脂的学
术泡沫是不可同日而语的。

碧波先生的起源研究,并不是机械地搬用亚细亚生产方式的教条,而是
秉承王国维"二重证据法"的治史原则,利用丰富的考古发现,或是从地下实
物的寓意中推论出历史发展的逻辑,或是用文物的实证材料对理论结论进
行检验。本书一个重大理论突破就是论证了中华文化起源的三部曲:神权
阶段、王权阶段、人权(虽然是不充分的)阶段,其间起重大作用的就是三代
巫觋集团,以"绝地天通"为契机,作为特殊阶层知天知地,通天通地。大量
出土的祭祀法器已经充分传达出这方面的信息。张光直先生亦有见于此,
他说:这里显示的,"便是作为巫术法器的中国古代艺术品在造成或促进政
权集中上所起的重要作用"②,而巫觋就是沟通神权和王权的媒介。张光直
先生也指出,巫是"知天知地又是能通天通地的专家",而礼器就是法器,例
如琮是方和圆相贯通的,天圆地方,因而是天地贯通的象征,琮正是巫才能
掌握的法器。

克罗齐有句名言:"一切历史都是当代史。"这话常常被误解,以为克氏
是以实用主义态度把历史看成只是为现实服务的工具。其实,克罗齐此语
本质上是说,过去只有和当前的视域有所(不同程度)重合,才能为人所理
解,所以他又说:"历史学绝不是有关死亡的历史,而是有关生活的历史。"③
我觉得碧波先生殚精竭虑重构中华文化的史前史,决非发思古之幽情,而是
有着强烈的现实关怀。至少对我来说,读碧波先生大作,对反思中国社会的
现实,启示良多,中国社会和国民性的许多隐秘就深藏于这个亚细亚式的古
代之中。自"五四"以来,关于中西方文明类型的讨论迄未停息,其核心论点
是,中华文化是收敛型的,西方文化是发散型的:前者重集群,重家国;后者

---

① Paul Thomas. *Critical Reception*: *Marx Then and Now.* In Terrell Carver(ed.): The Cambridge
Companion to Marx. Cambridge: Cambridge University Press, 1991,p. 23

② 张光直:《中国青铜时代》二集"前言",三联书店 1990 年版。

③ 克罗齐:《历史学的理论和实际》,商务印书馆 1997 年版,第 8 页。

重个体,重社会;前者主静,后者主动。由此生发出来,中国传统主向心,强调忠孝守礼,西方传统主离心,强调个性自由;中国传统主和谐,强调协调共生,西方传统主竞争,强调优胜劣败。而这一切都植根于"亚细亚的古代"和"古典的古代"的分野:是以氏族公社公有为基础,还是以财产的个体所有制为基础;是以血缘纽带的宗法世袭延续社会进程,还是以地域和财富的占有推进历史进程。两种模式也造成了两种不同的思维方式,前者重经验和直观,偏向于综合;后者重理性和逻辑,偏向于分析。就文化的性质来说,两种模式在价值上并无优劣之分,在漫长的文明历史长河中,二者是互补的。以中华文明来说,亚细亚的传统重天人合一,如张载《西铭》倡导的"民胞物与",就与当今的生态文明观暗合。但反过来,以等级制和宗法制为轴心的深层社会结构,又压抑了个体的主体能动性,成为专制主义的渊薮,阻碍了民主政治的发展。在这一点上,牟宗三曾从哲学角度做出论断:"中国人喜欢一元论,其实这不是情绪的喜欢或偏爱的问题,而是有其实践的必然性。"①这里所说的"实践的必然性",本质上正是亚细亚生产方式。可以说,时至今日,中国社会发展的许多症结仍然可以溯源到这个亚细亚生产方式的历史起点。

　　历史学著作与其他学科不同之处在于,必须靠史料说话,史实是史论的基础,而要能以厚重的史料积累和精确的考勘支撑深刻严谨的史论,主要依凭史家的史识、史实、史论三者统一,才能进达于历史研究的化境。戴震(东原)认为治经有三难:"淹博难,识断难,精审难"。治经如此,治史何独不然?读《马克思主义与中华文明探源》,窃以为碧波先生已臻此境,这决非溢美之谈。先生耄耋之年,仍在书山学海中跋涉,汲汲于真理的探求,在举世竞相逐利的浊世中,展示了高标出世的风范,令人高山仰止。我喜欢克拉克(Ronald W. Clark)对哲学家罗素评价:"日落时仍有闪电。"愿碧波学长学术生命常青。

2016 年元旦

---

① 牟宗三:《中西哲学之会通十四讲》,吉林出版集团有限责任公司 2010 年版,第 62 页。

前　言

上世纪 50 年代，我在东北师大读研时，我的导师杨公骥先生就要求搞文史的人一定要学习一辈子马克思主义，从此，我严格这样要求自己。"文革"刚结束，我的第一篇关于中华文明史、初期中国文学史的论文，就是学习马克思的"亚细亚生产方式"理论，用以认识中国文学初期形态诸问题的成果。之后，我继续用这个理论观点，考察中国文学史诸问题，并把这一方法推荐给我的研究生。

探索中华文明起源是中国学界面临的共同任务，需运用多学科整合的研究方法。2004 年我动手专著《中华早期文明的文化人类学探索》的写作，其中学习与运用了马克思的"亚细亚生产方式""早熟的儿童"等理论，后又完成《中华文明探源》一书。第一次提出中华古史上有一个玉器时代的命题，认为巫觋集团在中华文明起源上具有特殊的地位。这是一次学习，也是一次探索，它构成了我关于中华文明史的基本观点。

现在我已离休 20 余年，但对中华文明起源问题一直放在心上。

2015 年 5 月 29 日，偶然在《光明日报》读到《陶寺遗址与中华文明起源》的整版文字，是由中国社科院考古研究所所长王巍先生牵头的关于"中华文明探源工程"的代表性意见，对其提出的一些问题我有不同看法。我对这些问题的看法得到哈尔滨师范大学自然辩证法专家孙慕天教授的关注，介绍我读《马恩全集》第 19 卷《卡尔·马克思给维·伊·查苏利奇的复信草稿》一文，这是马克思关于原始公社问题的论述。关于中华文明的亚细亚生产方式诸特点，关于中华文明早熟性问题因马克思的关于原始公社理论而落实了，这成为研究解决中华文明探源、中华文明独特特征及其独特道路的一把金钥匙。

中华文明起源于神权独占,王权来于神权,这个神权社会延续到什么时候才由神权社会转型为人文社会——由神权古国过渡为人文王国,这是我们所思考的问题。我们认为在夏商周与上古的神权社会中,商王朝灭亡,给西周统治者带来了新的天命观和新的国家观,人文精神大大增加。之后,西周王朝覆亡,神权王国崩塌,由此带来一系列社会大变革——土地国有制度转化为土地私有,工商业、商品经济大发展,文化下移,士阶层出现,城邦经济、城邦文化成为时代的主流。新的经济基础带动了上层建筑的大变化,从此,进入了一个文化大解放的时代,一个中华文化自觉的时代,一个产生文化巨人的时代。

城市是一切形态(经济的文化的)结合集中点,将一切形态概括在其中,这已不是"城市和农村不可分裂的统一体"的时代,但这时期的工商业者并未转化为新兴的资产阶级,只转化为新兴的地主阶级,这是中国古代社会的一个独特性。

春秋战国是士阶层兴起的时代,对士之兴起,言人人殊,这是一个关乎中华文化史、中华文明史的重大问题。士从哪里来,众说纷纭,莫衷一是。拙意以为春秋战国时期的士阶层应是从上古三代巫觋转化、转型而来。巫觋为通天阶层,是知天知地、通天通地的智者、圣者,是上古三代的第一代文化人,为王者之师。商周神权社会覆亡后,巫觋阶层转型为智囊、谋士、纵横家,其中佼佼者为哲学家、史学家、文学家,如屈原,其为巫史世家,其辞赋中多用巫史人物为其写作工具、对象。又如司马迁,也为巫史世家,哀其"文史星历,近乎卜祝之间,倡优畜之,世俗之所轻也"。文化下移,昔日尊崇的王者之师,接近天神的巫觋,已为世俗所轻视,一些文士成为宫廷御用文人。"君及官吏均出于巫"是神权世界的文化史;"学而优则仕",人文社会的文人亦为官僚文化史。

城邦经济、城邦文化最后构成秦汉大一统,其经济基础、上层建筑是人文性的,但其宗法制度、宗法观念、家天下的政治结构仍沿袭氏族历史文化传统,早熟性文明特点相沿,整个中国古代社会之中,正如马克思所说,原始社会(的历史文化)极富生命力。

从2015年始,《光明日报·文学遗产》专刊发起讨论中国文学的"源与流"诸问题,关于中国文学史的发生发展以及中国文学特征诸问题,是一个根本性的重大理论问题,中国学人关心并引起广泛深入的思考。我和陈永宏教授拟在我们已基本形成的中华文明史框架之下,研究考察中国文学的发生发展诸问题。

现将1979年、1988年写过的关于学习马克思主义,用以认识中国文学史问题的两文,一并纳入本书中,以见学习马克思主义、解决重大理论问题的心路历程。

这里研究了中华文明史的探源诸问题,也研究了中国文学的发生发展诸问题。它们是相关联不可分的,均在文明史的范畴之中。

在当前正为全面建成小康社会的大潮中,尚须克服古代社会留给我们的狭隘性、保守性和稳定性等古老思想(或价值观),认真学习马克思主义,着力解决重大理论问题和现实问题。文明史研究应更开放些,步子更大些。马克思理论为我们解决中华文明史发生发展诸问题提供了最基本的理论,需要我们更认真更深入思考。

中华文明是无限的,中华民族是无限的,中国人民永远走自己的道路。

2015 年 12 月 20 日

目　　录

第一章　学习马克思的"亚细亚生产方式"理论,探索中华早期文明模式
··（1）

一、问题的提出 ·······································（1）

二、早期中华文明产生的时代 ·····················（7）

三、早熟性中华文明模式:女王模式 ···············（9）

四、黄帝王国的战争模式 ··························（19）

五、陶寺——唐尧王国的部落联盟转型模式 ········（28）

六、结语 ···（34）

第二章　在马克思的理论统摄下,对中华早熟性文明诸问题的考察
··（36）

一、早熟性是马克思关于世界史中东方古史的一个高度概括 ···（36）

二、马克思对俄国农村公社的相关论述 ···········（37）

三、人文地理观照下的历史文化区系 ·············（38）

四、中华文明起源、文明模式研究走上正确道路的前提与基础 ·····（40）

五、中华文明早熟性的表现及原始公社给文明社会带来的影响 ·····（41）

六、结语 ···（46）

第三章　在马克思的理论观照下,从神权社会过渡到人文社会,中华文明史的新时代考察
··（48）

一、上古三代在神权氛围中 ······················（48）

二、殷商大巫之为王师 ··························（49）

三、《周官》三礼与巫史文化之法典化 ············（53）

四、周族之兴起 ································ (58)

五、早周文明诸问题 ···························· (59)

六、姜尚——周人的大巫师、大智者 ················ (63)

七、周公姬旦 ································ (70)

八、玉器、青铜器文化的变迁 ···················· (76)

九、从青铜纹饰的变化看神权社会的衰落 ············ (83)

十、西周王朝的覆亡,开启了中华文明史上的一个新时代 ··· (86)

十一、春秋战国时期的城邦经济与城邦文明 ········· (116)

十二、结语:秦汉王国,中华文明史的新时期 ········· (162)

第四章　运用马克思的"亚细亚生产方式"理论考察中国古代社会商

品经济未转型资本主义诸问题

——中华文明史发展道路的探索 ············ (163)

一、秦汉时期 ································ (165)

二、唐代加重了对商品经济的榨取与赋税 ··········· (167)

三、宋代时期 ································ (170)

四、明代时期 ································ (173)

五、结语 ···································· (174)

第五章　马克思的"亚细亚生产方式"理论观照下文明史初期中国文

学史论 ································· (177)

第六章　论马克思主义方法体系在古典文学宏观研究中的运用 ······ (187)

一、系统的、整体的方法与宏观意识、宏观范围、宏观层次的研究

·································· (188)

二、历史和逻辑相统一的方法与文学发展规律的探讨 ··· (192)

三、从抽象上升到具体的方法与文学总体特征的把握 ··· (195)

第七章　在中华文明的大背景下考察中国文学的发生发展诸问题

·································· (199)

一、中华文明产生于神权独占,王权来源于神权 ······· (199)

二、这种早熟性贯穿了整个中华文明史,也贯穿于中国文学史 …… (200)

三、两汉城市大发展,表明中国文学史由音乐美学时代跨入了文学

美学时代 ……………………………………………………… (203)

四、李唐王朝的建立,标示着中国文学史进入了新阶段 ………… (205)

第八章　东西方神权(天命)观念之比较 ……………………… (207)

一、中华历史上神权思想文化产生的背景条件 ………… (207)

二、东方(中国)信仰天、天有天神,天、天神是有意志的 ……… (210)

三、古中国天命观与古希腊命运观的比较 ………… (211)

附　录 ……………………………………………………… (213)

一、给王巍先生的一封信 ……………………………… (213)

二、关注文明探源研究中的宗派思潮 ………………… (216)

三、碧波先生大作初识 ………………………………… (226)

后　记 ……………………………………………………… (232)

第一章 学习马克思的"亚细亚生产方式"理论,探索中华早期文明模式

学习马克思的"亚细亚生产方式"的理论,是探索中华早期文明模式的重要理论指导。从马克思的"亚细亚生产方式"理论的理解说起,对坊间盛行的历史阶段三段论、文明三要素等理论作了质疑。

中华古文化史上石器文化的变迁,细石器出现,出现了以精神生产为代表的新时代——玉器时代。这是中华文明产生的时代,巫觋产生的时代。

对早熟性中华早期文明模式的简要考察,是文章的中心。

1. 女王模式,河南贾湖遗址墓主人、女娲、西王母、颛顼高阳氏与红山文化;2. 黄帝王国的战争模式;3. 良渚——玉琮模式,4. 陶寺——唐尧王国的部落联盟转型模式。最后,指出亚细亚生产方式所带来的中华文明的特质。

中国要有自己的符合中华历史文化实际的中华文明史、具有中国特色的中华文明模式。这是我这个老人挂在心上的一件事。

一、问题的提出

中华文明的起源与形成问题的研究已进入深入阶段,诸说并起,均试图说明中华文明之起源、中华文明之特质以及中西方古文明之差异等问题,这些研究与争论,均在运用或寻找中外关于文明理论以企解决中华文明史诸问题。"靠史料说话",这是学术研究的基本准则之一,史实是问题研究的出

发点,而理论指导,"思想的闪电,一旦真正射入这块没有触动过的人民园地",①我们就会有新的认识,新的发现。这又正是中华文明史诸问题研究的最为紧迫的问题。

马克思的亚细亚生产方式的理论:

> 大体说来,亚细亚的、古代的、封建的和现代资产阶级的生产方式可以看作是社会经济形态演进的几个时代。②
>
> 古典古代的历史是城市的历史,不过这是以土地财产和农业为基础的城市;亚细亚的历史是城市和乡村无差别的统一(真正的大城市在这里只能干脆看作王公的营垒,看作真正的经济结构上的赘疣);中世纪(日耳曼时代)是从乡村这个历史的舞台出发的,然后,它的进一步发展是在城市和乡村的对立中进行的,现代的历史是乡村城市化,而不像在古代那样,是城市乡村化。
>
> 在大多数亚细亚的基本形式中,凌驾于所有这一切小的共同体之上的总和的统一体表现为更高的所有者或唯一的所有者,实际的公社却只不过表现为世袭的占有者。③
>
> 有粗野的儿童,有早熟的儿童。古代民族中有许多是属于这一类的。希腊人是正常的儿童。他们的艺术对我们所产生的魅力,同它在其中生长的那个不发达的社会阶段并不矛盾。它倒是这个社会阶段的结果,并且是同它在其中产生而且只能在其中产生的那些未成熟的社会条件永远不能复返这一点分不开的。④

对三个儿童论的理解:

"正常的儿童"指古希腊王国,"在古代世界的所有民族中,其文化最能

---

① 马克思:《黑格尔法哲学批判导言》。

② 马克思:《〈政治经济学批判〉序言》,《马克思恩格斯选集》第 2 卷,人民出版社 1966 年版,第 195 页。

③ 马克思:《经济学手稿》,《马克思恩格斯全集》第 46 卷上册,第 480、473 页。

④ 马克思:《〈政治经济学批判〉导言》,《马克思恩格斯选集》第 2 卷,人民出版社 1966 年版,第 225 页。

鲜明地反映出西方精神的楷模者是希腊人"。① 恩格斯在《家庭、私有制和国家的起源》中分析原始社会氏族问题时,以希腊人的氏族为例:"在史前时代,就已经按照美洲人的那种有机的序列——氏族、胞族、部落、部落联盟组织起来了。""古代氏族制度被滥用来替暴力掠夺财富的行为辩护"。"所缺少的只是一件东西,而这样一个机关……而这样的机关也就出现了。国家被发明出来了。"②"雅典是最纯粹、最典型的形式:在这里,国家是直接地和主要地从氏族社会本身内部发展起来的阶级对立中产生的。"③这样一个希腊王国,被马克思称为"正常的儿童",也被世界文明史家称之为"西方精神的楷模",表现出西方(欧洲)文化中心论。

"粗野的儿童",马克思没作任何解释,它可能指仍停留在史前蒙昧时代或野蛮时代的发展缓慢的一些氏族部落。

"早熟的儿童",对此,马克思也没解释和指认,我们可从"亚细亚的历史是城市和乡村无差别的统一"的论述中得出一点消息:"古典古代的历史是城市的历史",亚细亚的历史与之相对应为城市"是真正的经济结构上的赘疣"——这是说,亚细亚的历史没有真正意义上的城市和商品经济,仍在小农经济范畴中,其出现王国文明,则应为"早熟的",不属于"正常"范畴。

依据马克思关于社会生产方式与社会经济形态的论述,古代中国属于"亚细亚生产方式",属于"早熟的儿童",而与"古典古代(古希腊罗马)的生产方式"——"正常的儿童"相对应,东西方古代社会走着不同的历史发展道路。所谓"早熟的儿童"实指文明与国家孕育产生在"一种凌驾于这许多实际的单个共同体之上的特殊东西",这"许多共同体之父的专制君主所体现的统一总体,通过这些单个的公社而赐予他的。"④这是在氏族公社解体之前,已产生"总和的统一体""更高的所有者或唯一的所有者",即在进入部落联盟阶段就产生了王权,产生了君主,氏族公社提前迈入文明的门槛,即产生了"凌驾于公社之上"的早熟性是亚细亚生产方式的古老东方社会特有的

---

① [美]爱德华·麦克诺尔·伯恩斯著:《世界文明史》第一卷,商务印书馆1990年版,第208页。

② 《马克思恩格斯选集》第四卷,第88~97、98页。

③ 《马克思恩格斯选集》第四卷,第155页。

④ 马克思:《经济学手稿》,《马克思恩格斯恩全集》46卷上册,第473页。

历史文化特点,是中华文明的本质性特征,贯穿于整个中华文明史。

早熟性正是中华文明产生的一个突出的鲜明的特点。早熟性的文明史与中华古史上旧石器时代之后出现的一个玉器时代,最紧密最直接相关联。旧石器时代过渡新石器时代,是中华文化史上发生重大变革的时代,主要是宗教文化的大变革——从万物有灵、家为巫史转化为"绝地天通"——巫觋独占通天神权时代,王巫结合、王权产生的时代,中华文明产生的时代。

张光直先生在其学术晚年探讨中国文明起源问题时,找到了马克思关于"亚细亚生产方式"理论学说,对于熟悉马克思、恩格斯、韦柏、柴尔德等关于社会进化和城市、国家兴起的各种理论的社会学家来说,中国走向文明之路却好像是一种变形——常常称为"亚细亚式的'变形'"。①

在张先生的提示下,我们开始中华早期文明模式问题的考察。

在世界文化史与世界文明史的产生与发展问题上不可能是在一个统一的模式中进行,而古老的东方中国走着自己的独特道路。

文化与文明的多样性、区域性以及因地理历史文化格局、区域文化的运动速度等原因条件所造成的文化与文明发展的不平衡性,要求人们在文明探源中应从本民族、本地区的文化与文明的发展实际出发,而不是硬性地遵循某一所谓"约定俗成"的模式,方可接触到中华文明起源的历史实际,方可对中华文明的独特性有所认识。基于此,应突破西方所谓历史阶段三段论与文明三要素的局限与束缚。所谓"历史阶段三段论"即指人类历史发展必然经历石器—青铜器—铁器三个阶段,这种"历史阶段三段论的约定俗成的划分还会延续"。所谓西方文明三要素即文明的产生需要具备城市、文字、金属冶炼这三个要素作为文明起源的标志。

从世界文明史上看,墨西哥的特奥蒂瓦坎文明及其之前的奥尔梅卡文明、玛雅文明均是没有青铜器的文明。

中国东北地区的新开流的渔猎文明,被考古学家张忠培认定的白金宝畜牧文明,为苏秉琦、王震中等学者肯定的辽河文明——红山王国文明等等均不是青铜器文明。

---

① 张光直:《连续与破裂:一个文明起源新说的草稿》,《中国青铜时代》第494页。

以最新的研究为例,《中国文物报》2006 年 4 月 21 日第 7 版刊发的西北大学文博学院赵从苍的《汉水上游早期文明进程初探》一文中指出:"严格以所谓文明三要素即城市、文字、金属冶炼这几个方面内容来规范汉水上游早期文明不具备其典型要素的物化表现,即使文化内涵较为丰富的宝山文化,至今也未有城墙遗迹的发现,文字方面也未能得到确认,但其文明的内在特质却是显而易见的。"

文字、聚落、城址、方国、城邦、酋邦、国家以及礼器、灵器、兵器等等。从这些观点、观念中,可以看到,把城址、文字、金属器等的出现作为文明起源的标志物,这应是西方文明理论影响的结果。至今仍有可借鉴和给人以启发之处,仍可在这些理论基础上借鉴、吸收,以建构新的理论框架。现有提出以国家的出现作为进入文明社会的标志,以恩格斯的《家庭、私有制和国家的起源》"国家是文明社会的概括"的命题作为理论框架[①]来指导中华文明探源工作,并已成为学界的主流意识。

探索中华文明起源与形成、中华文明特质等问题时,多运用恩格斯的《家庭、私有制和国家起源》这部经典作为理论指导,这是正确的理论指向。这部经典指导我们从考古学资料与文献学史料的综合分析中,认识中国古代文明之出现、社会技术之进步与专业分工、政教中心的形成以及国家的形成等中华早期文明诸问题。恩格斯的学说,成为我国学者研究的理论武器,这无疑是正确的,并因此获得可嘉的成果。恩格斯关于国家学说具有极大的普遍意义,有着巨大的理论价值,但《家庭、私有制和国家起源》取材于摩尔根的《古代社会》,对古老的东方中国如何从原始氏族社会转化为阶级社会、文明的起源、国家的诞生,以及中华文明起源及文明史的独特性等问题,似乎还不能从中找到理论根据。"历史阶段三段论""文明三要素"等理论是马克思所指的"正常的儿童""古典古代的历史"的文明理论,不适合、不适用于"亚细亚的历史""早熟的儿童"。

从大石器到中石器到小石器到细石器,这是石器工业的大革命、大变化,是石器文化史的大变化。据日本考古学家加藤晋平先生对中国东北旧

---

① 见李学勤主编《中国古代文明与国家形成研究》,云南人民出版社 1997 年版。

石器的研究：

细石叶文化的扩展"旧石器"晚期——第Ⅲ期C阶段约在2.3万年前至1.4万年前，期间大约为1万年左右，这一时期是细石叶生产技术在整个亚洲的扩展时间。

荒屋型雕刻器、楔形细石核石器群出现的时期，以贝加尔湖周边地区为最早，然后向东、向南发展，在其他各地出现的时间则相对较晚，到日本列岛是在1.4～1.3万年间，跨越白令海峡到达阿拉斯加和阿留申列岛则不超过1万年前。如上所述，随着这种石器群的东进，各地出现的时间也相对后延，这种情况无疑是表明掌握两侧边缘直刃类复合工具制作技术的人类集团，是起源于贝加尔湖周边地带，然后又逐渐向东扩展开来的。这是在第Ⅲ期C阶段时，东北亚人类发展史上的一次较大的波动。①

通过上述比较可知：

加藤先生所指的：1万年前的"人类发展史上的一次较大的波动"正是指黑龙江流域古代先民手持"两侧边缘直刃类复合工具"追溯猛犸象进入美洲的人类运动史。

印第安石器文化与黑龙江流域石器文化存在一条文化连续体，其表现为一条共同性的石器文化文脉，这已是学界的共识。

细石器——东北地区与华北地区细石器的出现，改变了中国的社会结构，也改变了中国的文化结构——社会发展史的一般性告诉人们：只有物质生产达到一定高度时，人们才可腾出手来从事精神生产。但物质生产与精神生产不是对立的，而是交互作用的。恩格斯有一名言："经济上落后的国家，在哲学上仍能充当先导。"（恩格斯：《致康·施米特》）"更高级的思想体系，即更加离开物质经济基础的思想体系，则采取了哲学和宗教的形式。"（恩格斯《费尔马哈与德国古典哲学的终结》）即在旧石器时代与新石器时代

---

① ［日］加藤晋平：《人类向东北亚的扩展》，《北方文物》1993年第2期。

的交替过渡阶段。

二、早期中华文明产生的时代

1. 认识与掌握中华文明起源的独特道路,准确把握中华文明的特征及其发展模式,是文明探索的关键问题

①古代中国一个突出特点是血缘的、宗族的、宗法的,这是氏族血缘制的遗留,应是古中国在氏族社会尚未解体之前提前过早地过渡到阶级社会,氏族的血缘宗族制度及其观念也原封不动地带到阶级社会中来,家庭为基本细胞,为社会的基本单位,血缘、血亲、宗族、祖先崇拜、亲亲尊尊,这种观念及其制度一直影响中华文明史,直到今天,这种影响仍未消失。氏族长——部落酋长——家天下,就是中华古代(社会)文明的基本模式。

②人类一诞生就创造了巫史文化,即所谓"民神杂糅,不可方物;夫人作享,家为巫史。"万物有灵,人人皆可通神,山顶洞人将死者埋葬在下室,尸体上及周围的赤铁矿粉、装饰品、染成红色等,可知旧石器时代晚期盛行巫术。直到"颛顼受之","乃命南正重司天以属神,命火正黎司地以属民,使复旧常,无相侵渎,是谓绝地天通。""如是则明神降之,在男曰觋,在女曰巫。"

古代之巫、觋是主持"明神降之"的通神仪式的大祭司,是沟通天地、掌握天地的智者、圣者。由万物有灵,民神杂糅,人人均可通神到专职巫觋的出现,独占通神的权力。而这些巫觋又是王者。"由巫而史而为王者的行政官吏,王者虽为政治领袖,同时仍为群巫之长。""君及官吏皆出自巫。"是知,中华早期文明之王者本与巫者为一体,或者王者即出于巫者,王权即源于神权,部落联盟首长身兼巫觋,独占神权,神权、宗教权、沟通天地的大权掌握在少数人手中。贯通天地、阴阳、生死,而玉器就是通天权力独占的象征。对玉器象征性独占,正是古代王者获取与维护政治权力的主要工具。

③巫觋的另一重要职务是"历象日月星辰,敬授民时",掌握天地之历数,即掌握天宇、掌握宇宙、掌握天人关系,这是巫者的也是王者的职能。这揭示中华文明起源阶段王者与巫者的一种内在的特殊联系。《左传》曾保存上古文明史料,其中著名的如昭公十七年(前525)郯子来朝,向昭公谈上古历数。这是记述从黄帝伊始,古代王者创造、掌控与垄断天文历数,天数与

权力结合为一的史实,正揭示出王者兼巫者,王巫合一的中华文明起源的一大特点,天人合一、天人同构,成为中华民族的宇宙观念,贯穿于中国古代社会之始终。

尽管玉器文化时代的提法,存在争论,但上古三代文献中奉玉敬神敬祖祈福的记录所在多有。

距今9000年的舞阳贾湖人则以龟壳甲骨为通神的法器,表现为龟灵崇拜:随葬用龟,奠基用龟,祭祀用龟。说明龟灵文化渗透到贾湖人生活的各个方面。尤应注意的是其龟甲刻符和骨器刻符应看作巫师以其为通神的法器,其所刻符如同殷商甲骨卜辞,是向天神问卜或祭祀活动所用。这种龟灵崇拜后又流行于山东、河南、四川、陕西以及海岱、淮河、汉水流域,从"距今八、九千年一直沿用到距今6000年"。[①] 凌家滩所出夹在龟腹甲的玉版,二者正是通神的工具,也是龟灵崇拜的遗物。

巫之为甘,为珊蛮、为萨满,为别乞,名称虽有变化,其文化内涵未变。殷商武丁有大巫甘盘,则三代时已有萨满一词了。则自新石器时代与三代之巫史文化可正名为萨满文化了。

新石器时代是巫史文化居主导地位的时代,王巫结合,"由巫而史而为王者的行政官吏;王者虽为政治领袖,同时仍为群巫之长。"[②] 王权源于神权,产生了初期的文明王国,构成了文明起源的多种模式。

公元前四世纪秦楚争霸,丹阳蓝田大战前夕,《楚辞·九歌》与秦《诅楚文》记各用玉以祈天神;"吉日兮辰良,穆将娱兮上皇,抚长剑兮玉珥,璆锵鸣兮琳琅。""秦嗣王敢用吉玉宣璧橄告于不显大神巫咸"。楚人用玉祈福东皇太一;秦人用玉祈福天神巫咸,可知,战国末期,奉玉以通神,这个传说仍在继续。

2. 王者来于巫觋

"绝地天通"是一次伟大的宗教文化改革,把混沌而无序的宗教文化秩序化,其实质是少数人独揽宗教大权、独揽神权。

从"家为巫史"到"绝地天通"的社会转型时期,原来的酋长因在转型时

---

① 张居中主编:《舞阳贾湖》,科学出版社1999年版,第988页。
② 陈梦家:《商代的神话和巫术》,《燕京学报》1936年第20期。

借机获得"通神独占"的神权,由人人皆可通神的一般性巫觋转化成为独占神权,成为协调人与天神、地祇、人鬼之间关系的具有特殊身份的人物,"不王不禘",由掌管天人关系的祭祀大权而获得政治权、管理社会的权力,神权就成为政治中心,王者正是源于神权的独占。王的文字原型是一把斧头之形,甲文作戌,即石斧、玉钺为王权象征,权杖所在。①

正基于此,中华文明史有一个王权神授的文化传统,君王自称天子——天帝之子,其王位来于"奉天承运"和王权神授。国运兴衰,世代的交替冥冥之中均有天帝的意旨存在其中,在夏商周则形成了天命观念,成为三代以来的中华传统文化观念。

王权源于神权,王权神授,国家之兴衰,正在于"克堪用德,惟典神天"(《尚书·多方》)——实行德政,尊祀天神,这总结并发展了上古三代以来的天人合一宇宙观,赋予了天人合一观念以新的内涵,成为周代以来的思想信仰体系的核心。

东西方的神权、天命、命运等观念,其产生、内涵有本质区别,此不赘。

三、早熟性中华文明模式:女王模式

1. 河南舞阳贾湖遗址的墓主人

考古文化学给我们提供了值得关注的信息。距今9000—8000年的河南舞阳贾湖遗址 M330 二次葬出土于墓主人的肢骨堆上的柄形石饰,"出土时仅残存器首部分,该墓主人为老年女性,器首弧形面上刻有一行表意的符号,增加了它的神秘感。""宝坻牛道口龙山文化遗址,采集一件残剑柄形石器"。"上海青浦福泉良渚文化墓葬中出土 4 件玉质杖首。""偃师二里头遗址出土 4 件柄形玉饰,可能也为同类器物,这些均为当时的宗教礼仪用品。""沈阳新乐遗址出土杖形木器与贾湖等出土为同类器物。"研究者认为它们是权力的象征,"为氏族首领统帅氏族所用","具有部落首领地位的老人手中之杖,便有了一定的威力和神圣性,成为权力的象征";"又是他们手中的法器,又具有一定的神秘性"。"M330 的主人生前很可能就是一位女萨

---

① 见康殷《古文字形发微·释王》,北京出版社 1990 年版,第 709~721 页。

满"。① 我们认为河南舞阳贾湖遗址所显示的文化面貌已经构成文明初期的文化形态,M330 墓主人已具有巫者兼王者的身份人物,是舞阳贾湖早期王国的女王。

2. 女娲

中华文明史第一位女王是女娲,并与伏羲组成人首蛇身交尾像,二人手执规矩以规划天地宇宙,头上为日,尾下为月,身旁伴星宿,被誉为规划天地、创造宇宙之开辟神。蛇身交尾之蛇为灵蛇,为操蛇以沟通天地、上下天地的灵巫神巫。而手执规矩,操蛇之伏羲、女娲乃神巫、大宗教主、人王。女娲炼石补天,则女娲乃整顿天地、创立宇宙秩序的人王。她与伏羲是"襄天地,是各参化"的创世者、化育万物的人文始祖、中华文明的创始人。而以女王模式出现在中华文明史上,说明她是在从氏族社会向文明社会转型时,以氏族集团之母系酋长转型为文明王国之女王。

汉墓画像石上的伏羲、女娲像现存者有三种形式:其一为伏羲、女娲人首蛇身作交尾状、手捧日月之像,如四川新津宝子山汉代石棺画像,意为伏羲为日神,女娲为月神,创造日月宇宙,调和阴阳天地。四川简阳鬼头山出土石刻画像,伏羲、女娲分别手举日月,二像下为玄武,女娲身后有一鸟,且女娲身有羽翼,有人认为精卫填海之女娃即从女娲事迹演变而来。②

其二为伏羲、女娲人首蛇身交尾像,手执规矩以规划天地,二人身后上部有二小人握手图像。新疆吐鲁番出土的鞠氏高昌伏羲、女娲帛画,伏羲、女娲一男一女人首蛇身交尾,二人手执规矩,二人头上为日,尾下为月,其身旁身下还伴有星宿图像。这副帛画说明伏羲、女娲为规划天地、创造宇宙的开辟神。

"天道成规,地道成矩"。③ 规是画圆的工具。"五寸之矩,尽天下之方也。"④"方属地,圆属天,天圆地方","是故知地者智,知天者圣。智出于句,句出于矩。"⑤规与矩是古代巫者掌握天地的象征工具,用以画方画圆,圆方

---

① 张居中:《舞阳贾湖》,科学出版社 1999 年版,第 988 页。
② 冯时:《中国天文考古学》,社会科学文献出版社 2001 年版,第 34 页。
③ 杨雄:《太玄经·十玄图》。
④ 《荀子·不苟篇》。
⑤ 《周髀算经》。

象征天地,"用这工具的人,便是知天知地的人。巫便是知天知地又是能通天通地的专家,所以用矩(规)的专家正是巫师"。指天画地,掌控天时历法、物候时序,是知伏羲、女娲是大巫师兼人王,是知天知地和通天通地的智者、圣者。这是一个涉及中华早期文明的特征问题。

其三,为伏羲、女娲人首蛇身交尾,手执规矩,在伏羲、女娲二像臂下,有一小儿手曳其袖,中间夹一小儿图像。蛇身交尾,天地交、阴阳交、日月交、男女交、雄雌构精,万物化生,生命穿过文化之网,创造人类,创造世界。伏羲、女娲规划天地而且为人类始祖。论者指出:"伏羲、女娲、牛首、鸡首这些超现实图像,反映了中华民族带着原始文化的成分进入了文明社会,在宗法的阶级社会中将原始的动物崇拜与祖先崇拜结合了起来。中国古代民族对'复活'这一超现实的想象,最终导致了宗教、巫术的诞生。"

综上,伏羲、女娲为创世者,开辟天地、规划宇宙、掌握天数之智者、圣者,又为万物之祖,生殖之神。这种灵蛇崇拜的文化人类学含义正集中反映了中华民族的古史观。伏羲、女娲人首蛇身图像,这种半人半神、半人半兽的形态,正表明中国社会从野蛮世界向文明世界过渡,在过渡过程中,新世界极力挣脱旧世界的羁绊而尚未摆脱旧世界印迹的特定状态,这又是中华早期文明诞生阶段一个鲜明特点。

在甘肃大地湾遗址,考古工作者在 F411 的房基遗址发现了一幅前所未见的地画,年代为距今 5000 年左右。在地画的右侧,一幅具有男性特征的人物轮廓用线条醒目地勾勒出来,人物双腿交叉,身后却增添了长长的尾饰(所谓"操牛尾以歌八阕")。在该地画左侧,另发现一个风格相近的人物像,具有女性特征。地画的整幅图案由人物、动物、方框及一个反"丁"字图案所组成,似舞蹈状。地画正中人物下方绘有一略斜向右上方的黑线长方框,框内画着两个一前一后的动物。"在后期的(彩陶)几何纹饰中,使人清晰感受到威权统治力量的分外加重。"[1]妇女人头型彩陶瓶和鱼纹盆,当与大地湾遗址女王权力相关,或者就是女娲文化的艺术再现。地画中男女作舞状,方框中的动物为蝼蛄,"凡帝王之将兴也,天必先见祥乎下民;黄帝之时,天先见

---

[1] 李泽厚:《美的历程》,文物出版社 1981 年版,第 31 页。

大蟥大蝼"。① 大蝼如羊,为冬去春来的象征,为地母,为帝王将兴之兆。画中人物跳舞以祈福,既祈王之将兴也,为王者祝福,也为战争或狩猎祈福。②

文化考古学印证了大地湾主人伏羲、女娲族团已跨入文明门槛。女娲之与伏羲共出的人首蛇身图像,这些超现实图像,反映了中华先民带着原始文化成分进入文明社会,在宗法性的阶级社会中将巫史文化图腾崇拜与祖先崇拜结合起来,在向文明阶段转型过程中,带着浓重的氏族社会的历史文化残余,从而呈现出中华文明的早熟性与文明王国的早期性诸特征。

3. 西王母是又一女王,为母系公社或部落酋长

在西北地区的玉山——灵山上箕踞而坐的西王母,被发左衽,头插玉鸟,头戴着张着大口露出牙齿的虎头假面,佩戴标志王者身份的豹尾,正在举行傩祭傩舞,她掌控着宇宙天地日月之运行与星宿——五残星的运动以观象授时,掌握社会生产和社会生活,她身旁有三足太阳神鸟为她传递天帝的旨意。西王母为西北地区草原游牧王国的女王兼大宗教主,创造了西王母王国文明。其文明起源与文明模式均和新石器时代产生的诸文明王国一样:王权源于神权,其在祭祀礼仪制度方面吸取了西亚两河流域古叙利亚、巴比伦文化,创造了昆仑文化(人造祭坛)这一宗教文化形态,成为中华封禅文化的先声。

(1)考古文化学的求证

2006年10月13日2版《中国文物报》披露《新疆巴里坤东黑沟遗址考古取得重要成果——确认其为一处古代游牧文化大型聚落》,文中揭示"东黑沟遗址分布有3座大型石筑高台,140座石围居住基址,1 666座墓葬,2 485块刻有岩画的岩石,故确认其为一处规模较大、内涵较丰富、具有代表性的古代游牧文化大型聚落遗址。"有3座石筑高台,从遗址整体布局看,中高台应该是东黑沟遗址的中心。这一活动面应该反映的是大型祭祀活动的场面。"高台周边成组分布着石围居住基址,并非一般的居住场所,可能是祭祀等集体活动的遗址。""从石筑高台及周边遗址的发掘情况看,它们均应与祭祀活动有关。而且这些祭祀活动应该在较长时间内举行过多次,并形

---

① 《吕氏春秋·应同》。

② 参考陆思贤《神话考古》,文物出版社1995年版,第198~199页。

成了不同层次的堆积。""东黑沟遗址发现有大量墓葬,以圜形石封堆墓为主要形式,有石棺,也有木葬具,封堆内多葬有被肢解的人牲,墓圹内有殉马、殉人现象。随葬品中有铜、铁等金属工具、武器、装饰品,其中动物纹牌饰特征显著,有数量较多的玉、石器的工具和装饰品;陶器有罐、杯、釜、钵等。"

考古文化学为我们提供新的文化印证:东黑沟遗址中的石筑高台,应该就是祭坛,就是西王母的昆仑丘——"三成为昆仑丘",就是西王母祭祀天神的场地;石台、石堆、石圈以及"不同层次的堆积",充分说明祭祀——封禅文化是西王母族团、王国及其后的羌戎族团的祭祀礼仪的核心内容,并制度化、礼制化了,从中呈现出西王母王国较高的文明程度。从中可见大型聚落遗址已具有严密的分层级的祭祀礼仪制度与社会管理制度,而人牲、人殉又揭示严酷的社会等级制度。

石筑高台的特定祭祀坛台与祭祀的集体活动显示了古老的昆仑文化的繁复而生动内涵,揭示了神权高于一切,而王权正来于神权,掌握神权的人,主持祭祀的人是至高无上的王——"不王不禘"——在神权中建立王权,获得王权。这里已有了王国,已进入文明大门,已有了财富的不均,已出现了社会等级,已有了王国规模,氏族酋长或部落联盟的部落长转型为国王,甚至已将国王"神化"。

昆仑为"(天)帝之下都"——天帝在地上的都城,则与宗教相关。均为宗教圣地,祭天并借以沟通天神的祭坛。昆仑山丘有巫彭等群巫,前列"灵山",有十巫"从此上下","灵山即昆仑丘,是群巫借以登山升天的天梯"。

《山海经》中八见昆仑——昆仑丘或昆仑虚,为灵山,为宗教圣地,为西王母族团之理想中之灵山圣地,故视之为"天帝之下都",有神人、神兽、神鸟、神木、神水,俨然一庄严神圣的圣地。有群巫"从此升降",是祭天、沟通天地、升天的宗教场所。

(2)"昆仑"音义探源

"丘一成为敦丘,再成为陶丘,再成锐上为融丘,三成为昆仑丘"。注疏:"成,重也;言丘上更有一丘相重者名敦丘。丘形上有两丘相重者名陶丘。丘形再重而顶纤者名融丘。丘形三重者名昆仑丘。凡丘之形三重者因取此名云耳。"这是说昆仑丘是人造的山,人造的塔,人造的坛,这是个出美玉的山,它的山基之下又是黄河之源头。

前贤苏雪林、徐高阮和凌纯声先生认为中华之昆仑应为古代两河流域名城通有之一种多层庙塔 ziggurat 一词的第二三音节的译音、中华化。"两河流域巴比伦王都及大庙宇七星坛等皆模拟想象中世界大山而建筑,西洋巴比伦专家考其名曰 zikkurat,其音近 kausuna 或 kurkra,亦即近于昆仑";"英文 ziggurat"(按:为古叙利亚或巴比伦文化时期的塔庙),法文为 sigurat,据 Dharme 氏说 sigarat 为名词,动词则为 sagaru 或 zagaru,其义为崇高……中国昆仑丘或虚昆仑或为 sigarat 和 zagaru 二字中 gurat 和 garu 二三字的译音(在中国语中又称坛)。所以中国封禅文化亦可称为昆仑文化。[①]

查古两河流域苏美尔人建层坛,其上建神庙是其代表性文化。据此,昆仑一词应系西王母族团吸收两河流域古叙利亚或巴比伦文化,创造昆仑丘、昆仑虚一词,以之为宇宙之山、登天之坛塔。

"莫钦乌拉山小柳沟有两幅天象图,右面上有放光的太阳和无光月亮,月上有星一。另一天象图有一大圆为日,一小圆为月,日下有 5 星相连,其下另有 5 星相连。"这日月 5 星是否就是西王母的"司天之历及五残"? 五星是否即五残星,用以为游牧生产、生活的指示星! 而这个菱形标记应是观察天象的巫者的标记,如其为女性的话,当是西王母属下一女巫! 岩画中的天象图表明游牧民族重视天象季节之变化,西王母王国总结了这方面的经验。其动物纹饰是游牧族团具有代表性的文化,其与匈奴、鲜卑族有何关系尚需研究。而由玉器进入金属器早已超越西王母时代,但仍保有西王母王国文明的痕迹与影响。西王母在中华文明史上,作为历史人物已被神化。

秦汉大一统为全国文化大交流大整合提供了基础,汉武帝之通西域,把中国西部文化带到中原地区,汉画像石的出现:存在中华大地西北边疆几千年前的草原王国,却在汉代山东地区的画像石(见《考古》2014 年第 2 期)上,以神话形式与春秋时期儒学大师孔子的著名弟子子路与西王母组合模式显现在画像石上。这是一个重大的历史文化现象。

"在山东省微山县文物管理所收藏的一方两城乡出土的汉画像石上,有

---

① 凌纯声:《昆仑丘与西王母》,《民族学研究所集刊》(台北)第 22 期。

一奇特人物与西王母共坐。研究发现此乃东王公出现以前曾经与西王母相对应的人物之一,是倍受汉人推崇的孔子高足子路。进一步考察发现,山东邹城市出土的西汉后期石椁画像中也有类似的人物组合。子路与西王母是西汉后期东西方两大对应神祇,而先于风伯、东王公同西王母的组合。"

战国秦汉以来,中华文化史上出现两大神话系统:昆仑神话系统和蓬莱神话系统,而长生、不死之药,成为两大神话系统合流的一个文化模式流传于后世。

西王母女王模式经历了历史神话化和神话历史化的转化过程。

4. 颛顼高阳为女儿性,是为红山王国之女王

(1)颛顼高阳氏为女王考索

颛顼高阳氏的性别问题自古以来似无异议,近日方有人提出"颛顼为女性考",方引起人们进一步对这个问题的探索。

学术史上已有人提出"高阳即楚的先祖妣高唐(巫山神女)"①高媒郊社与祖庙为一。② 颛顼高阳氏之为女性,考古文化学给我们透露出值得关注的信息。对大汶口文化中人工改变颅形、拔牙、口含石珠三种习俗的研究时曾指出"颛顼高阳氏当为一女性,为一女王"。

红山文化最大发现是女神头像":"女神庙内最为难得的发现是出土了一尊较完整的女性头像。这尊头像出土时平卧于圆形主室的西侧,头像为方圆形扁脸,额部宽而平,圆而隆起,额上塑一突起的圆箍状饰,似与束发或头饰有关。""从伴出的其他残塑件判断,应是一座全身塑像的头部"。"这尊头像是一女性塑像的头部"。"同时,从各类鸟兽动物神陪衬,并陈设造型考究的陶祭器,它们置于富丽堂皇的庙宇之内。"③这位被称为女神像的多认为"是人格化的自然神""是祖先崇拜的偶像"。我们认为这位所谓"女神像"是人王,是女王,所谓"女神像"是祭祀先王的享堂、神殿。

那么红山文化中这位"女神像"就是颛顼高阳氏女王,是红山先民对创造红山王国的颛顼女王的祭享,对这位先祖先王的尊崇与祭享。而以各类

① 龚维英:《颛顼为女性考》,《华南师范学院学报》1981年第3期。
② 见陈梦家《高媒郊社祖庙通考》,《清华学报》1937年。
③ 郭大顺:《红山文化》,文物出版社2005年版,第101～106页。

鸟兽——龙、鸟陪祭,正是借鸟兽为通神的使者,导引逝者死后升天成神;以彩陶为祭器、为礼器、为法器,借彩陶(它与玉器一样)的通天法器以与天帝沟通。这说明"女神像"是人王像,借鸟兽、彩陶以与天帝沟通,期望死后升天。而神庙为祭享逝世王者的神殿与享堂,女王像是人王,红山王国的创始人,作为王国的先祖妣,为人王,而为红山人尊崇祭祀。这是考古学提供的内证。

红山文化中的"女神像"不是单一的个体的,而是"女神群像"。"人物塑像是庙内主要部分,已在主室、东西侧室和南单室发现人像残件……大约分属于六个个体。它们都不同程度地表现出女性特征,……第一类……大小相当于真人的三倍;第二类……均相当于真人的二倍;第三类……相当于真人原大……有的空腔内存有白色质酥(人)骨片……"①这些"女神群像"应是女王的女官、护卫,其中发现"骨片",当系以人为牺牲,也说明这群"女神"不一般的身份。

中华文明起源史上出现女王并不罕见,前文对女娲、西王母以女性身份创建王国、使其所在的文化区域迈入文明大门诸问题曾有论析。大汶口文化与红山文化的颛顼王国也是由颛顼女王创立的(颛顼族团为何从山东地区北上辽河流域地区,因史料缺如,现尚不能解答这一问题),这说明这两个地区由母系氏族社会向文明社会转型过渡期间是由原为母系社会氏族长、部落联盟酋长借助独占神权而获得王权,推动氏族社会(在其尚未解体前)过早地过渡到阶级社会,创立文明王国,原来的氏族长、部落联盟酋长转型为国王,这使新石器时就产生了女王。这又正是中华文明产生的一个突出特点,呈现为中华文明的早熟性和文明王国的早期性诸特征。

(2)红山考古文化

①出现了神庙(殿)、祭坛、积石冢三位一体的整体性严格布局的巨型遗址,表现出红山人(颛顼高阳氏、帝喾高辛氏及其族团)的庞大宇宙世界、神鬼世界与人间社会的统一完整的政治与宗教体系。而中心大墓"体现的是一人为主,众人从属的关系。""它们置于山冈之巅,充分体现了一人的至高

---

① 郭大顺:《红山文化》,文物出版社 2005 年版,第 100 页。

无上地位。"这种墓制在红山文化已是普遍现象,说明与氏族平等关系根本对立的等级关系已经制度化。

在红山文化遗址群南部又发现"金字塔"式(亦有称其为巨石式)建筑。"4号中心大墓是牛河梁遗址已发现的墓葬中规模最大的墓葬之一,也是营造最费工时的一座墓葬。其规模与围绕四周的其他墓葬对比悬殊。充分表现出墓主人'一人独尊'的地位。随葬的玉人等特殊器物,可能说明墓主人是一个通神独占的巫者。"我们认为墓主人应具有王者身份,是一王者兼巫者的人物。

庙(殿)、坛、冢的统一体,中心大墓,"金字塔"式(或称巨石式)建筑,这些红山遗迹,充分而明确地告诉我们,红山文化时代是一个出现了至高无上的王权和王权与神权紧密结合的国家结构形态。这种国家结构具有政治、军事、文化和宗教等中心地位和作用。国王集政治权力和宗教权力于一身,他是王者也是巫者,他掌管享祭天神、地祇、人鬼的祭祀大权,具有交通天地的神力。王权与神权的高度统一,构成完整而成熟的(较大汶口文化有更高的发展)祭祀礼仪制度与政治的社会的结构性秩序。

这些遗迹已"不是一个氏族,一个部落或部落联盟所能拥有",而应属于一个文化共同体——一个国家文明的初期形态,是中国社稷宗庙文化模式的先河。

②三环祭坛是红山王国另一重要文化遗址。祭坛紧靠主冢,同置于山冈最顶部,构成冢群的中心,构成冢坛结合的文化结构。东山嘴的圆形祭坛、牛河梁的双冢间方坛和牛河梁的圆形祭坛,表明红山人已将祭祀天神地祇制度化、规范化了,成为红山王国领袖举行"郊""燎""禘"等国家祭祀大典的宗教场所。

红山三环祭坛表现出中华古老的天圆地方的宇宙观念。牛河梁三环祭坛的考定,说明古老的盖天论宇宙观念早在距今6 000年已经发展到一定水平,"它不仅描述了一整套宇宙理论,同时准确地表现了分至日的昼夜关系"。① 而以"三环祭坛象天,方形祭坛象地",表示天圆地方的宇宙观念,并

---

① 冯时:《考古天文学》,社会科学文献出版社2001年版,第343~355页。

成为红山人祭礼天地的神圣祭坛,圜丘祭天,方丘祭地;圜丘为天坛、为日坛,方丘为地坛、为月坛,红山人所创造的三环祭坛及其结构,作为一种文化模式(天人交通的模式),成为古代中国文明史的一大传统,为历代王朝所继承。

③聚落与方国是红山文化提出的另一大问题。红山文化以辽宁省西部、内蒙古东南部为主要分布区域,东越医巫闾山,内蒙古哲盟和辽宁康平发现红山文化遗存,是最东发现地点;南界到渤海沿岸;南界西段越燕山山脉到华北北部,内蒙古乌兰察布盟发现红山文化,张家口桑干河上游发现红山文化;向北越过西拉木伦河,沿乌尔吉木伦河、新开河向北分布,以老哈河中上游到大凌河中上游之间为红山文化分布的中心区。在这广大的红山文化区域中出现众多遗址与聚落群,这些遗址与聚落群的范围大小、等级高低是不同的,是有差别的,表现出区域文化发展的不平衡性,在红山王国中处于不同的地位。

红山文化区域的聚落可分一般聚落和中心聚落,而中心聚落又有高层次与最高层次之分。从红山文化聚落形态结构中,可以看到红山王国的文明体制及其政治结构。在红山文化广大区域中,牛河梁遗址为最高层次的中心区域,它已具有初期国家形态,已为红山王国的王都;王都之外的各次中心聚落应为王国之下方国,由中央王国与地方方国构成国家政治结构与体系,各方国与王国中心保持着政治上与经济上的高度一致,表现为王国王都对次中心各方国的文化凝聚力与政治控制力,表现为文化的多元性与一元性的辩证统一,在中华大地上出现了多元一体的政治结构与统治体系。较之东夷大汶口王国,其红山文明王国进入了较高的历史层次,进入较高的历史阶段。

(3)红山玉器——精神文明的载体

红山文化以多样化与大规模的玉器制造,标志着手工业的专门化、社会第三次大分工的出现,以红山玉文化为标志,中华新石器时代已进入一个玉器时代。

红山玉器文化是中华新石器时代作为玉器时代而成为中华文明史的开端,其动物形玉雕、筒形玉器、勾云形玉器、方圆形玉璧以及多彩多样的玉器,使红山玉器成为中华一大玉器文化中心(另一中心为良渚玉器文化)。红山玉器文化作为红山王国的精神文明载体,在红山王国文明的产生、文明王国结构、文明王国宗教文化——思想信仰体系的确立诸方面起到了直接的主导作用,从而形成了红山学之外的红山玉学,并成为中华早期文明史中一个专门学科,为学界所关注。

在中华史、中华文化史、文明史上,红山文化占有极为重要的位置,红山人创造了一个玉器时代,改变了中华历史格局的传统认识,在石器时代与青铜时代之间有一个玉器时代,对国际学界历史阶段三段论与文明三要素等传统观念造成极大的冲击。红山人创造了物质生产体系之外的精神生产体系,创造了以玉器为主体的精神文明载体,开启了中华文明史。中华文明的产生与玉器文化密切相关,玉器成为礼器,成为沟通天地的神物,玉器带来了宗教文化大变革,构造了新型的思想文化信仰体系,建构了极富人文精神的天人合一的宇宙本体论;掌握玉器就掌握了沟通天地的神权,王权正来源于神权,文明王国产生了。红山人创造了红山文明王国。2015 年 1 月 9 日《参考消息》披露《中国第一个王国或毁于沙漠化》,即指距今约 6500 年的红山王国。

四、黄帝王国的战争模式

(一)黄帝王国的考古文化学寻绎

"黄帝者,有熊国君,号曰有熊氏。"皇甫谧曰:"有熊,今河南新郑也。"黄帝"以与炎帝战于阪泉之野";"与蚩尤成于涿鹿之野",黄帝"邑于涿鹿之阿"。据此可知,黄帝族团活动于河南地区,后又北上河北,战胜炎帝与蚩尤两大族团(王国),并建都于河北涿鹿。据此,河南新郑的裴李岗遗址与河北武安磁山遗址正与黄帝(轩辕)族团活动地域相吻合。据测定,裴李岗为公元前 5900 年左右,磁山为公元前 5500 年左右。

裴李岗文化遗存分布于豫中、豫南、豫西和豫北地区,其内涵有三种:一为单纯的裴李岗文化;二为裴李岗文化和仰韶文化遗存;三为裴李岗文化、仰韶文化和龙山文化遗存。从中正可以看到古代河南地区新石器文化发展轨迹。在裴李岗文化的诸多遗址中,应该说以舞阳贾湖遗址时代最早、文化内涵最为丰富。

分布在冀南豫北地区的磁山文化,其北界已达燕山南麓。

裴李岗文化和磁山文化属于中原新石器时代早期遗存,它们早于仰韶文化。这两个文化区证明农业、种植业、畜养家畜业的发展,已有了剩余粮谷,说明农业经济已达到一定规模,制陶业的新发展,玉制作业的出现,龟灵崇拜和龟甲刻符的出现作为沟通天地鬼神的神器,标志宗教文化的新发展,叉形骨器所赋予的权威功能等等,均标志王权已在此文化区的出现,骨笛的大量出现作为宗教仪式的工具以音乐歌舞娱神,标志文明初期的礼乐文明的诞生。已有学者对裴李岗文化与磁山文化做了比较研究。[1] 我们认为这两个文化区应与黄帝王国有关,甚至就是黄帝王国的考古学文化。

而河北张家口蔚县四十里坡早期文化遗存(公元前 5000 年左右),也可以相当准确地揣测出诸考古文化为登上这一舞台而奋战过的艰苦历程。[2] 这当是炎黄两大族团冲突较量的考古学遗迹。

易县北福地遗址发现于 1985 年,是河北最重要的史前遗址之一,遗址中发现大量的房址、灰坑,还发现了祭祀场遗迹,出土了玉器、石器、陶器等重要遗物,特别是发现了大量刻陶假面面具,是目前所见年代最早、保存最完整的史前面具作品,为研究原始宗教或巫术提供了重要新资料。

北福地遗址正处在新石器时代中原、北方、山东三大文化区之间的夹缝交界地带,大量的房屋遗址、独特的陶器群、丰富多样的陶刻面具、陶玉石器堆积的祭祀场等展示出距今约 7000 ~ 8000 年前风格鲜明的地域文化。祭祀场所的发现是此次发掘的重要收获。平面近长方形,东西长 10.8 米、南北宽 8.4 米,总面积 90 余平方米。

河北易县北福地史前遗址是与裴李岗、磁山同时期同一文化区系的考古文化,其遗迹中特别是祭祀遗迹和与宗教祭祀有关的陶制面具——属傩仪、傩祭面具文化,突出神权与王权象征的威严,是神灵、权力、地位的象征

---

① 严文明:《黄河流域新石器时代早期文化的新发现》,《考古》1979 年第 1 期;安志敏:《裴李岗、磁山和仰韶》,《考古》1979 年第 4 期。
② 《张家口地区考古的重要收获》,《吉林大学学报》1982 年第 4 期。

物。面具是神器,是圣物,是沟通人与神的两个世界的工具,被赋予进入神灵世界的文化功能。这正是五帝时代黄帝王国的鲜明的文化特征,他们在创造他的神、创造他的精灵的同时,也创造了新的世界,创造了他自己。

(二)黄帝之时以玉为兵

提出"黄帝之时以玉为兵"的是《越绝书》,据《四库全书总目提要》,此书为汉末(一说为晋)袁康所撰,《越绝外传·记宝剑》第十三篇记春秋时人风胡子论剑时讲述了上古三代的兵器及其冶铸技术发展史。提出:

> 时各有使然:轩辕神农赫胥之时,以石为兵,断树木为宫室,死而龙臧,夫神圣主使然。至黄帝之时,以玉为兵,以伐树木为宫室、砍地,夫玉亦神物也,又遇圣主使然,死而龙臧。禹穴之时,以铜为兵,以砍伊阙,通龙门,决江导河,东注于东海,天下通平,治为宫室,岂非圣主之力哉。当此之时,作铁兵,威服三军,天下闻之,莫敢不服,此亦铁兵之神,大王有神德。

这是以生产工具、武器性质作为社会生产力的总和,并与政治力量相结合,以确定和划分社会发展阶段、划分历史时代直至王朝分野的朴素历史观,第一次明确提出中华古代文明、中华古史四个"演进的经过的本质变化":①"以石为兵"的石器时代;②"以玉为兵"的玉器时代;③"以铜为兵"的青铜器时代;④"作铁兵"的铁器时代。二千多年前的风胡子提出中华历史、中华文化史、中华文明史演进的四个阶段的历史观第一次提出中华古史上有一个"以玉为兵"的时代,完全符合中华历史的实际,时至今日,仍然闪耀着智慧光芒。这种极富哲理性的判断,直到今天,仍给我们以极大的启示,这既涉及物质领域,也涉及精神领域,对中华历史演进史及中华文明研究有极深刻的指导意义。它是完全中国式的文明史观,为建构中华文明史理论框架奠定了基础。

"以玉为兵"释义:

玉戈、玉钺、玉斧、玉戚是武器,又是权威、权力的象征,这已为考古文化学所证明了的。持有上述玉兵者均为这一族团地位最高的人,即为王者。王字字形、字义正来于斧、钺、戚之象形。著名的商代司母戊鼎之戊作斧头形,像斧头宽阔的大斧,戊戌之头部分之形,像有孔的古戊、戌之形,即为玉字之初文。是知掌握戊、戌即掌握玉斧、玉钺之人即为王者,斧、钺为王者权威的象征物。兵,甲文像双手运斤(锈、镰之类)斫木之状,则戊是狭形斧,为生产工具,戌为宽形斧,为兵器,为圆刃空心大斧,为权威的象征。"它并不是普通的玉器,而是礼器中的'王者之器'。喇家遗址可能就是'王者之地'。"①这可与"以玉为兵"对看,以玉为兵的戈、刀、斧、钺、戚亦为王者之器。

玉兵之为神物,除了它的王权的象征外,还因为它是沟通天地鬼神的礼器、神器、法器——即沟通天地鬼神的工具、武器。这又使黄帝"以玉为兵"的玉兵具有一种神秘光环,使对方望而生畏,战胜以木石为兵的对手。而玉器之为神物,"以玉作六器,以礼天地四方;以苍璧礼天,以黄琮礼地;以青圭礼东方,以赤璋礼南方;以白琥礼西方,以玄璜礼北方"。②以玉器祀天地,是新石器时代中华先民的宗教文化的核心,沟通天地,人天合一,是由玉器沟通天地的文化功能体现出来的。

在整个新石器时代,就是中华文明史上的玉器时代,是中华文明的起源时代,这就是"夫玉亦神物也"的文化内涵。玉器作为精神文明的载体,成为文明起源的标志物,表现出中华文明的独特特质。"黄帝之时,以玉为兵"开启了中华历史、中华文明史的玉器时代。

裴李岗文化与磁山文化可能还处在玉石不分阶段,考古发掘在这方面还缺少报告。河南境内出有简单的小件玉器,玉质工具与石质工具尚无太大的差别,河南龙山时期的玉器呈现为多源特点,最具特色的是由生产工具发展演变的如长圭、大刀、戚斧等玉礼器,已表现出这一地区应有一个或多个用玉礼器的古国。

公元前 4000 年前后,在幽燕与燕辽地区发现数个略有先后的新石器文化,它应是黄帝文化圈、红山颛顼、高辛文化圈叠合的产物。

---

① 蔡林海:《"王者之器"大玉刀》,《中国文物报》2005 年 1 月 21 日第 7 版。

② 《周礼·大宗伯》,《十三经注疏》中华书局影印本,第 762 页。

(三)三战然后得其志

通过战争获得王权。通过战争获得政权,这是《史记·五帝本纪》给我们的第一个文化信息。"国之大事,在祀与戎",中华文明的产生,有两条道路:一是王权源于神权,独占通天的神权,就获得了王权,这正是中华文明史上王权神授宇宙观念的渊薮;另一是王权源于军权,掌握军权,掌握战争权,就获得了王权,进而获政治权、宗教权。黄帝文化展示的是后一条道路,"暴力是一切孕育着新社会的旧社会的产婆",[①]作为一种历史动力,成为古代中国政权更迭的一种常式,是从黄帝开始的。

"轩辕之时,神农氏世衰,诸侯相侵伐,暴虐百姓,而神农氏弗能征。于是轩辕乃习用干戈,以征不享,诸侯咸来宾从。而蚩尤最为暴,莫能伐。炎帝欲侵陵诸侯,诸侯咸归轩辕。轩辕乃修德振兵,治五气,艺五种,抚万民,度四方,教熊罴貔貅䝙虎,以与炎帝战于阪泉之野。三战,然后得其志。蚩尤作乱,不用帝命。于是黄帝乃征师诸侯,与蚩尤战于涿鹿之野,遂禽杀蚩尤。而诸侯咸尊轩辕为天子,代神农氏,是为黄帝。"炎帝神农氏以农业建国,刀耕火种,繁荣兴旺已久,故为三皇之一;"世衰,神农氏后代子孙道德衰薄,非指炎帝之身,即班固所谓'参卢',皇甫谧所云'帝榆罔'是也"。[②]炎帝政权因"诸侯相侵伐,暴虐百姓"而"世衰",这必然引起以黄帝族团为核心的力量大整合,"修德振兵,治五气,艺五种,抚万民,度四方"——加强军力,"治五气"以提高天人合一的宇宙观念,加强农业生产管理(由游牧向农业转换),增强经济力量,安抚万民,争取友邦——联合以熊罴貔貅䝙虎为图腾的各族团,组成强大的联军力量,"以与炎帝战于阪泉之野,三战,然后得其志"。这是游牧民族集团对农业民族集团的大冲击,大决战,是中华文明史以黄帝为首的游牧民族族团战胜已成"衰世"的炎帝神农氏政权的大胜利。"三战,然后得其志"——经过三次(言其战斗之多次)决定性的战斗,方结束这一战役,黄帝及其族团方得以实现其夺得天下、夺得政权的大志,结束了三皇时代,开启了中华文明史的五帝时代。

---

①　马克思:《资本论》第一卷,人民出版社 1957 年版,第 949 页。

②　《史记·五帝本纪索隐》。

蚩尤是继炎帝神农氏政权失败之后积聚力量与新兴的黄帝政权决战的领袖,徐旭生先生认为蚩尤属东夷集团,是黄帝战胜炎帝之后东向与以蚩尤为首的东夷集团发生了大冲突。因蚩尤"不用帝命"——不服从新兴政权的统一政令,"于是黄帝乃征师诸侯,与蚩尤战于涿鹿之野",以战胜炎帝族团之威力,以新兴政权的号令,"征师诸侯",构成强大力量,经多次战斗——"顿兵浊鹿之山,三年九战而域不下",最后终于打败了比黄帝族团文化高得多的蚩尤王国,巩固了新兴政权,提高了政权的声望与权威——"诸侯咸尊轩辕为天子,代神农,是为黄帝"。通过战争赢得政权,建立政权,并通过战争,巩固了政权,极大地提高了黄帝的威严与威信;"天下有不顺者,黄帝从而征之;平者去之,披山通道,未尝宁居。"黄帝成为天下之共主。

继三皇之后,黄帝成为五帝文化的开端。通过战争——炎黄之战、黄帝蚩尤之战,摧毁了旧政权,建立了新政权,推动历史前进。在政权建设上注重经济建设,尤其是加强农业生产与管理,继炎帝之后,为中华民族以农立国确定了历史文化发展方向,这应是炎黄文化核心内容(亦即为华夏文明的核心内容)。"以玉为兵"是黄帝文化的重大创造,开启了中华历史、中华文明史的玉器时代,在注重物质生产的同时注重精神生产;通过"以玉为兵",达到独占通天通地的神权,黄帝获得了大宗教主的身份。通过战争权、军权而获得政权,成为一种历史的动力,成为古代中国政权更迭的一种模式。而独占沟通天地的神权而使政权得到加强,为王权神授的历史实例的开端。这些均成为一种文化模式,极大地影响着古代历史。

黄帝和黄帝族团创造了黄帝文化,是为中华文明史的开端。

黄帝等早期王国的后代在虞舜时有了新信息:"昔帝鸿氏有不才子,掩义隐贼,好行凶慝,天下谓之浑沌。少暤氏有不才子,毁信恶忠,崇饰恶言,天下谓之穷奇。颛顼氏有不才子,不可教训,不知话言,天下谓之梼杌。此三族世忧之。至于尧,尧未能去。缙云氏有不才子,贪于饮食,冒于货贿,天下谓之饕餮。天下恶之,比之三凶。舜宾于四门,乃流四凶族,迁于四裔,以御螭魅,于是四门辟,言毋凶人也。"①帝鸿氏、黄帝苗裔、少昊氏、东夷王国、

---

① 《史记·五帝本纪》。

颛顼氏、红山王国、缙云氏、炎帝苗裔,此四氏均为古王国历史存在,尧舜时仍有影响。

(四)良渚——玉琮模式

美籍华裔人文学家张光直先生以"玉琮"为一个继石器时代之后的文化时代,我们认为这仍在玉器时代之中。良渚文化属长江流域江浙地区的考古学文化。

良渚文化遗址可分为早、中、晚三期。早期的遗址以江苏吴县越城中文化层为代表。同期遗址有江苏吴县张陵山第二层及其墓葬,浙江吴兴邱城上文化层、岱山县大衢岛孙家山等。中期以上海马桥第五层和江苏武进寺墩为代表,同期遗址有上海松江广富林、青浦县福泉山、江苏昆山绰墩、吴江梅堰上文化层、浙江吴兴钱山漾、杭州水田畈、良渚荀山、海宁千金角等。晚期以浙江嘉兴雀幕桥(1972 年土物)和江苏吴县草鞋山遗址第二层为代表。同期的遗址有浙江湖州花城木构窖藏、嘉善新港、上海金山亭林、江苏江阴璜塘古井、常熟三条桥、黄土山、嘉菱荡等。

良渚文化中的玉器文化是良渚王国的精神文明载体,是中华古史上玉器时代的重要阶段、重要组成部分。

良渚玉器文化与红山玉器文化是中华玉器时代南北两大玉文化的主体,承载着良渚人与红山人的精神世界全部内容,反映了良渚人与红山人的充满人文精神的天人合一的宇宙本体观念。良渚玉与红山玉在形式与内容上又各有特点,呈现出南北玉文化的复杂面貌与复杂的个性特征。良渚玉与红山玉均是礼器、神器、法器,均是沟通天人关系的中介,但其所揭示出的红山王国与良渚王国的意识形态、宗教文化与神权象征又各具个性、各具风采。红山玉器文化与良渚玉器文化已经成了专门性的学问,红山玉学、良渚玉学已成为学界的热点,玉琮是良渚人的独特创造,它集中表现良渚人的宇宙观念、宗教观念和政治文化观念。

红山人以玉猪龙、玉勾龙的独特创造,借助以动物为主题的玉雕,企盼借助玉与动物的双重法力沟通人神。

玉琮是外面方里面圆的玉柱,圆筒中空,上下穿通,长短不一,琮的外表多有几何形或几何化的兽面纹或鸟纹。对此物,解者颇多。我们的认识是玉琮,外方内圆乃天圆地方,"内圆象天,外方象地",则玉琮本身是天地宇宙的象征物;玉琮柱形、中空、上下贯通,天地贯通,柱形象征地柱,巫师王者通过这根柱子可以爬到天上去。有论者认为玉琮上的"民族性纹饰"几何形或几何化的兽面纹为"神徽",我们则称之为王徽。玉琮是王者兼巫者沟通天地的神器,为王者独占,王者主持沟通天地的大权,表现为人神一体、人天一体、巫政一体。

天圆地方是巫者手持规矩以规划天地宇宙。"数之法出于圆方。圆出于方,方出于矩";"方属地,圆属天,天圆地方";"是故知地者智,知天者圣。"①伏羲女娲的石刻像作人首蛇身手持规矩,是知手持规矩画方画圆的是王者,是巫者。掌握玉琮以规划天地,藉玉琮及玉琮上的动物纹饰以沟通天地者是为王者。沟通天地是神权,是宗教权,则王权正来源于神权。

在表达人天交通、人天一体的宇宙本体观念上、宗教意识上和精神文明构筑上,良渚人进入一个更高层面,更富有人文精神。"完整的神徽在琮、璧、钺、梳背、璜等重玉器上广泛存在,以良渚遗址出土的'琮王''璧王''钺王'上的最具代表性;简化的神徽则在上述玉器更广大的范围如锥形器、项链、半圆形饰、三叉形器、镯、牌饰、管、带钩、柄形器等玉器上更多存在,遍及所有玉器,是良渚文化的典型标识。"②

在各良渚遗址中,玉琮屡有发现,较重要的有:

江苏常州寺墩玉器墓,其中 M3 出土玉琮 33 件;表面皆有兽面纹,以凸棱构成嘴、眼、鼻。草鞋山遗址 M198 墓葬出有玉琮。福泉山遗址 M6 出土玉琮 5 件,琮面以减地法凸出四块方座,并以四角为中线各刻一组兽面纹,上端有两组凸起的横棱,四角各有一只飞鸟,二件小琮也有凸起的兽面纹。③ 草鞋山遗址良渚墓葬报告指出:"玉璧、玉琮是祭祀天地的礼器,占有这些礼器

---

① 《周髀算经》。

② 周膺等:《中国5000年文明第一证——良渚文化与良渚古国》,浙江大学出版社2004年版,第29~31页。

③ 《上海福泉山良渚文化墓葬》,《文物》1984年第2期。

的人,应掌握有特殊的权力"。① 刻有兽面纹、内圆外方的玉琮,是权力的象征。这样说来,在良渚——祝融九黎王国中心之外,其他良渚文化遗址(聚落群)也拥有玉琮,即也拥有权力;这应是良渚王国中具有的诸方国表现为多元结构特征;在良渚王国的政治统一性与文化共同性之中,还保有各方国的多元性特征。从玉琮上所看到的巫术与政治结合是中华古史上玉器时代一个突出特征,并成为中华文明起源的一个独特特点。

"火正黎"是九黎族团首领,九黎族团的群巫之长,他和他的族团辅助颛顼高阳氏改革宗教文化,创立了大汶口王国;后又辅助颛顼高阳氏与帝喾高辛氏创立红山王国,创立一整套祭祀礼仪制度和精神生产体系。"九黎乱德"正看出九黎文化与颛顼、高辛文化及华夏文化的对立与冲突。由于政见不合,更由于文化体系相左,"火正黎"被帝喾高辛氏诛杀。九黎族团被迫南迁长江太湖流域,创造了具有地方特色与民族特色的良渚文化,发展生产,创造物质生产体系,提高了国力;创造适合太湖流域的精神生产体系,建立了良渚王国,保持九黎族团多元的民族文化特色,使这个祝融九黎王国有别于中原华夏文明,创立了极具地方民族特色的长江太湖良渚文明,为后来的南蛮族团及其诸王国——吴、越、荆楚等的涌现,奠定了历史的民族的文化的基础,建构了中华历史的新格局,影响着中华历史的进程。

九黎族团南迁过程,有否分化,其中有没有一支或多支另迁他地?中华大地上的黎姓国、黎山、黎水是否来源于九黎之迁徙所遗留?是一尚待考察的问题。

在中华文明发生学史上,黄河流域、辽河流域一些族团率先跨入文明门槛,借助战争,或借助宗教,"国之大事,在祀与戎"②,这是中华文明起源的两条道路。祝融九黎族团本属巫觋集团,在其南迁长江流域历程中,巫教与政治结合,创立良渚王国。是为长江流域文明史之开端,其流风余韵影响着长江流域文明。

---

① 《江苏吴县草鞋山遗址》,《文物资料丛刊》第3辑。
② 《左传·成公十三年》。

五、陶寺——唐尧王国的部落联盟转型模式

(一)陶寺考古学文化

陶寺类型主要分布于汾河下游及其支流法河流域。在该地区内的临汾、襄汾、侯马、曲沃、翼城、绛县、新绛、梗山、河津等地,共发现陶寺类型的遗址 70 多处。其中有些遗址的规模很大,除陶寺遗址(总面积 300 多万平方米)外,曲沃和翼城两县交界处的开化遗址和方城遗址(包括曲沃县方城村,翼城县南石村、古巨村),面积也都在 100 万平方米以上。

1. 陶寺古城遗址

陶寺古城遗址在时限上隶属于龙山文化时代,在地域上则属于黄河文明范畴,距今已有 4500 年的历史,是迄今为止在黄河流域发现的最早、最大和最具都邑特征的古城遗址。这在时间上和地域上都与尧、舜所处的时代相吻合。《汉书·地理志·河东郡平阳》注曰:"尧都也,在平河之阳。"平河之阳即平阳,平阳即临汾,而襄汾陶寺距离临汾仅 20 公里之遥。尧都平阳,即今山西临汾;舜都蒲坂,即今山西永济;禹都安邑,即今山西运城。这三个地方都在晋南,其相隔最远距离不到 200 公里,基本上是南北一条线,史称舜即位到"中国"。"中国"这一称谓的来历,最早就是用于记载尧舜所处的地方的,而这个地方就是晋南,更具体点说,就是从临汾(平阳)到永济(蒲坂)这一带地方。这说明,晋南地区确乎是中华民族最早和最重要的发祥地,是中华民族的历史之源与文明之根。如今,陶寺遗址的发掘,就更加从考古学的意义上坐实了这一点。

2. 朱书"文"字扁壶

朱书"文"字扁壶出土于陶寺遗址灰坑 H3403,为残器,存留口沿及部分腹片。朱书"文"字偏于扁壶鼓凸面一侧,有笔锋,似为毛笔类工具所书。另在扁平的一面尚有二个朱书符号,不识。又沿扁壶残器断茬边缘涂朱一周,当为扁壶残破后所描绘。出土朱书"文"字扁壶的灰坑 H3403,属陶寺遗址晚期。朱书"文"字扁壶亦具陶寺文化晚期扁壶的典型特征,距今约 4000 余年。

查《史记·五帝本纪》:尧晚年让位于舜:"正月上日,舜受终于文祖,文祖者,尧大祖也。"《史记集解》郑玄曰:"文祖者,五府之大名,犹周之明堂。"《史记索隐》引《尚书帝命验》曰:"五府,五帝之庙。苍曰灵府,赤曰文祖,黄曰神斗,白曰显纪,黑曰玄矩。唐虞谓之五府……皆祀五帝之所也。"《史记正义》:"舜受尧终帝之事于文祖。"则"文祖为唐尧之庙号","文祖者,尧大祖也。"朱书"文"字扁壶应是纪念唐尧时专门制作的,"火精光明,文章之祖,故谓之文祖。"则虞舜尊崇唐尧为光明之祖、文章之祖、文明之祖。考古与文献结合,陶寺遗址确为唐尧王国之古都。

考古学与文献学告诉我们:

位于襄汾县汾河以东、塔儿山西麓,距今4500~4000年左右,这里的窑洞、居址、水井及等级分明的墓葬、龙盘、鼍鼓、特磬等重要礼器,预示了中国古代文明的诞生,为尧部落所创造的最初"中国"之所在。

从20世纪50年代就已开始的陶寺考古发掘,其主要成果是发现了大量地下文物,诸如墓葬、礼器、陶器、铜器、文字等。但自2000年开始的城址发掘获得了最新的考古成果,无可辩驳地证明了早在尧、舜时期,这里就已开始了从酋邦社会向早期国家形态的过渡。

在这个国家形态中,不仅有各种职能的国家机器,而且有历法、制度、军队、官员、礼典、刑罚、科学技术和禅让意识、民主思想与人才观念等等。《尚书·尧典》上说:"帝尧……百姓昭明,……协和万邦。"《尧典》上还说,帝尧亲自主持历法研究,亲派羲和、羲仲观察日落日出,考稽寒暑轮转,制定了一年360天的农历。所有这些,都在陶寺遗址发掘中得到证实,陶寺遗址已具备了作为国家都邑的各种必备要素,如屋舍、街道、祭坛、水井、殿宇、庙堂等。

(二)华夏中心的确立

1. 说"夏""华夏"

"蛮夷猾夏,寇贼奸宄",这是《尚书·舜典》中虞舜对皋陶说的话。说明在尧舜时就已有了华夏与夷狄的区分,就有了华夏族团与夷狄族团的碰撞冲突。孔颖达的注疏过于儒家气了。《舜典》已简约而概括地揭示了这两大族团的尖锐激烈冲突,而其所显示的文化冲突更为深刻而剧烈。

夏者,大也,大人,手持斧钺的权威、首领、王者。甲骨文作执戌而立之人,"权威者、酋长或大奴隶主的造像"。"那些初民,他们的首领人物全是以显赫武力、威慑内外的,有无上权威的征服者、压迫者那样人的人自居,以此为荣,自称为夏,傲于其他部族。"①

四夷观念始源于四方、四方风、四时节令、四方神等观念,到了夏代,产生九州观念、五服观念和以中央王朝为中心的金字塔式的王朝政治结构与统治秩序,由此产生天下与四海、华与夷、内与外等华夏中心观念,四海、夷狄与中心观念对应,华夏与夷狄构成严华夷之防的思想文化路线,主宰并影响着中华历史的进程。是知,夏之名称出现是社会阶级出现的产物,是权威、酋长、王者的标志,进而成为族团的标志。

2. 说华夏中心观

①"冀为天下之号"

《尚书·禹贡》记古九州地志,首从冀州始。"冀州既载",《禹贡》记古九州地志,首从冀州始。"九州之次,以治为先后,……冀州帝都,于九州近北,故首从冀起。"②"孔安国曰:尧所都也。先施贡赋役载于书也。"③《史记正义》:"理水及贡赋从帝都为始也。"《汉书·地理志》第八上师古注:"两河间曰冀州。载,始也。冀州,尧所都,故禹治水自冀州始也。"

九州,从方位概念到中心观念——四风、四方—八方—一个中心。在古九州观念中冀州为天下之"正中",为"中土"。汉代学者认识到《禹贡》以冀州为九州之首的文化意义:冀州是尧舜禹之帝都所在,在九州大区域文化中处于天下之"正中"——天下四海之中心,处在天下发号施令的中心地位。这就出现了天下中心观、王朝中心观。这是从唐尧王国开始的,故以尧都冀州为中心。从血缘观念发展为地缘观念,这是人文地理志学——《禹贡》在中华早期文明史上一个新创造、新发展,整合尧舜文化的新总结。华夏文化中心观、中原王朝中心观是中华民族内部关系秩序化、体系化的核心内容,

---

① 康殷:《古文字形发微》,北京出版社 1990 年版,第 8 页。

② 《尚书·禹贡》《注疏》,《十三经注疏》,中华书局影印本,第 146 页。

③ 《史记·夏本纪》《集解》,中华书局校点本。

是华与夷、内与外、天下与四海的政治结构的主要观念形态。这种秩序、这种体系、这种观念主宰支配着中华民族几千年的文明史。

②"内诸夏而外夷狄"

尧舜时已有"十二州"观念:"肇十有二州,封十有二山,浚川。"①夏禹时作《禹贡》,建立五服制、九州观,建立了以中央王朝为中心的金字塔式的王朝中心观念,"五百里甸服","五百里侯服","五百里绥服","五百里要服","五百里荒服";"东渐于海,西被于流沙,朔南暨声教讫于四海。"②天下、四海、中心、四方,在突出中心观念时把四夷边缘化,"蛮夷猾夏,寇贼奸宄",③直至把蛮夷对立化、仇敌化。这种观念与制度成为定式,由尧舜创立而为三代所继承。

华夏意识、华夏中心观念构成一种传统观念,尤其自先秦以来,多由华夏——汉族建立中央王朝,这种华夏意识、华夏中心观念在尧舜与夏商周时期起了整合与凝聚作用,发展成为中华文化传统的核心内容,严重地影响着中华历史文化的发展。

(三)新天学的创立

唐尧王国最大的历史功绩是创立崭新的天文历法学,我们称之为新天学。它集中在《尚书·尧典》这一历史文献中,陶寺文化遗址出土圭表即为明证。

《尧典》是自有文字以来,我国第一部以经典形式传世的古文献,它记录了新石器时代晚期中华文明产生与发展进入一个新阶段。

中国是世界上最早创立宇宙自然、社会认知体系的国度。关注天数学、历数学及天官学是中华文明的一大特征。"察日、月之行,以揆岁星顺逆";"雌雄代兴而顺至正之统";"然其与政事俯仰,最近(大)〈天〉人之符"。④司马迁早已指出历数之学、天官之学与政事、与国家关系密切,是直接表现天

---

① 《尚书·舜典》。
② 《尚书·禹贡》。
③ 《尚书·舜典》。
④ 《史记·历书》《天官书》。

人关系的最高的准则。

《尧典》开篇即讲"乃命羲和,钦若昊天,历象日月星辰,敬授民时",这是传世文献中最早的天文学文本,开端四句是帝尧观象授时的总纲,是人天同构的宇宙认知体系的总原则、基本出发点。根据日月星辰的天文历法的变化,认识物候时序,根据物候时序安排与管理社会生产与社会生活。观察掌握天象,总结与认识物候时序,是为了"敬授民时",是与"敬授民时"同构,这就创建了人天同构、天人合一的宇宙认知体系,在掌握与认知宇宙自然的运动规律时,与人间社会生产、社会生活的秩序化、结构化对应起来,使人从巫教的局限与束缚中解放出来,从神秘思维的迷圈与氛围中解脱出来,使国人走上理性思维认知道路,使天象为人间所用,在天人关系上开创出新道路。"敬授民时"成为天人同构认知体系的核心,使古老的天学创立伊始就极富人文色彩,并成为中华文化传统的重要组成部分,使唐尧王国文明极富新时代的特色。

"历象日月星辰,敬授民时",是王者的权力所在,从天道与人道的共同、互动中体现着帝尧的王权的威严与神圣。

从舞阳贾湖、阜新查海的天象观察,经红山玉猪龙、玉勾龙、良渚玉琮的天人沟通,到《尧典》的二分二至的实测,经历近 5000 年的观察总结、整合,去除天人之间的神秘氛围,从天上落到民间,从天象到民时,从星辰变化落到物候时序;从依靠巫觋掌控天人关系,从通过玉器沟通天神,从知天知地替代通天通地,到了帝尧王国时代,初步削弱了巫教的束缚与局限,去除沟通天地的神秘化,走上知天知地的天文学、社会学、人文科学殿堂,其中凝聚了三皇五帝以来的君主文化论、国家文化论之精华。

"历象日月星辰,敬授民时"。天象与民时——天道与人道在同一个共同点上、目的论上视察与认知,了解天道,是为了认识人道,这构造了天人同构的宇宙本体论,而其"着力点"是"敬授民时"——管理好社会生产与社会生活,它将神圣、神秘而不可知的、只由少数人(巫觋兼王者)掌握的天象历法人间化,以之与人间的生产生活、人们的衣食住行密切相关,使它们之间具有同一性、互动性,创造了天文与人文同构的文明观念,极具人文精神。

由天道而及人道,由天象而及人间物宜,天象——物候——民众——鸟兽,天象星历,人间物候,社会民众,鸟兽自然,天文、人文、地文构成一个内在的关系链,一个宇宙社会共同体,其中含有古代天文历法理性认知的早熟性、初期的科学性,并与敬授民时的感性认知的可操作性等诸特征,使天人同构的宇宙认知体系带有鲜明的人文特点,开创极富中华民族特点的文化传统。

(四)唐尧王国的政治结构

王国政治结构涉及王国力量的组成、性质、政权形式、各种力量的消长变化以及王国的发展前途诸问题,从中可以看到新石器时代晚期中华文明的形态与特征问题。

1. 克明俊德,以亲九族

这种从氏族制中产生并延续到文明时代的宗族制度,是中华文化连续性发展的一个标志。"中国的宗法制度在中国古代文明社会里面,是阶级分化和财富集中的一个重要基础。"[1]唐尧王国文明甫一产生,血缘关系、宗族制度"不但未被地缘关系所取代,反而是加强了,即亲缘与政治的关系更加紧密地结合起来。"[2]这在唐尧王国文明产生与建设过程中发挥"九族"力量中得到明证。

2. 百姓昭明,协和万邦

九族与万邦,万邦言其王国诸侯林立,是由众多族团作为各诸侯国以维护唐尧中央王国。

3. 四岳与四岳议事制

唐尧王国有四岳和四岳议事制。尧舜禹之禅让均通过四岳议事:"尧曰:嗟! 四岳,朕在位七十载,汝能庸命,践朕位?""众皆言于尧曰:有矜在民间,曰虞舜。"尧之王位继承是需征询四岳的意见,并经四岳举荐定夺。

舜之于禹,亦"谋于四岳"。

4. 禅让

"尧曰:谁可顺此事? ⋯⋯尧曰悉举贵戚及疏远隐匿者。众皆言于尧

---

① 骆宾基:《金文新考》,山西人民出版社 1987 年版,第 12、16 页。
② 张光直:《中国青铜时代》,三联书店 1999 年版,第 474 ~ 475 页。

曰:有矜在民间,曰虞舜。……于是尧妻之二女,观其德于二女。……尧使舜入山林川泽,暴风雷雨,舜行不迷。尧以为圣;召舜曰:女谋事至而言可绩,三年矣。女登帝位。"①唐尧之挑选帝位接班人显然有一个原则,就是坚持母系氏族社会酋长继承法。他之所以不传其子丹朱,因为丹朱虽为胤子,但按母系社会,男婚于女家,则已成为女家的氏族成员;所以选择舜,是因"妻以二女",舜已成为唐尧氏族集团成员,按母系制的氏族社会酋长继承法,应执行世袭酋长传婿制,而将帝位传给舜。这就是尧舜"禅让"的文化秘密,说明唐尧王国仍保有浓厚的母系氏族社会的文化残余。

尧舜禹"禅让"之说似应结合当时的历史文化(中华早期文明诸特征)实际给予再认识。它直接涉及唐尧王国文明的性质与特点以及虞舜王国的来源等诸问题,涉及尧舜为代表的华夏文明起源诸问题,从禅让政权更迭的视角,揭示历史文化的动力学问题,则应给予足够的关注。

唐尧王国文明正反映出中华文明产生的早熟性,其文明王国中仍保持着部落联盟形态的政治结构,是中华文明史上由部落联盟过渡为文明王国的典型实例,成为一种模式。王巫结合,通过巫觋集团"历象日月星辰,敬授民时",通天通地,知天知地,独占神权,王权来于神权的独占,这是中华文明起源的主要途径与主流性的思想文化体系。唐尧王国文明表现出中华文明产生的早熟性和文明王国的早期性诸特征。

六、结语

卡尔·马克思对世界古代历史与社会曾提出两个类型的命题:"古典古代的历史"和"正常的儿童","亚细亚的历史"和"早熟的儿童"。古代中国即属于"亚细亚的历史",和"早熟的儿童"这一类型。"亚细亚的历史"又称为"亚细亚的生产方式"。所谓"早熟的儿童"按我们的理解是指中国原始公社过早解体,母系氏族社会提前过渡到父系社会,即军事民主制——酋邦——国家提前产生;未待土地私有制成熟,由军事领袖而成为酋邦——国家的君王,社会财富集中到少数人手中——借助政治权力而不是借助生产

---

① 《史记·五帝本纪》。

与贸易来实现的——军事政治权力与文化宗教权力高度集中的结果与象征。城市与农村不可分割的统一,城市是"宗子维城"——宗法的、政治的;以血缘的、宗族的构成政治结构的基础,成为集中政治权力的基本制度,由此而成为古代中国宗法制度、姓氏系谱制度和家天下观念的来源。这种氏族血缘纽带制约着社会的发展,社会分工缓慢,商品生产与交换相对不发达,自然经济长期占据主导地位。在思想文化领域,"真正中国的宇宙起源论是一种有机物的程序的起源论",[①]——即指整个宇宙(包括人间社会)的所有组成部分都属于有机物的一个整体,小至一粒沙石,大到恒河星数,它们都是一个连续整体的组成部分,"历象日月星辰,敬授民时",天人同构,宇宙一体,其中心、其主轴是独占通天权力的王者兼巫者,天地一体,人神同在,天人合一,这是古代中国的宇宙观,也是中国早期文明的重要标志。

这就是中国古代社会——"亚细亚的生产方式""早熟的儿童"诸种历史文化特征——"人惟求旧,器惟求新""周虽旧邦,其命惟新",在古代中国历史长河中,主导历史发展的是"惟新"式的连续性的缓慢前进,缺少革命式的变化,即或有所变革(如某些"变法"),也是一种改良性质。"天不变,道亦不变",主宰着中国发展步伐。这就造成了古代东方社会特有的一种历史文化现象:新的历史中包括旧的成分,旧的、死的、过了时的氏族制度(及其思想文化)制约着新的、活的、前进的东西;已经制度化、秩序化了的东西使其传统化、固定化、神圣化。古代中国历史文化就是行进在这条道路上,一切问题就是从这里产生的。

仅举数例,以见中华早期文明的特质。

---

① 张光直:《青铜时代》,三联书店 1999 年版,第 475 页。

第二章 在马克思的理论统摄下,对中华早熟性文明诸问题的考察

一、早熟性是马克思关于世界史中东方古史的一个高度概括

在《〈政治经济学批判〉序言》中,马克思指出:"大体说来,亚细亚的、古代的、封建的和现代资产阶级的生产方式可以看作是社会经济形态演进的几个时代。"

在《资本主义生产以前各形态》中,马克思指出:"古典古代的历史,这是城市的历史,但同时是以土地财产和农民为基础的城市的历史;亚细亚的历史,这是一种城市和农村不可分裂的统一体(在这里,大城市只能看作王公的营垒,看作在真正意义上只是经济制度的赘疣)……"

在《〈政治经济学批判〉导言》中,马克思指出:"有粗野的儿童,有早熟的儿童。古代民族中有许多是属于这一类的。希腊人是正常的儿童。他们的艺术对我们所产生的魅力,同它在其中生长的那个不发达的社会阶段并不矛盾。"

在这里,马克思主义经典作家在论述世界上的奴隶制时,明显地把亚细亚的生产方式和古典古代的生产方式放在同等的序列上,而且明确指出古典古代的生产方式就是古希腊罗马的生产方式。亚细亚的生产方式则包括埃及、印度以及中国在内的东方各古国。这些东方各古国走着与古希腊罗马的不同的路径。

依据马克思关于社会生产方式与社会经济形态的论述,古代中国属于"亚细亚生产方式",属于"早熟的儿童",而与"古典古代(古希腊罗马)的生产方式"——"正常的儿童"相对应,东西方古代社会走着不同的历史发展道

路。所谓"早熟的儿童"实指文明与国家孕育产生在"一种凌驾于这许多实际的单个共同体之上的特殊东西",这"许多共同体之父的专制君主所体现的统一总体,通过这些单个的公社而赐予他的。"①是在氏族公社解体之前,已产生"总和的统一体""更高的所有者或唯一的所有者",即在进入部落联盟阶段就产生了王权、产生了君主,氏族公社提前迈入文明的门槛,即产生了"凌驾于公社之上"的早熟性是亚细亚生产方式的古老东方社会特有的历史文化特点,是中华文明的本质性特征,贯穿于整个中华文明史。

在世界文化史与世界文明史的产生与发展问题上不可能是在一个统一的模式中进行,而古老的东方中国走着自己的独特道路。

文化与文明的多样性、区域性以及因地理历史文化格局、区域文化的运动速度等原因条件所造成的文化与文明发展的不平衡性,要求人们在文明探索中应从本民族、本地区的文化与文明的发展实际出发,而不是硬性地遵循某一所谓"约定俗成"的模式,方可接触到中华文明起源的历史实际,方可对中华文明的独特性有所认识。

二、马克思对俄国农村公社的相关论述

近日,我读到《马克思恩格斯全集》第 19 卷《卡·马克思给维·伊·查苏利奇的复信草稿》一文。马克思的这篇文章(以下只简称为《草稿》)是对俄国农村公社的阐释:

> 各种原始公社(把所有的原始公社混为一谈是错误的;正像地质的形成一样,在这些历史的形成中,有一系列原生的、次生的、再次生的等等类型)的解体的历史,还有待于撰述。到现在为止,我们只有一些粗糙的描绘。但是,无论如何,对这一课题的研究,已经进展到足够证明下面两点的程度:(1)原始公社的生命力比闪族社会、希腊社会、罗马社会以及其他社会,尤其是现代资本主义社会的生命力要强得多;(2)它们解体的原因,是那些阻碍它们通过一定发展阶段的经济条件,是和现

---

① 马克思:《经济学手稿》,《马克思恩格斯全集》46 卷上册,第 473 页。

代俄国公社的历史环境毫无相似之处的历史环境。

不管怎样，这种公社是在连绵不断的内外战争的情况下灭亡的，显然是死于暴力之下的。……但是，它的天赋的生命力却为两个事实所证实。有个别的公社经历了中世纪的一切波折，一直保存到今天，……然而最重要的是，这种公社的各种特征非常清晰地表现在取代它的公社里面，……在恺撒的时代，日耳曼人各氏族和血统亲属联合(tribus des - con federations)之间已经每年重分土地，但还不是在公社各个社员之间进行重分。由此可见，德国的农村公社是从较早的古代类型的公社中产生出来的。在这里，它是自生的发展的产物，而绝不是从亚洲现成地输入的东西。在那里，在东印度也有这种农村公社，并且往往是古代形态的最后阶段或最后时期。

并不是所有的原始公社老按着同一形式建立起来的。相反，它们有好多种社会结构，这些结构的类型、存在时间的长短彼此都不相同，标志着依次进化的各个阶段。

同样在亚洲，在阿富汗人及其他人中间也有"农村公社"。但是，这些地方的公社都是最新型的公社，也可以说，是古代社会形态的最新形式。

这些理论给我们新的启示。

三、人文地理观照下的历史文化区系

产生在中华大地上的中华文明与中华大地上的文化地理与历史地理格局密切相关。

中华大地是一从西向东逐渐倾斜的斜坡，西部有世界屋脊的青藏高原，海拔4 000米以上，东接横断山脉，形成云贵高原、黄土高原、内蒙古高原等由西南到东北的半圆形高原带，海拔2 000米至1 000米；接下来是海拔千米以下的丘陵地带,海拔200米以下的平原地带及沿海地带。中华大地本身是一巨大的完整的地理单元,这一东亚地理单元,东西落差形成三级巨大阶梯,南北跨度达30个纬度,这既决定了中华文化的起源的本土性,中华文化发展的内在关联性;又形成了中华大地极其不同的多种生态环境,构筑了似断实连的多种不同的人文发展机遇和文化区域,从而形成了中华大地上多元一体(即多元与一元的辩证发展)的文化体系。

历史地理的生态环境制约着甚至在一定时期一定条件下决定性地影响着民族文化格局。由于中华大地是一个巨大的地理单元,也是一个巨大的历史文化单元,这既决定了中华文化起源的本土性,又形成了极其不同的多种生态环境,构筑了多种不同的人文发展机遇与文化区域,从而形成中华大地上的多元文化区系。根据现有资料考察论证,在中国新石器时代已初步形成了四个大的文化区系,这就是阴山山脉以北的北方文化区系(后来发展为草原游牧渔猎文化),阴山山脉以南、秦岭山脉以北的黄河流域旱作农业文化区系,秦岭山脉以南、南岭山脉以北的长江流域稻作农业文化区系和南岭山脉以南的亚热带块茎种植文化区系。

文化发展的不平衡性是多元文化发展的基本规律。由于自然条件之变化与制约,如气候之由暖变冷,降雨量之由多变少,以及土地条件、河流变迁等等,使一些地区只适于农耕或游牧;由于部族本身的发展,如生活能力(繁殖、生存)、体质变化、部族间的战争,形成部落联盟的速度等等,这二者及其相互制约、影响着(甚至带有决定性)这一文化区域或文化区域中某一部族文化的发展速度,也影响着这一文化系统的性质,从而出现了文化系统之发展的不平衡现象。基于此,出现了文化系统中心的变动与转化、转移,出现了文化系统之间的相互渗透、交流、融合;出现了文化系统之间的叠压——这种不同的(或相近的)文化系统之间的叠压,不是自然的、机械的,而是不同文化层次的撞击、打破、交流与融合,从而形成文化新质——这又构成了中华文化的连续性的特质,出现了文化系统的先进与落后的现象,出现了某一文化系统首先进入文明社会,并成为各文化系统的中心、各文化系统由多元向一元转化,逐渐形成中华文明初期形态。这一元文化包容着多元内容,而多元文化系统仍在发展,但又受一元文化的影响与制约。这种多元与一元的相互制约与转化,是中华文化发展的又一规律。

这种不平衡规律,一直贯穿于中华文化之中,决定着中华文化的发展,决定着中华文化传统的基本特征。

四、中华文明起源、文明模式研究走上正确道路的前提与基础

文化的多元性反映出中华文化发展中的横向联系,而多元文化之发展为一元文化,诸地区、诸部族文化在历史上的发展与承传,又反映出中华文化发展的纵向联系。这种文化上的横向与纵向的交叉发展,正是中华文化之发展的基本历史轨迹。中华文化本质上是一个接触文化(或称连续性文化),它是内陆高原文化与东亚(东南亚、东北亚)草原文化、海岱文化交感激荡、碰撞融合的产物,它发生在多元文化的叠合面上——由不同族系、不同文化系统,通过若干波次交互冲击碰撞、交流、融合而形成的。这种多元文化之交感激荡,多元文化之叠合——冲击、碰撞、交流,产生了强大的内聚力。

由于各大文化区系及其区系中的文化区域发展不平衡,在各文化区域间相继跨入文明门槛,产生中华文明——从中华文明发展史上看,中华文明起源于草原游牧经济形态、渔猎经济形态和农耕经济形态之中,即起源于中华历史上新石器时代,亦即中国新石器时代是为中国之文明时代。并不像有人说的"中国的文明起源发生于万年以来的农业革命,古礼的时代就是文明时代。"这表明,中华大地上的原始公社的多元形态,也表明中华文明产生的多元形态。中华大地上的原始公社是极富生命力的,因此,在其转型文明社会的历程中,原始公社的某些成分"现成的输入"进来,"往往是古代形态的最后阶段的最后时期"或"古代社会形态的最新形式",上文所列的女娲王国、西王母王国、颛顼红山王国、黄帝王国、良渚王国、唐尧王国等,中华早期文明王国应该属于这"古代社会形态的最新形式"的范例,带有氏族成分的不典型不成熟的奴隶王国。

"地球的太古结构或原生结构是由一系列不同时期的沉积组成的。古

代社会形态也是这样,表现为一系列不同的、标志着依次更迭的时代的阶段。"①中华早期文明诸模式是中华历史文化链条中"最新形式"。

"女性本位是原始的法则"(摩尔根《古代社会》第 100 页,下引同此,只记页数)。中华早期文明中的女王模式:女娲、西王母、颛顼红山王国,就属于"在野蛮时代中的人类的某些部落在氏族制度下赢得了开化的境界,在开化时代中这些同一部落的子孙在它之下赢得了文明。氏族制度将人类中的一部分从野蛮带入了文明。"(同上 101 页)

从氏族、胞族、部落到部落联盟,或用军事力量(黄帝王国)、宗教及宗族力量(良渚王国)、政治威权力量(唐尧王国),由部落联盟转化为王国,是中华早期文明王国的必然道路。

五、中华文明早熟性的表现及原始公社给文明社会带来的影响

1."所有公社都是建立在自己社员的血统亲属关系上的。在这些公社中,只容许有血统亲属或收养来的亲属。他们的结构是系谱树的结构。"这种以血缘为基础的族制系统即是氏族、贵族世袭统治的父家长制,即后代所谓的宗法制(是原始氏族制遗留下的最大的遗产),夏商周,尤其周代嫡长制,有大宗、小宗之分。商、周均为分封制,有两类关系:一由世系决定的宗亲;一由婚姻决定的姻亲。这种宗法制、宗法观念较氏族时期大大加强了,由此,出现了家天下,家庭、血缘模式成为三代及以后中国古代社会的统治思想,权位定,亲疏分,政治、经济制度相对应,君权、政权、族权、神权、夫权均得到加强,与之相适的意识形态领域也得到大力加强。

宗法制度、宗法观念、家族血缘文化模式影响了前天、昨天,也还对今天有某些影响或残余。

2. 部落酋长"选举"的背后。摩尔根在其《古代社会》叙述氏族酋长选举时,"这一权利是每一个氏族成员所享有的","只有在其行动善良的时期以内才能实际继续其职务。当世袭酋长举行就职的仪式时,在他的头上戴上角以作为酋长的象征,在被罢免退位时则将角摘下。"对此解释:"有角的

---

① 上引自马克思《草稿》。

反刍动物的雄兽特别威风凛凛,所以人们也模仿起来。"①摩尔根所记述的美洲印第安人的氏族社会不完整、不深入,特别缺少文化(如宗教)方面的历史。①酋长任期有没有限制;②头上"戴上角",仅仅是模仿雄兽么? 中国北方氏族有这个问题上的记载:契丹"八部大人后稍整兵,三年一会,于各部内选雄勇有谋略者,立之为主,旧主退位,例以为常。"②则契丹三年一选新部长。

英国人类学家弗雷泽在《金枝》设"杀死神王"一章,指出:"第一,在他的灵魂逃走时肯定会抓到并将它转给适当的继承者;第二,在他自然精力衰减之前将他处死,他们就能保证世界不会因人神的衰退而衰退——杀掉人神并在其灵魂的壮年期将它转交给一个精力充沛的继承者,这样做,每个目的都达到了,一切灾难都消除了。"③

唐尧禅让虞舜,"帝尧老","尧二十年而老";《竹书》云:"昔尧德衰,为舜所囚也。"因尧年老德衰,才让位虞舜其为舜所囚。这说明,在氏族社会或其晚期,部落酋长是有任期的,虽然他是神王,但其精力衰减,就要被处死,被囚禁,让位给精力旺盛的人,这正表明氏族社会保有酋长选举的宗教内容,而被保存在尧舜时期。

3. 头上戴角,它是巫师萨满的鹿角神帽,这个神帽表示萨满的品级,也表示其派别。鹿角数分三叉、五叉、七叉、九叉、十二叉及十五叉。初级为三叉神帽,十五叉须有四五十岁的工夫,表示神术极高。

赫哲族的巫师萨满分三派,河神派、独角龙派、江神派,均以帽上的鹿角为标志。印第安萨满神帽鹿角叉数多达六叉,鹿为神鹿,天帝之驭者,鹿龙、鹿凤,角指天穹,沟通天地,则此鹿角为天帝使者的象征物。西伯利亚新石器时代岩画萨满头戴双角,手持串铃,趋赶三支驼鹿;黑龙江新开流遗址出土鹿角雕鹰头、鹿骨鱼雕,叶尼塞和通古斯的萨满帽戴鹿角,赫哲族萨满戴鹿角神帽——这表明在萨满鹿角帽上存在着亚美文化连续体。弗雷泽把这位王巫结合的酋长称为"神人",正可见他认为这位酋长有通神(巫)的品格。

---

① 摩尔根:《古代社会》,第 116～117 页。
② 《契丹国志·契丹国初兴本末》。
③ 《金枝》中译本,第 393 页。

4.《尚书·尧典》载有唐尧王国创立的新天文历法学,其中"分命羲仲,宅嵎宅,曰旸谷",嵎宅,旸谷,一指民族,二指地点——唐尧的两大巫师羲、和"钦若昊天,历象日月星辰,敬授民时"。观察天象,测定物候时序,掌握与认知宇宙自然运动规律,与人间社会生产、社会生活对应起来,天象与民时、天道与人道同在一个共同点上,使天象历法人间化,这是一大社会进步。

再查文献,唐尧的新天文学并不是首创,其嵎宅、旸谷,地理文化在朝鲜半岛。

①蟠木、榑木、扶木

查史籍,蟠木多写作榑木、扶木、扶桑。《大戴礼·五帝德》:"颛顼乘龙而至北海,东至蟠木。"陈奇猷《〈吕氏春秋〉校释》注引:"毕沅曰:前詹事云:'扶木即蟠木'。古音扶如酺,声转为蟠。"陈氏案:"此'扶木'与'大夏''北户''三危'相对为文,而大夏、北户、三危皆地名,则扶木亦当为地名无疑。古无轻唇音,故扶读酺(《汉书·天文志》)注引郑氏曰:'扶当为蟠,齐鲁之间声如酺'。酺、扶声近。酺、蟠双声,故扶、蟠通假。酺、榑叠韵,故扶、榑亦通假。是扶木、蟠木、榑木均同。且此云'东至蟠木',《求人》'禹东至榑木之地',日出、九(之)津、青羌之野,攒树之所,捔天之山,鸟谷青丘之乡,黑齿之国。"蟠木首见于《史记·五帝本纪》"帝颛顼高阳者,……北至于幽陵,南至于交趾,西至于流沙,东至于蟠木。"

颛顼高阳帝以蟠木——扶桑为其"东方之极"的人文地理标志是一极具启示性的问题。颛顼高阳氏为辽西红山王国的女王,她所在的时代(前6000年前左右),发生大规模的宗教文化变革——"绝地天通",由少数人掌握人与天的沟通大权,断绝地民的天神之道,产生了天人合一的宗教观念,创造了一个通天阶级,创造了王权神授的思想文化体系,构成中华文明起源的独特道路和中华文明的独特模式。颛顼正处在这一改革中心,建立红山文明王国;当听到朝鲜半岛东海日出之事,"朝拜日之始升,夕拜月",崇拜太阳、崇拜月亮,是中华大地最初的自然崇拜观念,当颛顼和她的羲和巫者集团看到东海日出的壮丽景象时,油然产生崇拜之情,在万物有灵观念主导下,把东海日出神化、神话化——认为东海中有一棵通天的神树,它深植海中,高可通天,神木上寄居着太阳,"九日居下枝,一日居上枝,一日方至,一日方出”,这个神木就是“东方之极”的“蟠木”——扶桑、旸谷扶桑十日神话就是这样酝酿构成了,而这棵通天的神树就成为颛顼及其王国所关注的神器,成为王国“东方之极”的人文地理的标志物。

②旸谷嵎夷

旸谷、嵎夷首见于《尚书·尧典》:“乃命羲和,钦若昊天,历象日月星辰,敬授民时。分命羲仲,宅嵎夷,曰旸谷……”这是我国自有文字以来对唐尧时代观象授时和祭祀日月星辰的首次记录,将宇宙自然(天人关系)秩序化和建立祭祀礼仪制度,这表明唐尧时代已将政治权力与宗教权力集于一身,揭示出古代东方社会文明发生的特点。

《尧典》所记之“旸谷、嵎夷”地在何处,嵎夷为东北夷,查《旧唐书》高宗显庆四年(659)十一月“癸亥,宣邢国公苏定方为神丘道总管,刘伯英为嵎夷道总管”以讨百济。《新唐书》显庆五年(600)三月,“辛亥,……以新罗王金春秋为嵎夷道行军总管,率三将军及新罗兵以伐百济。”《资治通鉴》卷200《唐纪》16记高宗显庆五年三月“辛亥,……以(金)春秋为嵎夷道行军总管,将新罗之众,与之合势。”胡三省注:“因《尧典》:‘宅嵎夷,曰旸谷’而命之。”高丽史籍《三国史记》《三国遗事》均记此事。《三国史记·新罗太宗武烈王七年(660)》“三月,唐高宗……敕王为嵎夷道行军总管,使将兵为之声援”。《三国遗事》卷一“太宗春秋公”条:“(唐)高宗以新罗王春秋为嵎夷道行军总管,将其国兵,与之(指唐将苏定方、刘伯英等)合势。”则嵎夷之居地在半岛东南部,为古老的土著,直到唐代唐人新罗人仍用其族名名道。

直至宋代,王氏高丽王朝知(称)朝鲜半岛为“旸谷,嵎宅”。高丽国王王“治上表谢曰:学生王彬崔罕……幼从胞系,嗟混迹于嵎夷……”“仁铨嵎宅细民,海门贱吏……”高丽使者致福建转运使罗拯牒云:“……当国僻居旸谷,邈恋天朝……”可知高丽国人仍将其地(朝鲜半岛)称为旸谷——嵎宅。

据上可知,中华先民远在公元前4千纪已开始经营朝鲜半岛(《尧典》所记为纪元前2357年的天象记录),在岛的东南端设立地平日晷以观东海日出,“历象日月星辰”,以“观象授时”,把天人关系秩序化,并建立祭祀礼仪制度,把中华古文明引入半岛,推动了半岛古文明的发展。旸谷则是因观东海日出而命其地,并成为半岛首次出现的古地名,嵎夷则为半岛的古族团。唐宋时期,新罗、(王氏)高丽王朝仍尊奉旸谷、嵎夷为半岛古文明之始源。

蟠木即扶木,旸谷即汤谷。

③汤谷扶桑

中华先民有汤谷扶桑十日神话:汤谷扶桑十日神话首见于《山海经》:"大荒之中,有山名曰孽摇頵羝,上有扶木,柱三百里,其叶如芥。有谷曰温源谷。汤谷上有扶木。一日方至,一日方出,皆载于乌。""下有汤谷,汤谷上有扶桑,十日所浴,在黑齿北。居水中,有大木,九日居下枝,一日居上枝。""东海之外,甘水之间,有羲和之国。有女子名曰羲和,方浴日于甘渊。羲和者帝俊之妻,生十日。"袁珂案:"甘渊盖即汤谷也"。这是所能见到的关于十日神话的最早记录。太阳早上生(升)于海中,晚上入(死)于海中,有十个太阳居住在海中神树扶桑上,它们轮流升空。他们想象太阳有生也有死,依靠扶桑——宇宙树、生命树,依靠大海生死循环,生生不已。当太阳从海中生(升)起,海波如沸(故曰汤谷),人们称太阳升起的地方旸(易、汤)谷。这就创造了汤谷扶桑十日神话。

这样,在蟠木——榑木——扶木太阳树神话体系中增入了"汤谷"的内容,增入了"九日居下枝,一日居上枝"太阳宇宙秩序化的内容。汤谷是东方海上的日出之地,是继"蟠木"之后"东方之极"的另一标志物——太阳经历了一个生死轮回,经东方大海的滋润洗涤,重新获得新生,更为辉煌壮丽;而这个新生的太阳是借助扶桑这个神树从海中升起的——是十个太阳轮班升起的。这种昼夜生死轮回的太阳神话到了唐尧时就发展演变为十日神话。羲和把十个太阳安置在东方旸谷(又作"汤谷")的扶桑树上,它们在这棵树上是九日居下枝,一日居上枝,居上枝的一日等出去的那个太阳回到扶桑树下枝的时候,就从上枝进入天空,于是人间便分享着它的光明与温暖。当它走完了天穹的路程回到东方旸谷时,它的母亲羲和便替它洗一次澡,然后让它到扶桑树的下枝去休息。这时,另外太阳便又从下枝升到上枝,再进入天空,人间于是又出现了一个新的白天。十个太阳轮班一次共用十天,也就是一旬。……十个太阳在东方的扶桑树上轮流出入、经过,再回到旸谷扶桑,都是由它们的"乌载负着飞出去又飞回来的",由蟠木——榑木——扶木太阳树十日神话演变发展为汤谷扶桑十日神话(有了十日神话,才会有后羿射日、夸父逐日,构成中华十日神话系统),使其更具深厚的文化底蕴。中华古族的太阳——十日神话极富生命力量,极具人文力度,极具文化魅力,把朝鲜半岛(朝鲜一词即来于十日神话)装点得光辉灿烂、光芒四射,极富人文精神,极富神话文学魅力。

可知,中华十日神话传说由来已远,蟠木——扶木在颛顼王国时期已是人们熟知的历史地理人文标志,当在颛顼之前已为人们所乐道,则十日神话应是朝鲜半岛土著人们观察日月运行时产生的太阳崇拜观念的神话化。这些土著在周成王七年(亲政祝捷)大会时,半岛有良夷、扬州禺、解隃冠、俞人、青丘、周头、黑齿、白民等到会祝贺,①这些土著常年看到东海上的日升上落,对太阳月亮星辰产生崇拜观念,接近了这些天神,把天宇神化、神话化流传下来,构成汤谷扶桑十日神话,是自然宇宙的神化。这在远古先民心中,崇拜日月星辰就接近了天神这种原逻辑思维就是太阳神、太阳神话的产生。

"自然神话的这种万物有灵观的起源,极为鲜明地表现在规模宏大的一类关于太阳、月亮和星星的神话中。"②"朝拜日之始升,夕拜月",是王者常规的大典,也是王者获得神权的法器、工具。

六、结语

这些天赋的极富生命力的原始公社的某些成分,"从野蛮带入了文明",构成了早熟性的中华文明诸模式,也创造了中华文明史的独特特质。

血缘纽带带给中华历史的是家天下、宗法制度。

古代中国,社会分工相对不发达,商品生产交换相对不发达,直接影响着物质生产与精神生产的分工相对不发达,因此没有如同古希腊罗马那样产生专门哲学家、职业文学家;相反地,在我国古代文明史初期,思想家与政治家往往是统一的,政治家与文化人(包括文学家)往往是统一的。上古及夏商周时代的祝、宗、卜、史等,他们是官吏,又是宗教思想家、智者、文化人;宗教与政治是统一的,官、师是统一的。

这些巫史人物首先是作为一个政治家身份出现于历史舞台上的,而不

---

① 《逸周书·王会解》。
② 泰勒:《原始文化》中译本,第288页。

是以严格的文化人出现于历史舞台的。这种双重身份的历史人物的特点,正是中国文明史、中国文学艺术史最鲜明的特点,即它的综合性——哲学的、政治伦理学的、文学的综合。诗歌艺术综合在音乐美学之中。这些文化人的徽记是附带性质的,并表现为中国古代第一代文化人的先驱者的特色。这与春秋战国时期由于社会大分工而产生的士阶层,有其历史文化的渊源关系,又有其文化性质上的区别。

集团奴隶的巨大劳动力与土地国有制度,“千耦其耘”的巨大劳动力与以石器、玉器、青铜器制成的生产工具、精神工具形成的强烈的对比,“早熟”的东方文明,大规模的奴隶劳动促进了农业、手工业的发展,创造着极富特质的中华物质文明与精神文明。

早熟性带给古老中国的是王权天授,天命所归,真命所在,家长制,家天下;法先王,祖宗家法,族规乡约;华夏中心,中原中心;集体高于个人,共性大于个性,个性被压抑;维新变法,改良,政权更迭,天不变道亦不变;重农抑商,重内轻外,天朝大国心态。凡此,造成漫长的古老中国的历史格局。

只在中国共产党领导下的中国,古老中国发生革命大发化。党中央号召坚持用马克思主义认识中国,总结中国。我这个老人关心中华文明问题,故多啰唆了。

第三章 在马克思的理论观照下,从神权社会过渡到人文社会,中华文明史的新时代考察

这是中华文明史上的一个大问题,中华文明史转折时期的大问题,已不是我这个老学人能完成的大问题,只是提出问题,引起思考,就达到目的了,剩下的问题只有以俟后来者。

一、上古三代在神权氛围中

查长沙子弹库出土战国楚帛书中提示"原始古史观与原始创世观"中,在论述伏羲、女娲定立天地、化育万物、天地形成、"宇宙初开"之后,"夏禹和商契开始为天地的广狭周界规划立法,于大地戡定九州,敷平水土,又上分九天,测量天周度数,辛勤来往于天地之间。洪水泛滥,禹和契便导山导水,命令山川四海的阴气与阳气疏通山川。"帛书言禹、契"法兆"天地,即规划天地——法象立制,占龟决疑;"故商契之名似亦源于契龟之事,由帛书'法兆'之文推测,古似以禹、契为龟卜之法的发明者。"①

可知禹与契为宇宙之开辟者、天地之规划者,"上下腾传",其为通天神巫,往来于天地之间,又平定水土,达到"地平天成",则禹、契生而神异,长而神灵,乃一萨满降世,是一大巫者而兼人王。

(1)"古文献与古文字资料称夏禹为山川神主、巫祝宗主,禹为山川神主固然与禹治理大洪水、命名山川有关,禹被认为在治水之后命名山川百物,于是禹具有知晓世界上万事万物的神力,所以'神禹'便被尊奉为巫祝宗

---

① 冯时:《中国天文考古学》,社会科学文献出版社 2001 年版,第 30~41 页。

主。"①尧舜在"禅让"王位后,又把王位"禅让"给禹,是因为他是一巫祝宗主。

(2)契及其子孙均具有神格,均为可以沟通天地的大巫者而兼人王,并成为殷商民族的祖先神;殷商青铜器"玄妇壶"——上有一鸟口衔 ⸸ 形物,可视为卵、果,表现为玄鸟衔卵,下有一妇(伸手)取食之意。则此青铜纹饰当为殷商民族的族徽。② 以鸟为图腾"天命玄鸟,降而生商","有娀方将,帝立子生商",则此鸟、此燕为神鸟、神燕,为天帝之使者,所生商契,乃天帝之子,为祖先神。则殷契降生神话在巫史文化氛围中,记述一个大萨满降生出世的故事。

(3)周族的始祖后稷。《史记·周本纪》《诗·大雅·生民》形象地记述后稷降生的神异故事:感生的是一个大肉蛋:"先生如达,不坼不副"——"后稷之生盖藏于胎胞中,经历越来越严酷危险,其中有生与死的考验,有从生到死、又从死到生的循环,最后经诸神与神鸟的覆翼、护佑,后稷终于破壳而出世。论述了一个萨满降生出世的艰难历程,经受各种严酷考验的历程。"这揭示出生而神异、生乃神灵的萨满降生出世的故事。弃则成为周族始祖,并在青铜铭文图像上作为族徽,王徽有创造:如"父乙尊"鸟的两翼覆抱一子之状;又有像一人伸双手将幼儿抛向前方之状,即版筑、隘巷,此当即后稷降生被弃之青铜纹饰,乃周族族徽,作为祖灵崇拜而传流后世。后稷出生即为种地能手,为周族的农业生产的发展开辟新天地,为周族的祖先神。

夏禹、殷契、周后稷均有一段出生的神异故事,均得到天帝神灵的护佑,均为天帝之子,均有成长的神灵故事,均表现为一个萨满降生出世的故事,是知,夏商周三大族团三大王朝开国伊始就统摄在巫史、神权、萨满文化氛围之中。

二、殷商大巫之为王师

1. 伊尹

殷商王朝有群巫——贞人集团,他们既是沟通天地的神巫,又是王朝的

---

① 引自王晖《夏禹为巫祝宗主之谜与名字巫术论》,《人文杂志》2007 年第 4 期。
② 康殷:《古文字形发微》,第 45~48 页。

国相、王师。

"我闻在昔成汤既受命时,则有若伊尹,格于皇天。在太甲时,则有若保衡。在大戊时,则有若伊陟、臣扈,格于上帝;巫咸义王家。在祖己时,则有若巫贤。在武丁时,则有若甘盘。"①《史记·燕召公世家》有相同的文字:"周公乃称汤时有伊尹,假于皇天;在太戊时,则有若伊陟、臣扈,假于上帝,巫咸治王家;在祖乙时,则有若巫贤;在武丁时,则有若甘般:率维兹有陈,保义有殷。"②

"格于皇天",格,来、至;格于皇天即感通于天,即大巫沟通天地;假于皇天,假(音 ge),通格;马融解为"道至上帝,谓奉天时也。"③马融不知古之巫觋为知天知地、通天通地的通天阶层,故其解未达文意。

《山海经·大荒西经》:"有灵山,巫咸、巫即、巫盼、巫彭、巫姑、巫真、巫礼、巫抵、巫谢、巫罗十巫,从此升降,百药爰在。"郭璞注:"十巫从此升降","即从此上下于天,宣神旨达民情之意。"格于皇天、假于上帝就是巫者沟通天帝以传达上帝之谕旨、神意,则上列之伊尹、保衡、伊陟、臣扈、巫咸、巫贤、甘盘均为大巫者,为通天阶层。殷王正是依靠这些巫觋与天帝交通,代表天意以统治下民,所谓王权神授也。

《周礼·春官·笾人》有"九筮之名",巫咸在其中,巫咸、巫贤直标其为巫者。

2. 关于甘盘(《史记》作甘般)

中华文史呼巫为甘:《新唐书·回鹘传下·黠戛斯》:"祠神惟主水草,祭无时,呼巫为甘。"对此,韩儒林先生指谓:"按今广东人犹读甘为 kam,唐代读音,当亦与相近,据十一世纪麻合木·合失合利(Mahmudal – Kashghari)《突厥字典》布罗克尔曼(Brockelmann)索引本(一九二八年)著录,Qam 一字,意为'萨满',换言之即巫也。塞北诸族自古所崇奉之宗教,即此种'甘教'。今日塞北僻远地方未接受邻族文明熏染者,所信仍为此种甘教。Qam 在蒙古文为 Shaman,满文为 Saman(参看《通报》第二辑,一八卷,页二三七)。

---

① 《尚书。君奭》。

② 《史记·燕召公世家》。

③ 《史记集解》。

学者过去多以为《三朝北盟会编》卷三所载之'珊蛮'为其最古之对音,似未注意唐代已'呼巫为甘'也。清代官书译为萨满,而私家著作,则作萨马(Sama[n],阿尔泰语系字尾之 n,甚不固定)、叉马(Chama,按 s 变为 ch,在通古斯方言中,作为通例),要皆一音之变,译意皆巫也。'甘教'所崇拜者为天,其字为 Tengri,唐译'腾里''登里'等等。实含天及天神二意,故突厥回纥可汗之徽号,殆无不有 Tengriole(唐代音译'登里罗',汉文天所立)一字也。"①

伊朗学者志费尼认为:Qam 是个突厥词。卢不鲁克把它跟 khan 和 qa,an 弄混了:"所有占卜者都叫作 cham,从而他们所有的王公也叫 cham,因为他们是靠巫术统治人民的。"②

回鹘称巫为甘(kam),突厥语 Qam,意为萨满,蒙古文为 shamam,满文为 saman,即《三朝北盟会编》之"珊蛮";清代官书译为萨满,私家著述则作萨马(saman)、叉马(than),"要皆一言之变,译意皆巫也。"③

又查蒙古族的男萨满(巫)又名别乞,《元史》作"别吉",当通天神巫阔阔出覆亡之后,成吉思汗找兀孙老人"封为别乞,衣以白衣,乘以白马,坐于上座而行祭祀,又使其岁中、月中议之。"意大利学者图齐、德国学者海西希指出:"bogele 一词直译为'因兴奋而狂舞','透过它则可以看到 Boge 一词,即'男萨满',我们在古代蒙古人的职官 bagj(别乞)中可以看到它的雏形。"④巫之为甘,为珊蛮,为萨满,为别乞,名称虽有变化,其文化内涵未变。殷商武丁时有大巫甘盘,则三代时已有 kam 萨满一词了,则新石器时代与夏商周三代之巫史文化可正名为萨满文化了。

伊尹是帮助成汤夺取天下、建立殷商王国的人。"伊尹生乎空桑",实记伊尹作为一巫者的空桑神树生子故事,而空桑——桑林乃殷商民族之圣地。甲文伊,手持针刺人背之状;尹,手持针之状;则伊尹乃巫而能治病者。据康殷先生考察,殷甲文为手执针刺疗人以针刺人体之状。⑤ 则殷为医之原始字形。可知,殷商族之出于巫。

———————————

① 《韩儒林文集》,江苏古籍出版社 1985 年版,第 486 页。
② 志费尼:《世界征服者史》中译本上册,第 70 页注。
③ 韩儒林:《突厥蒙古之祖先传说》,《韩儒林文集》第 486 页。
④ 〔意〕图齐、〔德〕海西希:《西藏和蒙古的宗教》,天津古籍出版社 1989 年版,第 368 页。
⑤ 康殷:《古文字形发微》,第 484~494 页。

伊尹佐汤灭夏建商,为商王朝建立文物典章制度;帝太甲暴虐,"伊尹放之于桐宫","伊尹摄行政当国",摄政称王。终商之世,特祀伊尹,比于先王。

3. 伊陟(伊尹之子)

伊陟为帝大戊相,"伊陟赞言于巫咸",辅佐帝太戊,"帝太戊赞伊陟于庙","殷复兴,诸侯归之,故称中宗。"伊陟、巫咸辅助帝大戊,摆脱"妖祥"得到改过自新,解决了"殷道衰,诸侯不至"的历史局面,使国家得到复兴。

4. 帝祖乙立,殷复兴,巫贤任职

据《夏商周断代工程》所列商王世系太戊之后为"中丁、外壬、河亶甲、祖乙"。日本学者考证后指出"中丁、外壬、河亶甲三王的兄弟继位之后,是长兄中丁的儿子祖乙继续王位……这些事实表明在中丁、外壬、河亶甲三兄弟死后,继承法发生了变化,这是无疑的。"①正由于中丁之子祖乙任用巫贤为国相、王师,使"殷复兴"。

5. 帝武丁即位,思复兴殷,而未得其佐,武丁夜梦得圣人,名曰说

查"武丁是以末弟小乙之子即位",即以旁支继大统,故"三年不言"以观政,这时期,辅佐他的就是大巫甘盘(般)。《史记集解》引孔安国曰:"高宗即位,甘般佐之,后有付说",后又有祖己(按考证其为龚侯亚夒)。则高宗武丁时有甘盘、付说、祖己(龚侯亚夒——夒之为疑——贞人卜史之长)三大巫觋及其贞人集团辅佐,建立新的国家文化论与君主文化论,"武丁修政行德,天下咸欢,殷道复兴。"②其后有箕子、祖伊等辅佐帝辛殷纣,这时由于殷纣的暴政,他已听不进大智大圣之如箕子大巫的话了,最后在道与势的激烈冲突下,"我生不有命在天",上帝不保护殷商了,殷纣只有"衣其宝玉衣赴火而死",裹玉衣焚火升天,企图升天再生,死时仍不放弃,仍借助巫史文化。这又说明,"君及官吏皆出自巫",殷商人生活在巫史——萨满文化氛围之中。这些大巫者为王师、国相,提出治国路线、建国方略,开启并构筑了自成汤以来的殷商王朝的典章制度与文化传统,增大了殷商奴隶社会的人文因素,推动王朝走上繁荣而强大的道路。

① 〔日〕伊藤道治:《殷代历史的研究》,见《中国考古学研究论文集》,东方书店1990年版,第238页。
② 上引均见《史记·殷本纪》。

《中国文物报》2008 年 2 月 6 日第 8 版刊发北京张东《谈谈商周玉器上的写实性蝉纹》一文中，提出"商代晚期写实性蝉纹空前发达，则与商人的萨满崇拜和对神奇事物的敬畏有着密切关系。"这是我们所见到的第一次提出殷商萨满文化的观点。

三、《周官》三礼与巫史文化之法典化

《周礼》《礼记》《仪礼》是西周时期"行政法典""行政制度之书"，是周人整理综合前代，尤其旧新石器时代的文化而将其整齐化、制度化、法典化的集大成之精华。

周族出于西戎西羌，从巫史文化中走来，"太王迁岐乃作五官有司"，五官即巫觋宗祝之属，乃智者圣者，"是则巫觋宗祝之职，无论就其出身门第，还是资质禀赋，乃至知识德行诸方面，都要选择其时的精英，亦即从各方面对巫祝进行了充分的褒扬奠定。'五官'乃职官体制的概称，此处所论不啻以巫祝为设官立制之本。"①而当王者兼巫者周公旦"制礼作乐"、建设西周王朝的礼乐文化制度时，出于需要，顺应由商至周的从神本向人本的过渡转变的历史文化大潮流，巫史文化在《周官》三礼中被法典化、制度化了，而巫觋则被细化为祝宗卜史而官吏（僚）化了。

周人将天地鬼神与人间的关系集中在《周礼·春官宗伯》这一卷中。

"大宗伯之职，掌建邦之天神人鬼地祇之礼，以佐王建保邦国。"关于天人关系方面的礼仪制度均由大宗伯这个宗教机构管理。上一时代的巫史，则有大卜、卜师、龟人、垂氏、占人、筮人、占梦、眡祲、大祝、小祝、丧祝、甸祝、诅祝、司巫、男巫、女巫、大史、小史、冯相氏、保章氏、内史、外史、都宗人、家宗人、神仕等诸多巫史小吏。巫觋沟通天地鬼神，代上帝立言，传达天神祖灵的谕旨，预测未来的种种职务、功能，被分割了、官吏化了，宗教功能被行政化、事务化了。巫觋分化为祝宗卜史，就是祝宗卜史也细分为大小内外；巫觋的神秘性、神圣性削弱了，降低了，其地位下降为具体职能的小官吏。其神职功能被削弱了。其他如《礼记》《仪礼》中关于天神地祇人鬼方面，均

---

① 葛志毅：《谭史斋论稿续编》，黑龙江人民出版社 2004 年版，第 63 页。

制度化了。对于这种由神本向人本转化的社会历史文化发展趋势,有学者已对之有所分析:"由于社会文化的发展,从西周至春秋日渐滋生起注重社会政治、人事道德的文化转向,并有凌驾于鬼神崇拜之上的趋势。这种文化趋势,导致史官地位日益上升,巫祝地位日益下降,最后使史官脱离巫祝而独立。原本由于中国古代早期浓重的宗教文化氛围,使巫祝的社会地位极为重要,但随着对现实人事及政治道德等社会问题的重视,史官日益以掌官书赞治及执简记事的职能见重于世,这显然是史官摆脱原始的宗教色彩之后,主要以人(文)文化特征显现于世的反映。"①这是就史官脱离巫祝文化体系立论的。巫觋之分化为祝宗卜史,其实质是前代巫史文化体系的大分裂,是作为神职人员的巫觋宗教权力功能的大削弱。正如司马迁所说:"文史星历近乎卜祝之间,固主上所戏弄,倡优畜之,流俗之所轻也。"②

从通天神巫到祝宗卜史到文史星历之为"倡优",则文史星历与卜祝之从神圣地位下降,正揭示出国家文化体系的重大变化,正显示出社会文化发展进入一个历史新阶段。从神秘的巫史文化走上理性的人文发展,从神本走上人本的发展。

但传统的天人观念、天人关系未变:"以吉礼事邦国之鬼神祇,以禋祀祀昊天上帝,以实柴祀日月星辰,以槱(音you,积木为燎祭天)燎祀司中司命风师雨师。""以玉作六瑞,以等帮国,王执镇圭,公执桓圭,候执信圭……以玉作六器,以礼天地四方;以苍璧礼天,以黄琮礼地,以青圭礼东方,以赤璋礼南方,以白琥礼西方,从玄璜礼北方。""凡祀大神,享大鬼,祭大祇……诏相王之大礼。""若王不与祭祀,则摄位。""国有大故,则旅上帝及四望。王大封则先告后土,及颁祀于邦国都家乡邑。"③

"掌建邦之天神人鬼地祇之礼,以佐王建保邦国";"以玉作六瑞,以等邦国";"玉执镇圭,公执桓圭"——祭祀天神地祇人鬼的宗教权力,以玉器沟通天地的权力,均归之于国家,这个"大宗伯"、这个《周官》三礼是为国家的法典,而君王是执行这个国家法典的人,法典规定了宗教祭祀的范围、仪式与

---

① 葛志毅:《谭史斋论稿续编》,第65~66页。

② 《汉书·司马迁传》。

③ 上引均见《周礼·春官大宗伯》。

等级制度,亦即制定了一系列的严格而又严密的宗教祭祀礼仪制度,并等级化、制度化、国家化,成为国家(历代的)的根本大法。无论天上王国——祭祀天神日月山川,还是地下王国(祖灵、丧葬陵寝),还是人间世界——由宗教礼仪所规定的等级制度均纳入这个国家法典之中,君王官吏是具体的执行者,巫史文化法典化了,巫史文化发生了根本性的变化,而巫史文化的核心天人关系仍然存在,只是它已成为这个国家法典的首要任务、首要职能,通天神巫的宗教权力为国家(机器)所掌握。通过国家机器体现天人关系的基本方面。这就是使华夏——汉族王朝的历史文化更具有人文精神,虽然《周官》三礼还保有巫史文化初期阶段的文化痕迹或谓之文化因素。《周官》三礼就成为中华华夏——汉族王朝遵循的传统大法。

但是,在中国古代王朝历史上,国家与君王是重叠的,国家的行为就是君王的行为,君王是国家的代表、国家的象征。而国家的法典、法规是宇宙秩序的人间化,古人认为宇宙空间是有序可循的。《尚书·尧典》中的"历象日月星辰,敬授民时"——天象与物宜,天上与人间,可以观察、认识、掌控,而且是互动的、同构的、合一的。这是王者兼巫者领导专职巫觋、专职的神职人员对天地人神的宇宙空间与天下社会结构化、秩序化的总结,是自然宇宙与人间社会一种同构的——宇宙空间的结构化、秩序化、层次化的总结。"投射"到人间社会,构成天上人间的共同规范、共同秩序,从而建构天人一体的思想文化体系与宗教信仰体系。

"幽王二年(前780)西周三川皆震。柏阳父曰:'周将亡矣!夫天地之气,不失其序;若过其序,民乱之也。阳伏而不能出,阴迫而不能蒸,于是有地震。今三川实震,是阳失其所而镇阴也。阳失而在阴,川源必塞;源塞,国必亡。夫水土演而民用也。水土无所演,民乏财用,不亡何待?昔伊、洛竭而夏亡,河竭而商亡。今周德若二代之季矣,其川源又塞,塞必竭。夫国必依山川,山崩川竭,亡之征也。川竭,山必崩。若国亡不过十年,数之纪也。夫天之所弃,不过其纪。'是岁也,三川竭,岐山崩。十一年(前771)幽王乃灭,周乃东迁。"①《史记·周本纪》亦记此次大地震:"西周镐京地震动,故三

---

① 《国语·周语上》。

川亦动。"三川指泾、渭、洛三水。古人认为:"天地之气,不失其序"——天地宇宙有其秩序,有其运动规律;破坏这个秩序和规律,阴阳失调就出现川竭山崩,自然界发生大变动,而自然界的变动必然影响人间社会的天人合一,天人感应,川竭山崩国亡,天人同构,上天示警,自然示兆,宇宙秩序之被破坏带来的是人间社会的大变动。"涂山之兆从而夏启世,飞燕之卜顺故殷兴,百谷之筮吉故周王。"①司马迁在借卜筮以证夏商周之兴起,其中占出禹娶涂山、玄鸟生商、姜原生后稷而建国兴王,卜筮传达天意神旨,表明夏商周之兴始源于天意。则亡也由天,兴也由天,遵循天地之序即兴,破坏违反天地之序即亡,兴也有征兆,亡也有征兆,征兆正显示上天意志。这是当时人的尊天、主张天人合一的思维逻辑。

商汤之灭夏,是"今夏多罪,天命殛之";周文武之灭殷,是"殷有重罪","惟时上帝不保","自绝于天","故今予发维共行天罚"。则夏商周之兴之亡均来于天意,来于天命,这是三代时期巫史文化的中心内涵,时代的主流意识。

中华古人认为上天有神灵,他是主宰一切的天神,要与天沟通,要祭天、拜天,祈求升天以接受神谕、神旨。这种天崇拜是巫史——萨满文化体系的核心,是通神的思想文化世界的中心,故巫觋之称为"通天神巫"。这种"绝地天通"的权力为少数人独占,独占这种神权的人即为王者,王权来于神权。"不王不禘",②"天子祭天地,祭四方,祭山川,祭五祀,岁徧。"③这将最高的最大的祭典法制化、常规化了,祭天大典的法制化为天子君王所独占,就构成君王、天子与天地宇宙同等、同高而为天帝之子,王权神授具有神格的无上权威,无上尊严,无上神圣。对天的神化,对宇宙空间的秩序化,正是为了对人间君王的神化,对人间社会的秩序化、等级化。这就是"绝地天通"——天人同构的一个中心内涵。

周人对文物典章制度的建设也是遵循"绝地天通"、天人同构的观念模式来建构其礼乐文化的。

---

① 《史记·龟策列传》。
② 《礼记·大传》。
③ 《礼记·曲礼下》。

"以礼乐合天地之化,百物之产,以事鬼神,以谐万民,以致百物。"①"大乐与天地同和,大礼与天地同节;和故百物不失节,故祀天祭地;明则有礼乐,幽则有鬼神。""乐者天地之和也,礼者天地之序也。和故万物皆化,序故群物皆别,乐由天作,礼以地制,过制则乱,过作则暴;明于天地,然后能兴礼乐也。""故圣人作乐以应天,制礼以配地,礼乐明备,天地官矣。""及夫礼乐之极乎天而蟠乎地,行乎阴阳而通乎鬼神,穷高极远而测深厚。"②在这里,周人按照宇宙自然和谐有序的节奏认知,用以规范人们的行为、社会的制度,其核心是宇宙自然、天地鬼神的"同和""同节"——天人合一、天人同构。则制定礼乐是根源于人与天地同化,并用之"以事鬼神,以谐万民,以致百物",方可达到"礼乐明备,天地官矣"。"作乐以应天,制礼以配地"就成为周人制礼作乐、制定文物典章制度的指导思想,并成为主导观念,作为历代王朝制度的圭臬。

周人制礼作乐的基础在与天地沟通的原则上,依照宇宙空间秩序而为社会制度的建立寻找终极合理性、神圣性的根据,从而把礼乐文化神圣化、真理化、法典化、绝对化,并用以加强执政者的权威性。③

从新石器时代产生的复杂而神秘的巫史文化建构了天人合一、天人同构的自然宇宙观念,经夏商到西周,出现由神本向人本转变的时代趋势;由独占沟通天地的神权而产生了王权,王巫结合掌控神权、政治权,由文明产生的多元化向一元过渡,由于华夏中心的确立,到了夏商,尤其周王朝的出现,国家机器的加强,君王与国家的重叠,沟通天地的神权法典化、制度化,并渗透到国家上层建筑的各方面;巫史文化的神秘性削弱了,人文精神加强了;制度化、法典化提高了拜天敬祖的神圣性、权威性,也提高了王权的尊严性与合理性;崇拜天神地祇人鬼仍是国家第一大典,但已专属君王一人了。祭祀礼仪、丧葬礼仪的差别性又正是遵照宇宙的秩序化为人间社会的等级性。巫史人物之被官吏化,其神职身份被削弱,被降为官僚,为小吏,其神圣地位化为一种职务,为国家与君王所驱使的一方小吏了。

---

① 《周礼·春官·大宗柏》。

② 上引均见《礼记·乐记》。

③ 参考葛兆光《中国思想史》第一卷,复旦大学出版社 1998 年版,第 127～130 页。

法典化了的巫史文化其沟通天地的神权的文化本质未变,但因其被法典化、制度化,其表现形式(即其各种礼仪制度的等级化)也随之发生了变化。这是华夏——汉族王朝历史文化上的一个大问题,需深入研究认真对待。

上古三代以来的中华古国是中华早期文明以神权为主导的,因此构成了早熟性的中华文明史的第一阶段的文明史。这是一个渐进过程。在殷商王朝灭亡前的一个世纪中,商周两大民族之间曾发生残酷而激烈的斗争,王季与文王之死就是两者文化冲突的历史确证。《逸周书》中保留文王的文告训辞,其中反映周人的新哲学观念、天人观念和民本思想,它们集中表现了早周文化诸特征。

> 我受命溥将,自天降康。(《商颂·烈祖》)
> 天命玄鸟,降而生商。(《商颂·玄鸟》)
> 有娀方降,帝立子生商。(《商颂·长发》)
> 昔有成汤,自彼氐羌。莫敢不来享,莫敢不来王,曰商是常。(《商颂·殷武》)

《商颂》是对殷商先祖先王的祭歌、颂诗,集中反映了殷商奴隶王国的天命观;受命于天(帝),殷纣王面临灭亡前夕,大呼"我生不有命在天乎!"仍坚信天不亡我!

四、周族之兴起

公刘率族众自有邰迁邠,走出西戎之地,东渡渭水在邠地(今陕旬邑县、彬县一带)定居,为周族的兴起奠定基础。故史谓"周道之兴自此始"。

古公亶父"乃与私属遂去邠,度漆、沮,逾梁山,止于岐下……"[按据《后汉书·西羌传》古公当殷王康丁、武乙(前1160—前1113)之时东迁岐山周原。]古公乃"贬戎狄之俗,而营筑城郭室屋,而邑别居之,作五官有司。"是知,古公亶父摒弃戎狄文化影响,东迁岐下周原,筑城郭,别邑落,建法制,周始建国。《史记集解》引皇甫谧云:"邑于周地,故始改国曰周"。迁于陕西扶风周原,因地名族,因地名国。"天作高山,大王荒之"(《诗·周颂·天作》),周人认为太王古公亶父迁都岐山周原,是遵照天帝的意旨,摒弃游牧经济,奠定了农业经济,从此为周族开辟了新兴的道路。

在《鲁颂·閟宫》中写道:"后稷之孙,实维大王,居岐之阳,实始翦商。"这里明确地指出:古公亶父建都岐山之阳,开始揭开与殷商争夺天下的历史新篇章。

今本《竹书纪年》武乙三年(前1145)"命周公亶父赐以岐邑",则古公已封周公,为殷之方国诸侯。周族就从此时起确定了"实始翦商"——推翻殷商王朝的战略目标,经过四代的努力,最终实现了这一战略任务。

商周之间自太王"实始翦商",开启了商周两大民族的政治、文化冲突,经"文丁杀季历"、文王受命称王,这个冲突愈烈,仇恨愈积愈深,"纣为黎之蒐",一战而擒文王并杀之,这就是"文王受命七年而崩"的真实内容,也是《尚书·西伯戡黎》与《史记·周本纪》未明言而深藏着的一段商周文化冲突史。

查:自殷王武丁时有征周方、"扑周"(《新》5.1.7 + 5.7.7)、"周弗其擒"(《乙》7161)的卜辞,此当周之先世公刘时期商周已发生冲突。《易·既济·九三》"高宗伐鬼方,三年克之"。《易·未济·九四》"震用伐鬼方,三年有赏于大国"。《周易》记载了商周争夺鬼方的政治冲突。在近两个世纪中,商周历史中有冲突,有联姻,有封赏,但季历、文王之死,武王伐纣"为父报仇",以小击大、以弱敌强、以落后敌先进,周人终于完成灭商大业。

殷商王朝,在太王、王季、文王、武王四代的艰苦经略、前仆后继的不懈努力下终于被毁灭。商周两大民族经过一个多世纪的政治、文化的冲突,表现为殷商王朝对异姓诸侯方国的野蛮性与暴戾性和以周族为代表的诸侯方国的反抗斗争,最后以周族的胜利而结束。从此,周文化、周文明主宰着中国三千多年的文化史、文明史。

五、早周文明诸问题

《逸周书》中文王所作的22篇(包括亡佚8篇)文诰训辞,内容丰富,包含了新的哲学观念、宇宙观念、新的社会学体系以及战争学、防灾救灾学诸方面,揭示了早周时期文明建设诸问题,反映了商周之际历史大动荡时期中华早期文明的连续与变革交叉的时代特征。

1. 新哲学观念的出现

文王时代是新哲学观念产生的时代,其标志就是《周易》的出现,而在《逸周书》中则是矛盾对立的变易观的产生并为文王所掌握与运用。

在文王看来,一切事物均存在矛盾对立面,如在制定国家法规法度时,其中含有度之大小,权的轻重,政的本末、远近,因此要求"明王是以敬微而顺分"——深入认知事物的矛盾对立双方,例如好与恶、让与争、赏与罚等矛盾对立关系,均应分为主次,谨慎处理。

文王认为这种矛盾对立双方在一定条件下是可以转化的。"极命则命堕","极福则民禄","极祸则民鬼","极丑则民叛","极赏则民贾其上","极罚则民多诈"。"极",过度、过分。任何事物一过分,超越限度、超越规范、超越自然法则,就要向相反方面转化。这种转化,"凡此六者,政之殆也",是为政者最危险的事。为了防止这种矛盾对立的转化,应该"福莫大于行义,祸莫大于淫祭,丑莫大于伤人,赏莫大于信义,让莫大于贾上,罚莫大于贪诈。古之明君,奉此六者以牧万民,民用而不失"。要求为政者掌握矛盾双方发展的"度","权以知微,微以知始,始以知终",①只有了解事物的细节及其发展变化,方可掌握与认知事物的性质与变化。

承认事物存在内在的联系与因果关系,是新哲学思想的一个特点。"顽贪以疑,疑意以两……困在垒,诱在王,民乃苟……九奸不迁,万物不至"。②这里强调了事物发展有其因果关系,为政者要"慎微以始而敬终,乃不困"。应认识开端与结尾的因果关系方可避免政治危机。

周人正是在这种矛盾对立变易观的哲学观念指导下,认为"物无不落",③"大邑商"这个庞然大物不会永远存在,只要抓紧时机,加紧努力,大可以转为小,小可以转为大,我们的目标一定能达到。这种哲学观念成为一种

---

① 上引见《逸周书·度训解》。
② 《逸周书·命训解》。
③ 《逸周书·文酌解》。

动力,一种时代的新思潮,将改变中华文明的新格局。

文王的这种认识宇宙事物矛盾对立和运动变化的哲学观念,是初步的、朴素的,还不是专门性的哲学论述,还是在具体工作中的朴素认识,还属于经验性的,还未上升到理论高度,存在狭隘性与片面性。《周易》的出现吸收并发展、丰富了文王所创造的哲学观念,把矛盾对立与运动变化的哲学观念提升到一个新阶段,但其中仍杂有巫史卜筮色彩和神秘意味,真正哲学时代的到来还需更多哲人的出现。

周原曾出土带有八卦符号的甲骨,有专家指出这类符号中的奇数代表阴爻,偶数代表阳爻,有三个数字是三爻,六个数字是六爻,它应是由蓍草和算筹摆出来的数字象形。① 《史记·周本纪》记"西伯囚羑里,盖益《易》之八卦为六十四卦",则文王为《周易》作者之一的说法,当接近早周文化史实。

2. 新天人观念的显现

殷人信天命,作为"周虽旧邦,其命维新"的周人,既继承了殷人的天命观念,又对天人关系提出新认识。早在《逸周书·命训解》中集中地阐述了关于天人关系的新观念。

"天生民而成大命","大命有常,小命日成",认为人生是天命所定,商大命固定不变而小命由个人德行决定,故曰"日成"。君王要"道通天以正人",道天即天道,用天道教育人。"明王昭天"是礼仪制度,礼仪制度是天道的具象化,"使信人畏天,则度至于极",诚信人道敬畏天道,则礼仪制度就达到极致。因此,提出天道与人道及其关系问题。

"夫天道三,人道三","以人之丑当天之命,以黻冕当天之福,以斧钺当天之祸",天道、人道相对应,"六方三述,其极一也,不知则不存",双方不要过极,在天道与人道的互动中,这里提出人道可以影响天道的认识。这是进一步申述天人关系,是在殷商天命观基础上提出天道、人道并重的观念。

在《文传解》中提出"兵强胜人,人强胜天"的天人关系的新观念。强大的军队可以超越完成人所定的计划,人的心志坚强可以战胜天命。人强胜

---

① 陈全方:《周原与周文化》,第 146 ~ 147 页。

天,突破了传统的"天命有常"的天命观,提出人志可以超越天命、胜过天命。这是全新的天人观念、宇宙观念,反映出早周文化中的最为耀眼的人文精神、人本观念。周人据此认为"能制其有者则能制人之有,不能制其有者则人制人"——只要有了新的天人观念,就可在制人与人制的关系确立主动权。文王父子正是在"兵强胜人,人强胜天"的新天人观念的支持下,最后一战而胜。

从"大命有常","天道三,人道三","顺在可变,性在不改",到"兵强胜人,人强胜天",可以看到殷周之间在天人关系、宇宙观念上的文化发展的连续与变革。从"人强胜天"进而为"天行健,君子以自强不息",在天人关系上,早周文化发生了变革,发生了革命性的变化,为周人代商,为建立新型的天人关系的思维模式奠定了基础。

3. 民本思想的张扬

早周文明中的民本思想是以德政为其核心的,德政并不是周人的发明。早在夏商时期,就已提出德政、德统问题。舜赞美禹平水土"予茂乃德,嘉乃丕绩";益称赞禹"惟德动天,无远弗届"。[①] 皋陶提出"允迪厥德,谟明弼谐。"[②]在《五子之歌》中指出"太康尸位,以逸豫灭厥德"。凡此可知,夏代已重德政,并把它作为对君王和政治成败的衡量尺度。商人灭夏指责夏桀"有夏昏德,民坠涂炭"[③],并把德政与天道结合为一,视为天道在人间的体现。伊尹辅太甲"乃明言烈祖之成德"。[④] 在《太甲》三篇中贯穿始终的是德行、德治思想。傅说坚持殷商德统,并把德统与道统统一起来,辅助高宗武丁。只是到帝辛殷纣时,方破坏了这个道统与德统的殷商文化传统。

"小邦周"能够打败"大邑商",就因为殷纣"离心离德",周人"同心同德",其核心在得民心:"天视自我民视,天听自我民听"——天人同构、天(帝)民同心。这种充满人文精神的民本思想在早周文化中有所张扬,并贯

---

① 《尚书·大禹谟》。
② 《尚书·皋陶谟》。
③ 《尚书·仲虺之诰》。
④ 《伊训》。

穿于两周文明史之中。

文王认识到"民物多变",故应"民之适迈,上察下遂",了解民情,掌握民心,这是为政之本:"非本非标,非微非辉,壤非壤不高,水非水不流"。德治是根本、是光辉,要以德治推动民众之德行。这是德治的根本:"倍本者槁"。文王以格言形式警戒太子发坚持德统,坚持民本思想,并要求把它作为思想文化传统——"后戒后戒,谋念勿择",坚持下去。

德作为一种人的素质,作为一种政治原则,作为一种思想文化体系,完全是中华民族的,是中华化了的道德伦理准则与政治标准。它来源于以氏族血缘为纽带的氏族间的内部关系,随国家出现、王权的出现,又用以协调与规范王族内部、王国内部诸种关系。它是中华文明早熟性特征一种文化遗留。三代的德行、德政、德统决不及于奴隶,这是十分明确的。

这些新思想、新观念就成为周族向殷商王朝这个庞然大物发起冲击的思想动力,成为否定殷商王朝旧体制的一种新思潮,也成为动员与联合周围诸侯方国的一种思想力量,最后发起冲击一战而胜。

《逸周书》中所显示的早周文化表明:西部落后民族对中原先进民族的文化学习、继承与创新上的成功,就是周族得以兴起的原因之一。从总体上是继承多于革新,在革新的主导方面,是对殷商体制的否定,这是殷商灭亡的主要原因,符合历史发展的主流。殷鉴不远,促使周人对殷制进行改造,走上新的文明之路,最终走向封建制。文王姬昌为我们留下丰富的文化遗产,是早周文化创建者。这些文化建设为西周文明建设奠定了基础,为西周礼乐文明开辟了道路。

六、姜尚——周人的大巫师、大智者

1. 新型文化人

这位王者之师,这位巫者,不再像伊尹、傅说那样处于"训王"的地位,在参与决策中是出谋划策的谋士、军师、智囊,为"霸王之辅"——新历史时代文化人的地位,辅弼之臣的地位。这也成为自周以降历代文化人的政治地位的模式。

"武王将伐纣,卜龟兆,不吉,风雨暴至。群公尽惧,唯太公强之劝武王,

武王于是遂行。十一年正月甲子……伐商纣……师尚父谋居多。"①

既然伐纣时机已经成熟，就要抓住时机，因为"后失时"——落后就失掉时机；虽然上帝示警，但武王、姜尚坚持文王所创造的"兵强胜人，人强胜天"的思维观念，"能制其有者则能制人之有，不能制其有者则人制之"，在制人与人制的选择上，姜尚"强之劝武王"。（这些新思维新观念极有可能是姜尚帮助文王创建的）这说明，姜尚不是一般的巫者，不是一成不变地遵从卜兆之意，而是全面权衡与判断，做出新的决断，哪怕这个决断不合卜兆，甚至违逆所谓"天意"。这是对巫史的新态度、新解释，显示出姜尚已超越夏商以来的巫史文化的旧樊篱，为周人建立"事鬼敬神而远之"新的天道观做了成功示范。

《韩诗外传》对此事另有记述："武王伐纣，到于邢丘，轭折为三，天雨三日不休。武王心惧，召太公而问。曰：'意者纣未可伐乎？'太公对曰：'不然，轭折为三者，二军当分为三也。天雨三日不休，欲洒吾兵也。'"

"轭折为三""天雨三日不休"，连续出现怪异反常之事于伐纣途中，使"武王心惧"，"意者"——指上帝之意，意为上天示警"纣未可伐"。对这两种反常现象，姜尚做出顺应天意的新解：上帝令你兵分三路，下雨洗军，化凶为吉，变阻兵为助兵，消除武王的疑惧，鼓舞了士气，取得战争胜利。

2. 天下观

姜尚认为"天下者非一人之天下，唯有道者处之"，认为"天下者非一人之天下也，莫常有之，唯贤者取之"，强调"利天下者取天下，安天下者有天下，爱天下者久天下，仁天下者化天下"。这里所谓"有道者""贤者"即指以利、安、仁、爱的思想心态对待天下万民，就会取得天下，使天下为我所化。在面对强大的殷商王朝，武王惧曰："夫天下以纣为大，以周为细；以纣为众，以周为寡；以周为弱，以纣为强；以周为危，以纣为安；以周为诸侯，以纣为天子。今日之事，以诸侯击天子，以细击大，以少击多，以弱击强，以危击安，以

---

① 《史记·齐太公世家》《六韬·佚文》："文（应是武之误）王问散宜生。卜伐殷，吉乎？曰，不吉，钻龟，龟不兆，数著，著不交而如折（《御览》作数著交加而折），将行之日雨辎垂车，至轸行之日帜折为三。宜生曰：此卜四不详，不可举世。太公进曰：是非子之所知也。祖行之日雨辎垂、车至轸，是洗濯甲兵也。"《北堂书钞》一百十四引："武王伐殷，兵行之日大雨。太公曰：是洗濯甲兵，行之象；帜为折首。太公曰：此折纣首之象。"姜尚对天象天警作了全新的解释。

此五短击此五长,其可以济功成事乎?"对此种商周力量对比的常规性认识,姜尚则提出不同认识:"所谓大者,尽得天下之民;所谓众者,尽得天下之众;所谓强者,尽用天下之力;所谓安者,能得天下之所欲;所谓天子者,天下相爱如父子,此之谓天子。今日之事,为天下除残去贼也,周虽细,曾残贼一人之不当乎!"在这里,姜尚从矛盾对立转化,从天下人与残贼一人的新天下观的视角认识周与商的对抗,用以打消武王的恐惧,增强信心。"残贼""独夫民贼"就成了周人征伐殷纣的总体认识与战略口号,行德政、仁政以与殷纣之暴政对立,则成为周人的新的天下观的核心内容。姜尚提出动态的天下观,政权、国家、天下是可变化的,这打破了永恒不变的殷商王朝(天下)体系与一统格局;在这变易观念、动态观念的基础上,姜尚提出"天下有道""唯贤者取之"的全新的天下观,为周代的"天下者有德居之,无德者失之"的新天下观念完整化、体系化奠定了基础。

姜尚认为实现新天下观,主要在于"主明",他认为"目贵明,耳贵聪,心贵智",这要"以天下之目视,则无不见也;以天下之耳听则无不闻也;以天下之心虑则无不知也"。这种建立在君民一致、君民一心基础上的"天视自我民视、天听自我民听"的天下观,当会无往而不胜。这种以人为本、以民为本的天下观是由姜尚提倡而为儒家所美化,把周代统治者理想化为人民的代表者。

这种全新的极富人文精神的天下观就成了以"小邦周"推翻"大邑商"的有力武器。

3. 天道观

中华早期文明的一个重要问题,就是天人合一的宇宙观、天道观。中华先民认为大千世界、天地万物都是属于同一有机物的整体,从一粒石子、一滴水到宇宙天空都是一个连续整体。这是一个巫史文化时代,人们生活在天人合一宇宙观念的文化氛围之中。

在商周易代之际,在姜尚辅佐周文武完成灭商的历史大决战的时刻,需要创造新的宇宙观、天道观,以之与殷商天命观对抗,以之作为文化动力学,作为争夺天下的有力武器,并成为构筑周代新型宇宙观的基础。

姜尚《六韬·逸文》载:"周武王伐纣,师至汜(《御览》作'泥')水牛头山,风甚雷疾(《御览》作'风雨甚疾'),鼓旗毁折,王之骖乘惶震而死。太公曰:'用兵者,顺天之道未必吉,逆之不(《御览》作未)必凶。若失人事,则三军败亡。且天道鬼神,视之不见,听之不闻。智将不怯,而愚将拘之。吾乃好贤而能用,举事而得时,则不看时日而事利,不假卜筮而事吉,不祷祀而福从。'遂命驱之前进。周公曰:'今时迎太岁(《御览》作'令时宜太岁';宋本作'今时逆太岁'),龟灼言凶,卜筮不吉,星变为灾,请不师。'太公怒曰:'今纣刳比干,囚箕子,以飞廉为政,伐之有何不可! 枯草朽骨安可知乎!'(《尚书·周书·泰誓中》正义引太公《六韬》:卜战龟兆焦筮又不吉。太公曰:'枯骨朽蓍不逾人矣。')乃焚龟折蓍,援枹而鼓,率众先涉河,武王从之,遂灭纣。"这一条史料记载了新、旧天道观的冲突。

(1)出师伐纣,风甚雨疾、旗折、星变为灾,天象示警。

(2)龟灼言凶、卜筮不吉、时迎太岁(按:据《史记·天官书》:"岁星赢缩,以其舍命国。所在国不可伐,可以罚人"。"其所居国昌,迎角而战者,不胜"。"时迎太岁"为兵者之大忌)。

(3)周公认为上天示警,卜兆不吉,应顺天意"请还师"。

(4)姜尚对上述种种做出全新解释:

顺天未必吉,逆天未必凶,"若失人事,则三军败亡",强调重人事而轻天道,天道无亲,对天道的顺逆,不在道而在人事。

天道鬼神,视之不见,听之不闻,"不看时日而事利,不假卜筮而事吉,不祷祀而福从",抛弃神鬼巫筮,摆脱夏商以来的传统天道观,以一个"智将不怯"的大智者大圣者对待之。

姜尚认为"枯草(指蓍草)朽骨(指龟壳甲骨)"不知天命、天道,智者应"不看时日""不假卜筮""不祷祀"神鬼,"焚龟折蓍",表现对夏商的传统天道观的决绝态度,充分反映出以人为本、"重人事""人强胜天"的新天道观。在天道观念上,以姜尚为代表的第一代文化人更加理性化和人文化。虽然周公坚守夏商以来的传统观念。

　　　武王伐纣,雨甚雷疾,武王之乘雷震而死。周公曰:"天不祐周矣。"
太公曰:"君秉德而受之,不可如何也。"

　　武王伐纣,诸侯已至,未知士民何如? 太公曰:"天道无亲。今海内沈于殷久矣,百姓可与乐成,难与虑始。"伯夷、叔齐曰:"杀一人而有天下,圣人不为"。太公曰:"师渡孟津,六马仰流,赤乌白鱼外入(舟),此岂非天非命也。师到牧野,天暴风电,前后不相见,车盖发越,辕冲摧折,旌旄三折,旗帜飞扬者,精锐盛天也,雨以洗吾兵,雷电应天也。"

　　纣为无道,武王于是东伐纣,至于河上,雨甚雷疾,正(震)之,(武王)乘横振而死,旗旌折扬侯波。周公进曰:"天不祐周矣,意者君德行未尽而百姓疾恶,故天降吾祸。"于是太公援罪人而戮之于河,三鼓之率众而先,以造于殷,而天下从。①

这几条史料与上一条史料均记载武王伐纣途中遇到自然灾变时周公与姜尚的不同认识与态度。周公承认这是天象示警,"天不祐周","天降吾祸"。姜尚则提出①"天道无亲,君秉德而受之"——有德则得天道,无德则失天道。②"师渡孟津,六马仰流,赤乌白鱼外入(舟)"——这也是天象,是上天所赐祥瑞——"此岂非天非命也"用以证明伐纣是周人"天命"所在。③自然灾变不是"天降吾祸",而是"盛天""应天"。④"援罪人而戮之于河"——以人牲祭河回应天象示警。

　　这些说明,姜尚既有沿袭承继夏商以来的天道观传统的一面,又有对旧文化传统改造与创新的一面。"秉德而受之","天道无亲,唯有德者居之"这一新天道观就成为周代天道观的主体思想,并为后代所尊奉,它也成为改朝换代的一种有力武器。

　　4. 国家观与战争观

　　在商周易代的历史大动荡的时代中,这种极富人文精神并将人文精神普遍化,将国家、君主理想化的思潮,极具文化动力学与政治动力学的威力,成为"小邦周"打败"大邑商"的思想信仰有力武器,也为周代礼乐文化奠定了基础。

---

　　①　上引均见《六韬·逸文》。

《六韬》中所呈现的天下观、天道观与国家文化观念，正楬橥作为西周第一代文化人姜尚的思想文化成就和作为周文武王"尚父"的大智者的文化风貌。

这种重人事、重地利、轻视天道、"不必任天道"的战争观显系对殷商传统天命观的摒弃，对重人事（最急）、重地利（最实）的充满人文精神观念的高扬；抛弃不可见的天道，强调重视地利与人事的战争观念是新时代新思潮的产物和标志。从重视神本走上重视人事，这表明中华早期文明在这时已进入一个新的时代。

动态的天下观，"天下非一人之天下，乃天下（人）之天下"，人皆可得天下，"德之所在，天下归之"，反对统治者独擅天下之利，新天下观打破了永恒不变的王朝观念与一统格局。"天道无亲""天命靡常"，动摇了天命有归的旧格局，打破了殷商天帝与人王统一的思想文化体系，动摇了"莫敢不来享，莫敢不来王，曰商是常"①的合理性与神圣性。姜尚不再以一个旧的传统的王官兼巫者身份（违逆卜兆，但仍是巫者新型文化人）出现在周文武的时期，而是以一个政治战略家推动着商周易代的历史进程，表现为一个新型文化人与传统巫史文化的时代冲突。

5. 东齐海岱文化的开创者

姜尚是东齐海岱文化的开创者。"于是武王已平商而王天下，封师尚父于营丘，东就国，道宿行迟。逆旅之人曰：'吾闻时难得而易失。客寝甚安，殆非就国者也。'太公闻之，夜衣而行，黎明至国，莱侯来伐与之争营丘。营丘边莱。莱人，夷也，会纣之乱而周初定，未能集远方，是以与太公争国。太公至国，修政，因其俗，简其礼，通商工之业，便鱼盐之利，而人民多归齐，齐为大国。及周成王少时，管蔡作乱，淮夷畔周，乃使召康公命太公曰：'东至海，西至河，南至穆陵，北至无棣，五侯九伯，实得征之。'齐由此得征伐，为大国。都营丘。"②"于是封功臣谋士，而师尚父，为首封。封尚父于营丘，曰齐。"③"太公以齐饱负海潟卤，少五谷而人民寡，乃劝以女工之业，通鱼盐之

---

① 《诗·商颂·殷武》。
② 《史记·齐太公世家》。
③ 《史记·周本纪》。

利,而人物辐凑。……初太公治齐,修道术,尊贤智,赏有功,故至今其土多好经术,矜功名,舒缓阔达而足智。其失夸奢朋党,言与行谬,虚诈不情,急之则离散,缓之则放纵。……昔太公始封,周公问:'何以治齐?'太公曰:'举贤而上功。'周公曰:'后世必有篡杀之臣。'其后二十九世为强臣田和所灭……""临甾,海、岱之间一都会也,其中具五民云"。①"故太公望封于营丘,地潟卤,人民寡,于是太公劝其女功,极技巧,通鱼盐,则人物归之,襁至而辐凑。故齐冠带衣履天下,海岱之间敛袂而往朝焉。""齐带山海,膏壤千里,宜桑麻,人民多文采布帛鱼盐,临淄亦海岱之间一都会也。其俗宽缓阔达,而足智好议论,地重,难动摇,怯于众斗,勇于持刺,故多劫人者,大国之风也。其中具五民。"②这些史料告诉我们:齐鲁之地本古东夷族团聚居地,文化发达,大汶口文化是其代表性文化,后为山东龙山文化。周人之"封诸侯,班赐宗彝",造成了新的区域文化格局:出现了齐鲁文化、荆楚文化、吴越文化、巴蜀文化、秦文化、三晋文化等诸文化格局。汉扬雄在其《方言》中列出"燕代朝鲜洌水之间""东齐海岱之间""宋鲁陈卫之间""秦晋之间""南楚江湘之间"五大区域文化圈,则东齐海岱自成一区域文化,形成独具特色的文化形态。

　　齐国经姜尚、管仲、邹忌的改革与建设,由强而霸,由霸而雄,形成极具区域特色的齐国文化,成为中华文明史格局中极为灿烂的一部分。姜尚因山东海岱的历史地理的物质条件以及人文等条件,"因其俗,简其礼","通工商之业,便鱼盐之利","极女工之巧",海上交通发达,海上贸易繁荣,以工商立国,以工商富国,其眼界、其思维自与鲁国以及其他诸侯国不同,形成了东齐海岱区域文化:"其土多好经术,矜功名,舒缓阔达而足智","人民多文采布帛鱼盐",这种初具外向型经济所带来的是开放创新的思维方式,其文化则形成充满活力,极富智慧,极具机巧而浮夸与华丽的文化风格,并由此导引出自由论辩的学风与神仙方术思想,稷下学派的出现、蓬莱神话系统的产生均源于东齐海岱文化。

---

　　①　《汉书·地理志八下》。又《吕氏春秋·长见》《韩非子外储说右上》《韩诗外传》第二十五章均记姜尚至齐施政事,可参见。
　　②　《史记·货殖列传》。

《诗·国风·齐风》以多样化的诗歌样式揭示了东齐海岱地区追慕自由、抒发真情的文化心态,这正是吴季札所谓"美哉,泱泱乎! 大风也哉! 表东海者,其大公乎! 国未可量也!"①东齐海岱文化为大国文化,表现出大国的风度与气派,因而成为东齐海岱地区的文化表率。这是对姜尚创始的东齐海岱文化的最高评价与赞美。

作为西周王朝第一代文化人,姜尚是殷商王朝的埋葬者、西周王朝的创立者。在这历史大变动、大转折的时代,姜尚以新视角、新思维方式提出新的文化观念与价值取向,为西周礼乐文明的形成开辟了道路,并成为东齐海岱区域文化的开创者与奠基者,推动中华早期文明进入一个新的历史阶段。

按马克思的历史唯物主义观点,事物从整体到分离、从综合到分化、从粗放到精细是一个思维发展过程,是一个从低级到高级的无穷发展进程;而凡在历史上彼此更替的一切社会秩序思潮等等都不过是人类社会由低级向高级的无穷发展进程中的一些暂时阶段。② 文化史、学术史也按这一规律发生发展。商末周初产生的箕子《洪范》、姜尚《六韬》均具有综合性文化特征,包容着哲学、史学与文学,涵盖着天道(宇宙)、地道(国家、君主)、人道(社会、民生)的各方面。这种综合性的文化特色正是人类思维发展进程中从低级向高级发展的一个过渡阶段的标志(这时期的文化人还是王官兼巫者,虽然巫的身份逐渐淡出,但文化权力仍掌握在王官兼巫者手中,学术下移,私学兴起还要经历一个历史时段),人们的宇宙观念、社会观念还处在综合的整体的形态。随着社会的发展,人们思维能力的提高,才进入"道术将为天下裂"的"轴心时代",中华文化史、中华学术史进入一个新时代。

七、周公姬旦

周公处在商周王朝更迭、西周政权巩固时期,这是一个思想、信仰、文化大变动、大创建时期,从文化人类学视角审视周公其人,周公摄政称王中所显示的各种文化冲突和他的"尊尊亲亲"治国方略所展示的西周思想、信仰体系,并褐橥中华早期文明诸问题。

---

① 《左传》襄公二十九年。
② 参考恩格斯《费尔巴哈与德国古典哲学的终结》,人民出版社 1960 年版,第 4~7 页。

周公姬旦是西周王朝的创建者之一,也是西周王朝文物典章制度的创建者。周公参与了西周王朝争夺政权、巩固政权和建设政权的全过程,他是王朝首任宰辅,并曾一度摄政称王,他又是巫者、智者、西周王朝第一代文化人,其思想与行状丰富而复杂。前贤对周公及其所创建的西周礼乐文化制度多有论列,本节拟从文化人类学视角对周公在中华早期文明史的贡献诸问题做某些补充,以期有助于问题的研究,并以之就教于方家。

周公是王者又是巫者,对后一身份前贤多忽略或讳言之,近日已有人关注这一文化特点。① 王者兼巫者本是中华早期文明史上一个鲜明特点,尧舜禹汤文武均具有巫者身份,均在巫史文化氛围中生活着与斗争着。

1. 天地鬼神世界的沟通者

“既克商二年,王有疾,弗豫。二公曰:我其为王穆卜。周公曰:‘未可以戚我先王?’公乃自以为功(质),为三坛同墠。为坛于南方北面,周公立焉。植璧秉珪,乃告太王、王季、文王。史乃策,祝曰:‘惟尔元孙某遘厉虐疾,若尔三王是有丕子之责于天,以旦代某之身。予仁若考能,多材多艺,能事鬼神。乃元孙不若旦多材多艺,不能事鬼神。乃命于帝廷,敷佑四方,用能定尔子孙于下地,四方之民罔不祗畏。呜呼! 无坠天之降宝命,我先王亦永有依归。今我即命于元龟,尔之许我,我其以璧与珪归俟尔命;尔不许我,我乃屏璧与珪。’乃卜三龟,一习吉。启籥见书,乃并是吉。公曰:‘体! 王其罔害。予小子新命于三王,惟永终是图;兹攸俟,能念予一人。’公归,乃纳册于金縢之匮中。王翼日乃瘳。”②此事又见于《史记·鲁周公世家》,《史记·周本纪》亦记此事,但文字简略:“武王病。天下未集,群公惧,穆卜,周公乃袚斋,自为质,欲代武王,武王有瘳。”

《尚书·金縢》记周公以身为质,向祖先神祈福事有以下几个重点:

(1)“既克商二年,王有疾,弗予。”——周武王刚刚征灭商纣,就生了重病,群臣惶惧。太公、召公要求占卜以问吉凶;

(2)“未可以戚我先王。”——周公提出要举行大型祭祀仪式向祖先神祈祷福佑,这是人有重病是鬼神降罚的巫史文化;

---

① 郝铁川:《周公本为巫祝考》,《人文杂志》1987 年第 5 期。

② 《尚书·金縢》。

(3)"公乃自以为质"——造坛祭祖,求以身代(以自己为牺牲,用以祭神),并说"予仁若考能,多材多艺,能事鬼神。"——自己多才多艺,具有知晓巫祝奉事鬼神的本领,适合代替武王,自行承认巫者身份;

(4)"乃命于帝庭,敷佑四方","无坠天之降宝命,我先王亦永有依归。"——上帝降给武王灭商的宝贵使命,接受上帝的任命,领有四方,你们(先王)应该福佑他,也使你们(先王)就永为宗庙之主了。

"初,成王少时,病,周公乃自剪其蚤(指甲)沈之河,以祝于神曰:'王少未有识,奸神命者乃旦也。'亦藏其策于府。成王病有瘳。"①《史记索隐》引谯周云:"成王少时病,周公祷河欲代王死,藏祝策于府。"

这是于求以身代(为牺牲)之外,又以"剪蚤(爪)沈河"以代自己的真为牺牲。古人以为发、爪是人精华所在,剪发(如成汤)因旱祷于桑林,"剪其发,磨其手,以身为牺牲,用祈福于上帝。"断爪以祭神,是以身(或身体的一部分)为牺牲的祭神之礼仪,或者说剪发断爪以象征生命的死亡的礼仪,这是巫史文化的互渗律的法则。

上述两条史料说明:

(1)周代仍处在巫史文化时代之中,人王有疾,认为是上天降灾以惩罚,是"奸神命"——违逆鬼神意志因而受罚;周人认为上帝与祖先(神)是同一的,向祖先(神)设祭祈福就是向上帝(天)祈福。

(2)周公以"能事鬼神"的巫者可以和祖先神——"太王、王季、文王"沟通;"祝于神""乃命于帝庭"——与上帝(神)沟通;可以造坛设祭,"植璧秉珪",身戴通神祭神法器,主持祭神仪式,向祖先神告白"予仁若考能,多材多艺"以媚神;"卜三龟,一习吉",在神坛上占卜以见神鬼的启示。均显示周公巫者身份。

(3)"以旦代某之身""自剪其蚤沈之河"——以身(或其爪)为牺牲以祭神,用以沟通天神地祇世界,并因此获得神鬼的赐福:"王翼日乃瘳""成王病有瘳"。周公的巫史行为感动了上帝,感动了祖先神,"达于鬼神之化,人事之传",②显示了巫者的文化功能。这又说明周人以及周公仍深深地陷在巫

---

① 《史记·鲁周公世家》。
② 《吕氏春秋·顺民》。

史文化氛围之中。

(4)这两则史料也透露出巫者通过仪式所具有的医治疾病功能。这应是巫史文化时代的一种文化传统,巫可通神,巫可解除神对人的惩罚——疾病灾祸,这是巫史文化时代人们共同的认识;举行通神治病的仪式就可以给病人带来生理上的快感与心理上的希望与慰藉,达到"王翼日乃瘳"的效果。

(5)周公向周族先王太王、王季、文王供祭祈祷,这是祖灵崇拜,把祖先神化——与上帝一体,祭祖与通神、祖灵与上帝的同一性既构成周族与西周王朝的神统与宗(族、系)统的完整体系,又使祖先神——宗族神成为国家神、社稷神,甚至将其泛化为全民神祇,成为国家保护神,从而达到神化王权甚至神权化王族的目的(我们可以从中窥探到周公所提倡的"尊尊与亲亲"的思想信仰体系的深层文化秘密)。

2. 天象吉凶的预测者

知天知地、掌握天地、掌握自然、认识宇宙,是巫觋之具备圣人、智者的起码资格与基本本领。贯通天地、认识宇宙并形成对天地宇宙的一整套认识体系(这即是人们所常说的天人合一的宇宙观),就是巫史文化时代中巫觋阶层的创造与贡献,他们是中华早期第一代文化人,周公也列于其中,只是他具备王者与巫者结合的双重身份。

　　　周武王伐纣,师至汜(《御览》作"泥")水牛头山,风甚雷疾(《御览》作"风雨甚疾"),鼓旗毁折,王之骖乘惶震而死。太公曰:"用兵者,顺天之道未必吉,逆之不(《御览》作未)必凶。若失人事,则三军败亡。且天道鬼神,视之不见,听之不闻。智将不怯,而愚将拘之。吾乃好贤而能用,举事而得时,则不看时日而事利,不假卜筮而事吉,不祷祀而福从。"遂命驱之前进。周公曰:"今时迎太岁(《御览》作"令时宜太岁";宋本作"今时逆太岁"),龟灼言凶,卜筮不吉,星变为灾,请不师。"太公怒曰:"今纣刳比干,囚箕子,以飞廉为政,伐之有何不可! 枯草朽骨安可知乎!"(《尚书·周书·泰誓中》正义引太公《六韬》:卜战龟兆焦筮又不吉。太公曰:"枯骨朽著不逾人矣。")乃焚龟折著,援枹而鼓,率众先涉河,武王从之,遂灭纣。①

　　武王伐纣,雨甚雷疾,武王之乘雷震而死。周公曰:"天不佑周矣。"太公曰:"君秉德而受之,不可如何也。"

　　纣为无道,武王于是东伐纣,至于河上,雨甚雷疾,正(震)之,(武王)乘横振而死,旗旌折扬侯波。周公进曰:"天不佑周矣;意者君德行未尽而百姓疾恶,故天降吾祸。"于是太公援罪人而戮之于河,三鼓之,率众而先,以造于殷,而天下从。②

这几条史料记述在武王伐纣途中遇到自然灾变时周公与姜尚的不同认识与态度。

姜尚也是一个巫史人物,在自然灾变上采取主动进攻态势,是一个文化创新人物。周公则取守势,在自然灾变面前固守巫觋文化传统,认为灾变是天象示警,上天所以示警是不支持、不保佑周武王伐纣,是周武王"德行未尽而百姓疾恶",所以"天降吾祸"。这是说人事未尽、德政不足以致造成百姓遭殃,是人事影响天象,只有尽人事——尽德行,方可获得上天垂顾,方可得到上天福佑。这是传统的巫觋文化观、传统的天人合一的宇宙观。它以自然灾变对照现实,将天帝作为对现政的检查者、监督者、预警者,用以提醒、警告,以期当政者彻底实行德政。这种因灾问政、因灾罪己的中华文化传统为周公坚持与继承。

　　武王伐纣,剑于邢丘,轭折为三,天雨三日不休,武王心惧,召太公而问。曰:"意者纣未可伐乎?"太公对曰:"不然。轭折为三者,军当分为三也。天雨三日不休,欲洒吾兵也。"武王曰:"然何若矣?"太公曰:"爱其人者,及屋上乌,恶其人者,习其胥余。咸刘厥敌,靡使有余。"武王曰:"于戏! 天下未定也。"周公趋而进曰:"不然,使各度其宅,而佃其

――――――――
① 《六韬·逸文》。
② 《韩诗外传》第十三章。

田,无获旧新,(惟仁是亲)。百姓有过,在予一人。"武王曰:"于戏!天下已定矣。"乃修武勒兵于宁……

在天象示警方面显示出来太公与周公不同的天道观,正表明姜尚作为一个军事战略家认为"用兵之害,犹豫最大",应善于抓住稍纵即逝的战机,"见利不失,遇时不疑",这才有他对天象的全新解释。在周武王与将士心存疑虑的状态下,其牧野之战虽胜,却胜之侥幸。周公作为集团的重要成员,老成持重,稳健老练,不肯心存侥幸,仍坚守巫史文化传统,不作冒险举动,不赞成过激的行为,把家国利益摆在第一位,揭示出作为王者与巫者结合的政治家风貌,显示出一位大智者的文化风采。

查《禽簋》铭文:"王伐楚侯,周公谋禽祝,禽又胾祝。"对此铭文,郭沫若指出:"周公与禽同出,周公自是周公旦,禽即伯禽。伯禽殆为周之大祝,别有《大祝禽鼎》可证。"[1]则周公之子伯禽为周之太祝,可知周公宗族当继周公之为大巫而世袭巫祝官职也。[2]

周公作为沟通天地神鬼世界、支撑人世间民众思想信仰的巫者,不仅承担祝史、占卜、解梦、医病、祭祀、娱神等巫师所专司的职责,多才多艺,并为群巫之长,既通巫、史、医、师,又掌君王权柄,是为中国古史上早期文化大师,政权与神权领域的最高精神领袖。

周公由巫者身份转化为王者身份兼有国师的尊威与道统、德统的权威,是上古精神领域的智者、圣者,是轩辕黄帝后最杰出的历史巨人之一。

3. 摄政称王

"武王崩,成王嗣,幼弱,未能践天子位,周公摄政君天下。弥乱六年而天下大治,……七年,致政于成王。"[3]周公之摄政称王是在周人灭殷、"天下未集"、武王早崩、成王年少的特定历史情势下发生的,因此引发了王室内部王位继承权上的激烈斗争,引出"群弟流言",三监挟武庚叛,引发了三年平叛战争,直至引出成王疑忌、周公奔楚、天象示警、成王亲迎等一系列的历

---

[1] 郭沫若:《两周金文辞大系考释·禽鼎》。
[2] 参考郝铁川《周公本为巫祝考》,《人文杂志》1987 年第 5 期。
[3] 《逸周书·明堂解第五十五》。

史悲剧,其中饱含着各种文化冲突与各种文化心态,它集中揭示了周公大智大勇的历史形象,周公心中只有先王的嘱托与传统,只有家国利益高于一切,为巩固新兴王朝忍辱负重,鞠躬尽瘁,成为西周初期的伟大政治家,成为历代之典范,其所制定的礼乐文化制度影响着古代中国的思想文化体系。

周初的三监之乱之所以发生有其主客观的原因和条件,武王早逝,成王年少,造成权力真空,为各势力集团的争夺准备了条件,武王未来得及为王位继承做好准备,在第一代人斗争胜利后出现权力再分配与权力重组进程中(还未建立嫡长子继位制),而武王在王位继承上的摇摆又给野心家提供了活动空间,管叔身为大弟,位高权重,形成本弱枝强的态势,又加上殷商余孽的伺机而动;周公之摄政称王既刺激了管叔的野心,又为他提供发动叛乱的借口——夺权者总是要打出一个响亮招牌的,这是一个规律。在赤裸裸的权力欲暴发的背后应看到这是西周文化与殷商文化的大较量。

4. 创建礼乐文明

周公姬旦最大的历史功绩是对上古三代的意识形态(礼制及社会规范)的总结、整合、整理,形成了周王朝的礼乐文明制度化、法典化,被历代王朝奉为经典,奉为政治圭臬。

"大乐与天地同和,大礼与天地同节。和故百物不失,节故祀天祭地。明则有礼乐,幽则有鬼神。如此,则四海之内,合敬同爱矣。""乐者,天地之和也;礼者,天地之序也……乐由天作,礼以地制。"①这表明,礼乐文明来源于古老的天人合一、天人同构的哲学观念,来源于神权世界的天、地、人的同一观念、一体观念。

尊祖敬宗,人道亲亲,等级贵贱,存天理,灭人欲,三纲五常,就成了礼乐文明中纲常伦理的常规,为历代统治者所尊崇的统治手段,应该批判性地对待。

八、玉器、青铜器文化的变迁

中华古史上有玉器文化时代,是为中华文明史产生的时代,而所谓三皇

---

① 《礼记·乐记》。

五帝时代，以玉器为神器、为礼器，用以通神，据此获得神权，王权来于神权。

1. 我们认为中华古史上有一个玉器时代。在中华历史、中华文明史上是否有一个玉器时代，是有争论的，这些争论涉及中华历史结构、中华文明史起源、中华文明特征与模式等诸多理论认识问题与实际问题，是需要认真思考与严肃对待的一个大问题。

关于玉器时代问题，曾有多位学者论述过这个问题。如郭宝钧、张光直、孙守道、牟永抗、吴汝祚等先生，并指出在中国东部沿海地区一个月牙形地带产生了以玉器为主要特征的早期国家。确认中华古史上有一个玉器时代，并因之确认玉器时代乃中华文明起源的时代，但这些新探索、新观念、新成果并未得到普遍承认，究其原因，根本在于西方文明史理论，例如"历史阶段三段论""文明三要素论"等理论观念还在束缚人们的头脑。

世界文化史与世界文明史的产生与发展不可能是在一个统一的模式中进行的，而古老的东方中国走着自己的独特道路。

文化与文明的多样性、区域性以及因地理历史文化格局、区域文化的运动速度等原因所造成的文化与文明发展不平衡性，要求人们在文明探源中应从本民族、本地区的文化与文明的发展实际出发，而不是硬性地遵循某一所谓"约定俗成"的模式，我们方可接触到中华文明起源的历史实际，方可对中华文明的独特性有所认识。

从石器到玉器有一个时代过渡或称之为叠合，如阜新查海遗址，出土大量多样石制生产工具，也出土了迄今国内也是世界文化史上较早使用真玉的实例。这正呈现出从旧石器时代向玉器时代过渡的文化特征；也说明距今8000年前中华历史、中华文化史已从石器时代进入玉器时代了。

在中华大地东西南北各个方向上，新石器时代的早、中晚期均有玉器出土，广泛而普遍，品种繁多，样式多样，在中华大地的广阔的空间领域存在一个玉器世界。

历史阶段的过渡本是渐进的，从石器时代到玉器时代，从玉器时代到青铜器时代，从青铜器时代到铁器时代，它们的演进与过渡不可能是截然的、断然的，往往是重叠的、叠合的，但新的事物刚刚露头，就显示出勃勃生命力，并将很快成为社会的主导力量。舞阳贾湖、阜新查海的玉器出现在距今

9000—8000 年前,从此,玉器文化就逐渐取代石器文化,成为中华古代文化史的主导力量、主流意识,从而构成中华古史上的玉器时代。这在世界文化史、文明史上是绝无仅有的。

这又告诉我们,中华古史上的玉器时代是伴随着中华新石器时代而产生而开展的,即或进入青铜时代,玉器文化仍然繁荣发展。其时间跨度为公元前 7000 年至公元前 2000 年,5000 年的玉器时代远远超出夏商周的青铜时代。

2. 学界流行所谓玉器"非生产工具论"。"是否能在中国上古史的石器时代和青铜时代之间确立一个独立的玉器时代,尚存在不同意见。有人提出石器时代、青铜时代和铁器时代的划分是以生产工具为标准的,而严格意义上的玉器不是生产工具。"①这是根据"历史阶段三段论"的框框来观察的。"玉器不是生产工具"这一问题恰恰突显出玉器不属于物质文化,而属于精神文化;不属于物质生产范围,而属于精神生产范围,这恰恰指出玉器、玉器时代在中华文化史、中华历史上的特殊性质与特殊地位。(查:玉器时代的初期并未脱离物质的生产工具形态,黄帝的"以玉为兵"即为一例)。邓淑苹先生在其《20 世纪中国古代玉器考古研究的发展与成果》大文的最后,着重指出"玉器是古人精神文化的重要载体。"②

3. 精神文化的载体,精神文明的载体,充分说明在石器时代与青铜时代之间有一个以精神文化生产为主体的时代,也是中华古文明诞生的时代,这在世界文明史上是独一无二的。

社会发展史一般性地告诉人们:只有物质生产达到一定高度时,人们才可腾出手来从事精神生产。但物质生产与精神生产不是对立的,而是交互作用的。恩格斯有一名言:"更高级的思想体系,即更加离开物质经济基础的思想体系,则采取了哲学和宗教的形式。"③在旧石器时代与新石器时代的交替过渡阶段,中华先民产生并加强了探索人与天(自然)的关系,人与天神、地祇、人鬼的关系的意识要求,以期在人天关系上增强主动权。玉器成

① 郭大顺:《红山文化》,文物出版社 2005 年版。
② 《燕京学报》第 19 期,2005 年 11 月。
③ 恩格斯:《费尔巴哈与德国古典哲学的终结》。

了沟通天地鬼神的"礼器""神器""法器"。"以玉作六器，以礼天地四方。"①
"四圭尺有二寸，以祀天"，"圭璧五寸，以祀日月星辰。"②通过玉器以沟通天
地(包括日月星辰)鬼神。沟通天地是中华古代宇宙观中一个"最重要的动
力和焦点"，这就是"天人合一""天人同构"的宇宙观念，它来于掌握玉器的
巫觋通过玉器以沟通天地，"绝地天通"，沟通天地的大权掌控在少数人手
里，玉器就成了神圣之物，就具有了神秘力量，掌握了玉器就掌握了神权，掌
握了神权就掌握了政治权力、人间社会权力，而王权正来于神权。"礼，不王
不禘。"③祭祀天地鬼神，是王者的礼仪，是王者的权利，这是礼仪制度所规定
了的自古以来就是如此。王者方有实行禘祭的权利。所谓"玉礼器""玉礼
器系统"，正表明玉器时代是宇宙关系秩序化、祖灵崇拜秩序化并与王权结
合产生的观念秩序化，最后是天人关系集中统一到国王(政治)与臣民关系
上来，达到"国王权威得到宗教意义上的证明"。④ 这就是中华文明起源于玉
器时代的历史轨迹，这也正是玉器是中华古史精神文明载体的最本质的最
独特的文化内涵。

　　中华古代历史的演变：①"以石为兵"的石器时代；②"以玉为兵"的玉器
时代；③"以铜为兵"的青铜器时代；④"作铁兵"的铁器时代。二千多年前的
风胡子提出中华历史、中华文化史、中华文明史演进的四个阶段的历史观第
一次提出中华古史上有一个"以玉为兵"的时代，完全符号中华历史的实际，
时至今日，仍然闪耀着智慧光芒。这种极富哲理性的判断，直到今天，仍给
我们以极大的启示，这既涉及物质领域也涉及精神领域，对中华历史演进史
及中华文明史有极深刻的指导意义。它是完全中国式的文明史观，为建构
中华文明史理论框架奠定了基础。

　　4.《光明时报》2015 年 10 月 12 日刊发《石峁是座什么城?》，考古学者认
为，"出土了玉铲、玉戈、玉璜、牙璋、陶器和石雕头像等重要遗物"，石峁遗址
的性质为公元前 2300 年的"黄帝部族居邑"，据此有学者提出"黄帝之时，以

---

① 《周礼·大宗伯》。
② 《周礼·冬官考工记》。
③ 《周礼·大传》。
④ 葛兆光：《中国思想史》第一卷，复旦大学出版社 1998 年版，第 99 页。

玉为兵"的议题。

"夫玉、亦神物也。"风胡子的话揭示出玉戈、玉钺、玉斧、玉戚是武器,又是权威权力的象征,这是已为考古文化学所证明了的。持有上述玉兵者均为这一族团地位最高的人,即为王者。王字字形字义正来于斧、钺、戚之象形。著名的商代司母戊鼎之戊作斧头形,像斧头宽阔的大斧,戊戌之头部分之形,像有孔的古戊、戌之形,即为王字之初文。是知掌握戊、戌,即掌握玉斧、玉钺之人即为王者,斧、钺为王者权威的象征物。兵,甲文像双手运斤(锛、镰之类)斫木之状,则戊是狭形斧,为生产工具,戌为宽形斧,为兵器,为圆刃空心大斧,为权威的象征。2002 年青海民和官亭盆地喇家遗址出土大玉刀,"系淡绿色含白色斑块纹理的布丁石玉质,用整块大玉料切割磨制而成,制作规整、精致"。大玉刀为长条形,已残半,残长 32.8 厘米,宽 6.6 厘米,厚仅 0.4 厘米,复原长度约 66 厘米,为三孔玉刀,孔径 3 厘米。"它并不是普通的玉器,而是礼器中的'王者之器'。喇家遗址可能就是'王者之地'。"①这可与"以玉为兵"对看,以玉为兵的戈、刀、斧、钺、戚亦为王者之器。这样说来,黑龙江地区出土的石斧、玉斧应均为王者之器。

王的文字原型是一把斧头之形,甲文作戌,即石斧、玉钺,斧、钺为王权象征,权杖所在。② 则石斧、玉斧之为王权象征;而玉璧、玉玦、玉璜为巫者沟通天地之神器,以玉为神物,玉器具有灵气,则所谓玉器之诸装饰物,亦当因其为神物,而佩戴者借之以祈福!

5. 西周初期,仍奉玉器为通神之神物,周公之"以身为质""剪爪、沈河",奉玉向祖先神祈福。后则以青铜器为神物为"国之宝器",玉器则"比玉为德",成了贵族阶级标示其品格的标志物,玉器作为神物的文化地位、作用,随西周王朝的式微而式微了。

在战国的中晚期发生秦楚丹阳、蓝田大战时,都奉玉器向各自的战神祈福:楚人向东皇太一"娱神"(见《楚辞·九歌》)、秦人向巫咸(见《秦诅楚文》)祈福,可知,秦楚乃奉玉器为神物,玉是上古三代文明史崇奉神权的代表性的标志。

---

① 蔡林海:《"王者之器"大玉刀》,《中国文物报》2005 年 1 月 21 日第 7 版。

② 康殷:《古文字形发微·释王》,北京出版社 1990 年版,第 709~721 页。

6. 公元前 2471 年历史进入夏禹王朝,是为青铜文化时代。夏禹所铸的鼎彝青铜器是作为享神之用的神器、法器。传说中,夏禹为了使人们避开野兽及魑魅魍魉的祸害,曾在九鼎上"铸鼎象物"、刻铸其形。《左传》宣公三年王孙满云:"昔夏之方有德也,远方图物,贡金九牧,铸鼎象物,百物而为之备,使民知神奸。故民入川泽山林,不逢不若,螭魅罔两,莫能逢之。用能协于上下,以承天休。"这一段是说夏初把远方的物象全部描画下来,让九州之牧贡铜做成九鼎,并把各种物象全部铸造在铜鼎上,百物皆备。于是人们知道了何为神何为奸,进入川泽山林,就再也碰不到魑魅魍魉了。铸鼎象物是夏商周青铜文化最具代表性的图像——文字符号,即所谓青铜器上的饕餮纹(又称兽面纹)。所谓饕餮纹的基本形态特征:有一张表现在青铜器表面显著位置的正面的脸,有对称的双角、双眉、明显的双眼、动物样的鼻子和一张大口。随时代的推移,其纹饰类型、纹饰图案内容、形式与风格均发生了很大的变化,这与商周文明的发展历程息息相关,它也成为认识中华早期文明特质的一条重要途径。

　　　　纹饰之一是一个正面的直槽内上下各有一个神人与兽面复合像……神人的脸面做倒梯形,重圈为眼……宽鼻……阔嘴,内以横长线再加直短线分割,表示牙齿。头上所戴……为羽冠……脚为三爪的鸟足。……在神人的胸腹部以浅浮雕突出威严的兽面纹。重圈为眼……宽鼻……阔嘴中间以小三角表示牙齿。[①]

这种神人与兽面的复合纹饰图像是良渚文化玉器的基本纹饰,其中人形形象渐趋简化。山东龙山文化出土有"鬼神面"玉器。"(日照)两城镇所出土的莹润精致的玉斧,其正反两面均刻有兽面纹,它显然是一种礼器……还在两城镇所发现的一些磨光黑陶残片上刻有复杂的云雷纹或兽面纹,与玉斧上的花纹风格相近似。两城镇的出土物上的花纹应是其后青铜礼器纹样的祖型。"[②]

---

①　《浙江余杭反山良渚墓地发掘简报》,《文物》1998 年第 1 期。

②　黎家芳等:《典型龙山文化的来源、发展及社会性质初探》,《文物》1979 年第 11 期。

这种"兽面纹"在东北辽西夏家店下层文化中也有出现。"夏家店下层文化陶器群,图案有两种基本主题内容:一是多方连续的卷曲花纹;二是各种富于变化的兽目(面)纹,且经常配合使用。用于陶器上的彩绘图案分割准确,构思巧妙,线条流畅,与商周青铜容器上的纹饰风格十分相似。十分繁缛的商周青铜器纹饰,最初可能就源于这种陶器上的彩绘图案。"①从东南江浙地区到山东半岛再到东北辽西地区这一新月形地域流行各种陶器、玉器类型的饕餮纹饰图像,构成半月形文化圈,成为当时极为流行的文化思潮,一种人、神、兽三位一体的人文认知体系,一种时代的思维模式。这种文化遗产给夏商周三代青铜文化以直接影响。

饕餮纹首先给人的视觉效应,主要是造成凶猛、狞厉、恐怖、阻吓等视觉冲击,从而产生威严、神秘以及怯懦、膜拜等心理效应,从丑陋走向崇高,是人类原始艺术心理萌发阶段的产物。"人类社会在其漫长时期的发展中的主要倾向就是从蒙昧状态向文明状态过渡。"②"从野蛮时代向文明时代的运动,把一些野蛮人的品格抛在了后面,现代有文化教养的人们带着遗憾的心情记起这些品格,并且力求重新获得它们。"③饕餮纹作为野蛮性的观念形态的表现形式在商周青铜器上的遗留,它所具有强烈的野性思维特征,正是中华早期文明的早熟性的一种文化表现形态。

从符号学角度看,饕餮纹最初以视觉冲击为特点,成为祭天、娱神、崇祀祖灵等功能为主的祭器纹饰,转化为展示王者、巫者的神圣、威严和崇尚与象征权力的礼器纹饰,是商周人的族徽(西周中期又以凤纹取代),最终成为中国青铜时代视觉艺术的典范。

由于时代的变迁,器种的不同,青铜纹样图像也随之发生变化,纹饰的种类组合及其表现也发生变化,表现出不同的文化个性。如在殷商青铜器上由饕餮纹所占据的觚形尊的腹部,在殷代后期在其上饰井纹或龙纹,到西周时则多见龙首涡纹、鸟纹和象纹。而在殷商时期占据主体地位的饕餮纹,

① 张博泉、魏存成:《东北古代民族、考古与疆域》,吉林大学出版社1998年版,第244页。

② [英]泰勒著,连树生译:《原始文化》,上海文艺出版社1992年版,第31页。

③ [英]泰勒著,连树生译:《原始文化》,上海文艺出版社1992年版,第28页。

到西周中期则让位于凤凰纹了。① 这正是王朝的更替反映在文化上和主体观念上的剧烈变化,这种纹饰图像的种种变化,正是王朝性质、王朝的社会结构发生变化的艺术折射,是王朝主体观念变化的一种集中反映。

九、从青铜纹饰的变化看神权社会的衰落

商周青铜器是以线的艺术、以饕餮为代表(主要的)的纹饰图像作为象征符号的。在纹饰图像的艺术结构上,如物象的体积大小、位置的上下安排等,显示出物象的意念化、寓意与象征;纹样铸造者注意意象性纹样的物态化以及图像符号对比变化,创造出对立统一的美学意境。

商周青铜纹饰图像不是一成不变的,随着时代的推移,其主体纹饰图像,其图像的寓意与象征,其所显示的意象性与美学意境也发生了变化。

商周青铜纹饰图像渊源于前代的陶器与玉器,陶器、玉器上的极具装饰性的锯齿纹、网纹、动植物形纹、螺旋纹、波浪纹、同心圆纹、象生纹、勾连纹等等以及用相当严密的二方连续图案,把一些变化了的母题有规律地组织起来,使其具有强烈的地方色彩,构成完整的纹饰艺术体系,如半坡的人面鱼纹、陕西五楼旋花纹、山西道觉的联叶纹、马家窑流畅的线描、半山锋利的笔触,蕴含着强烈的生活律动感,把中华古老的线的艺术推向时代的高峰。玉器纹饰继承了陶器纹饰又有了新的时代特色——由于它多被用为巫师的法器而具有了神秘色彩,但仍保持着活泼的、多样的、灵动愉快的美学风格。

青铜器发扬了玉器的神秘色彩的纹样,把这种充满神秘色彩的纹饰图像发挥到极致,构成了独具时代特色的美学风格——"狞厉的美"。②

青铜器是权力的象征,是政治权力与宗教权力物态化的象征,体现着这一时代的总体观念(宇宙的、社会的、人文的),反映着这一时代人们的心理崇尚、审美基调和美学追求,也表现出时代的美学风格——厚重而雄浑、稚拙而简朴、狞厉而神秘。在这共同性的文化特征的基础上,商周青铜纹饰艺术又各有其个性特征。

---

① 参考[日]林巳奈夫《所谓饕餮纹表现的是什么》,《中国考古学研究论文集》,香港东方书店1990年版,第140~142页。

② 李泽厚:《美的历程》,文物出版社1981年版,第32页。

殷商青铜纹饰图像是以饕餮纹为主体,占据青铜器的中心位置,体积硕大,并以极尽夸饰线条突出其狞厉之美,突显其威严而神秘。

作为神巫而兼人王的特定身份的意象化,使其具有强烈的巫史文化意味(中华早期文明的早熟性的一种文化遗留)。纹样图像的纹饰带来夸张的艺术风格,使容器和图像具有古典浪漫色彩,是"莫敢不来享,莫敢不来王,曰商是常"的王中王民族意识与民族心理的一种艺术概括。到了殷商的晚期和西周中期以前,"青铜器上的饕餮纹在主要位置上已经不再表现得很夸张了。在这变革之后,人们对不再流行的青铜器种的记忆淡薄起来。"①这个时期出现了简化兽面纹:"只有一条短扉棱作为鼻梁,两侧各有一枚乳钉,象征兽目,它既无兽面轮廓,也无双角,面部器官也不完备。"②文章作者说:"在殷末以至西周时期这种简化兽面纹屡见不鲜,可以说是和各式兽面纹相始终的。"

饕餮纹之被简化,到了西周时期,"饕餮的图像在青铜器上被大肆表现的情况较为罕见,……传统性的饕餮从青铜器上全面衰退了。"③这正是商周的时代更替表现在文化上的更迭的集中反映,是以饕餮为主体纹饰的殷商文化(方式)向以凤凰为主体纹饰的周代文化(方式)的更迭与转换。西周初期的铜器上仍继续殷商铜器上的饕餮纹——文化的连续性,但是以细线和分离式来表现,已失去殷商的夸张与浪漫色彩。这种细线式饕餮纹在周代已形成一种文化系统。西周初期铜器图纹有以浮雕的饕餮纹以及夔龙纹、蝉纹、象纹、鱼纹为代表纹饰,后出现变相夔纹、变相饕餮纹、环带纹、鳞纹等多种纹饰,更由于区域文化影响使一些纹样更具地方特色。

"殷人尊神,率民以事神,先鬼而后礼。"④崇尚上帝,崇尚天命,这是殷商文化的特点,并形成殷商文化圈。周人代商,对殷商文化传统产生怀疑,由此产生"变易"观念与忧患意识,认为"天命靡常""皇天无亲,惟德是辅",认

---

① 〔日〕林巳奈夫:《所谓饕餮纹表示的是什么》,《中国考古学研究伦集》,香港东方书店 1990 年版,第 135 页。
② 陈公柔等:《殷周青铜容器上兽面纹的断代研究》,《考古学报》1990 年第 2 期。
③ 〔日〕林巳奈夫:《所谓饕餮纹表现的是什么》,《中国考古学研究伦集》,香港东方书店 1990 年版,第 186 页。
④ 《礼记·表记》。

识到"兵强胜人，人强胜天"。[①]　人文精神、人本观念得到增强，由此产生人道观念和敬德保民思想。这标志一次传统社会秩序的大崩溃，传统的宇宙思维和社会哲学思想的大变革，反映在青铜纹饰上则是饕餮纹饰从主流走向衰退、走向淡化。"周人尊礼尚施，事鬼敬神而远之"，[②]礼仪、祭祀制度化、秩序化，以血缘为纽带的宗族制得到强化而为宗法制度，这使中华文明早熟性仍然保存并有了新的含义。周代青铜纹饰图像的变化，揭示出商周文明从神本走向人本的历史轨迹，标志着西周时代已进入全面成熟的中华文明时代。

我们正可从商周青铜器饕餮纹饰图像的出现、兴盛与衰退中看到一种文化运动，从这种纹饰图像的发展变化——静、动、同、异对立统一的文化动力学中看到王朝的更迭、文明的变迁，看到文化动力学与政治动力学的交互作用下中华文明的历史进程。[③]

从单一走向多样，从稚拙走向繁缛，从神秘走向世俗，从神本走向人本，这是西周铜器纹饰图像的文化内涵与美学风貌。从中又可见出西周民族作为一农业民族从西北地区进入中原地区之后，（在殷商文明基础上）仍保留其西北农业文化原型因素的某些文明特征。以华丽的凤纹为主体纹饰，表明周人摒弃了殷商的狞厉之美，而代之以吉祥和谐之美，周人继承殷商把青铜器作为朝廷重器、宗庙祭器；但据金文，西周的铜器多为受赐策命而作，到西周中叶，又多为个人纪功祝寿之作，铜器失去了威仪性，失去了神圣性，失去夏商以来青铜器的文化功能，其器上的纹饰图像也更加工艺化、世俗化。表现出夏商周三代文明从神本走向人本的历史文化特征。

朝代的更替影响着青铜纹饰艺术，青铜纹饰的变化正体现着时代的文化更迭，周代较之商代，更为理性，人文精神更强，这也表现出中华早期文明的历史进程中神权世界的衰落，表明一个时代的即将结束，一个新时代——更富人文精神的中华文明史的新时代的开启——由神权古国转型为人文王国的时代开始了。

---

① 《逸周书·文传解》。
② 《礼记·表记》。
③ 参考程一凡《中国考古学中的静动异同》，《中原文物》2004 年第 2 期。

十、西周王朝的覆亡,开启了中华文明史上的一个新时代

"普天之下,莫非王土;率土之滨,莫非王臣。"①西周王朝为天下之共主,一朝灭亡,其经济政治、思想文化均发生重大变化。

西周王朝灭亡,中华历史进入春秋战国时期,春秋战国是一个王朝衰落、王权没落的大动荡、大变乱的时代,与社会动荡相伴随的思想世界也发生大动荡、大变异的时代,这又是一个打破三代的神权统治,由神本向人本过渡的时代,一个思想文化解放的时代,一个中华文化辉煌的时代,一个产生思想文化巨人的时代。

1. 经济形态发生重大变化

周代的特征是一切生产资料均为王室所有(殷代也是这样),所谓"普天之下,莫非王土,率土之滨,莫非王臣",一切农业土地和农业劳动都是王者所有,王者虽把土地和劳力分赐给诸侯和臣下,但也只让他们有享有权而无私有权。

春秋战国之交,实是中国封建社会的转化时期,由封建社会初期转入地主封建社会时期。推动这生产关系转变的主要原因是生产力的高涨。宋朝人已经看出这种事实。《玉海》卷一七八引周必大的话说:"疑耕犁起于春秋之间。孔子有犁牛之言,冉耕亦字伯牛。《月令》出土牛,示农耕早晚。贾谊《新书》、刘向《新序》载邹穆公曰:'百姓饱牛而耕,暴背而耘。'"牛耕和铁器有密切关系。杨宽先生在《战国时代的冶铁手工业》②一文内,曾经有过叙述:

> 在中国春秋战国时代,是个生产比较发达的时期。这时生产力的发展,首先是从生产工具的变更和发展上开始的。这时由于金属的制造工具的改进和冶铁鼓风炉的发明,使得冶铁手工业有了发展,使得铁制的生产工具逐渐普遍应用于农业和手工业的生产,从而使得生产力有了进一步的提高。

---

① 《诗·小雅·北山》。
② 见《新建设》1954 年第 6 期。

农业工具改进了，生产力有所提高，自然会要求扩大耕地面积，而原来的方田区划遂有改革的必要，这种改革首先表现为休耕法及三圃制的实行。"自殷周以来的土田都是国有或王有的公田"，而在西周末年开始有了私田（即下级贵族运用奴隶劳动在"公田"之外所开垦的）。这样终于被迫"把传统的公田制打破，而公开承认私有，对于私田一律课税。这样便是社会制度的改革"。鲁桓公十五年的"初税亩"便是这样一种改革，它确是井田制的死刑宣布，私有土田的地主在这时依然靠奴隶劳动，但地主阶级便从这里逐渐地蜕化了出来。①"初税亩"覆亩而税，推翻了过去以农民助耕公田谷物为财源的旧制度，创造了以土地面积为根据向田主征税的新税制。郑国子产的改革可为当时改革的代表。

（1）作封洫，制丘赋。在西周末年，已经出现了私有田地，破坏着奴隶主贵族所有的"井田制"。子产的"作封洫，制丘赋"，就是编定私有田亩，公开承认私有，对于私田一律课税。

春秋时代，列国先后发生了下级贵族向地主蜕化和商人私人占有田地的事实；在土地所有制上正是由奴隶主贵族所有（即所谓"王有"或"国有"）向封建的地主私有转化；这时的阶级斗争除了表现于奴隶暴动和逃亡以外，最尖锐的就是地主商人和奴隶主贵族的斗争。

子产的"作封洫，制丘赋"和鲁国"初税亩"一样，就是把私田编制起来，划定界限，确定私有权，对私有田地一律课税。而"子产作丘赋，国人谤之"，"舆人诵之"：

> 从政一年，舆人诵之曰："取我衣冠而褚之，取我田畴而伍之；孰杀子产，吾其与之！"及三年，又诵之曰："我有子弟，子产诲之，我有田畴，子产殖之；子产而死，谁其嗣之？"②

"伍之"就是编定私有田亩，"取我田畴而伍之"，"我田"当然是私田了。开

---

① 见郭沫若《十批判书》，人民出版社 1954 年版，第 43～47 页。
② 《左传》襄公三十年。

始"舆人"很反对,说有人要杀子产的话,他们起来帮助;过了三年,就表示非常满意了。这当然不是把私田收归"公有",而是承认私有,对私田一律课税。"舆人诵之"说:"我有田畴,子产殖之。"这不是说私田的私有权得到了正式承认吗?①

金属工具的使用,生产力提高了,促进了生产方式,改变了生产关系,土地私有化发展,改变了历史进程,经济基础发生了根本性的变化——土地国有,来于原始氏族社会,进入文明社会仍沿袭土地国有制度。

中华早期文明社会和夏商周三代均是土地国有制,是为它的经济基础;土地私有改变了旧的经济基础——生产方式、生产关系发生根本性变化,必然推动新型社会的产生,并影响上层建筑和意识形态的大变化。

(2)"不毁乡校"——"以论执政"。

(3)"制参辟,作刑法"——铸法令条文于鼎,公之于众。"游于乡校,以论执政",发布成文法,以法制代替礼制。在经济领域、政治领域,改造神权世界,创造赋予人文精神的新世界。

土地改革成为春秋战国的一个时代思潮。《左传》曾经指出:

> 子产使都鄙有章,上下有服,田有封洫,庐井有伍。大人之忠俭者,从而与之,泰侈者因而毙之。②

他的设计也实在是一种"变法"运动,杨向奎先生指出:"当春秋战国之际谈变法者,主要是希图增加农业生产,管仲如是,子产如是,李悝如是,商鞅也如是。"子产的改革项目中有"田有封洫,庐井有伍",这可以肯定的地方是:一、子产改进了沟洫水利的设施;二、子产把农民重新组织起来。在改进沟洫制度方面是否包括休耕制的问题,不能论定,但也不能说完全没有。到战国时候,这种改革更加彻底了。魏文侯时代,李悝在魏曾经"尽地力之教",他的具体办法虽然没有传下来,但也"不外乎提高土地单位面积的生产

---

① 关锋、林聿时:《春秋哲学史论集》,人民出版社1963年版,第216~217页。
② 见《左传》襄公三十年。

量"。① 而主要的还是商鞅在秦的改革,《汉书·食货志》说:"及秦孝公用商君,坏井田,开阡陌。"又《汉书·地理志》说:"孝公用商君制辕田,开阡陌。"两篇记载稍有不同。《史记·商君列传》也说:"为田开阡陌封疆"。合在一起,商鞅的改革是:"坏井田,制辕田,开阡陌"。这是不矛盾的三种工作。"井田"是村社耕地制度,是较原始的沟洫封疆制度,每一农夫百亩,而因生产力提高的结果,农民的耕种面积扩大,原有井田制的局限性已经不合时代的要求,于是要"坏井田"。破坏了井田制度,扩大了农民的耕种面积,同时还实行在东方已经实行了的辕田制。井田破坏了,原来田中的阡陌,自然没法保存,于是要"开阡陌",也就是"决裂阡陌"的意思。这些举动,比春秋时代东方各国耕种技术的改革为彻底,这不仅是农业技术上的改革,而说明着某些生产关系上的量的改革。还有一点可以指出,商鞅改革以后的秦国田亩制度和东方各国有了不同,东方各国并没有废除旧的阡陌,一直到秦汉时代,田亩制度还是原来的百步为亩的制度,这在历史上叫作"东田","东"的意义,在历史上讲应指齐国一带地方。这是一个不应当忽视的问题,因为东田与西方的田亩不同,可以看出商鞅变法表现在土地方面的具体措施,同时也说明就此而论,东方的发展落后于西方一步。

"东田"是指秦变法以后六国的田地,六国以百步为亩,秦以二百四十步为亩,汉都长安、关中一带,当因秦亩,东方各国则仍六国之旧,然而随着生产的发展,秦亩逐渐取得优势,到汉武帝时遂尽改东田,天下全是秦亩,秦亩也就是汉亩了。②

2. 士阶层的兴起

夏商周三代处于神权的世界之中,夏商周三代更替,王权衰落——王官失守,学术下移,使得三代天经地义的思想观念失去了它的权威性,时代变化,要求建立新的思想、新的知识体系,而被三代及巫觋独占的思想、文化、知识下移,出现了不同于巫觋的新的文化人,统一的思想观念随着王权衰落、王官失守、知识下移而分化,而产生士阶层、集团及其代表人物,"百家之

---

① 见《中国的奴隶制与封建制》,第170页。
② 杨向奎:《中国古代社会与古代思想研究》,上海人民出版社1962年版,第76~78页。

学时或称道之……道术将为天下裂。"①

春秋战国是一个社会大变动的时代,即上层贵族的衰落、下降,下层庶民地位的上升。"虽吾公室,今亦季也。……栾、郤、胥、原、狐、续、庆、伯降在皂隶,政在家门,民无所依。"②这是叔向论晋国贵族的衰落,栾、郤等八氏中栾、郤、胥、原、狐五氏皆卿,余三氏皆大夫,本皆姬姓;政在家门——指韩、赵诸氏专政。"社稷无常奉,君臣无常位……三后之姓,于今为庶。"③三后:虞、夏、商,指一切亡国的公族子孙。社会大变动,促使旧制度、旧秩序、旧结构发生变化,即所谓"礼崩乐坏"。"士农工商为之四民,其说始于《管子》。"④"古者有四民:有士民、有商民、有农民、有工民。"《春秋·穀梁传》成公元年何休注:"德能居位曰士。范宁云:学习道艺者,是以为之。"对此,余英时先生指出:"值得注意的是这里出现了士民这样一个新的名词,把士的社会身份正式地确定在'民'的范畴之内,这是春秋晚期以来社会变动的结果。由于贵族分子不断地下降为士,特别是庶民阶级大量地上升为士,士阶层扩大了,性质也起了变化。"⑤

3. 王官之学与哲学的突破

巫觋文化是一个时代文化生态的基本形态、基本文化模式。它是由尧舜禹汤文武时期巫觋创造的,其基本内涵表现为:

(1)中国是世界上最早创建天人合一、天人同构的宇宙认知体系的国度,"中国古代文明的一个可以说是令人瞩目的特征,是从意识形态上说来是在一个整体性宇宙形成论的框架里面创造出来的。中国古代文明是一个连续性的文明。"⑥巫政结合、政权不分,巫觋掌握"绝地天通"——沟通天神的大权,王权与神权统一,从而构成了具有中华民族文化特点的东方式的天人合一的宇宙形成观念,"由巫而史而为王者的行政官吏,王者虽为政治领

---

① 《庄子·天下》。参考葛兆光《中国思想史》第二卷,复旦大学出版社 2002 年版。
② 《左传》昭公三年。
③ 《左传》昭公三十二年。
④ 顾炎武:《日知录·士何事》。
⑤ 余英时:《士与中国文化》,上海人民出版社 1987 年版,第 20 页。
⑥ 张光直:《中国青铜时代》,三联书店 1999 年版,第 487~488 页。

袖,同时仍是群巫之长"①,由此构成中国的政治生态结构。

（2）观象授时是天人同构宇宙认知体系的一个总原则。观察天人,认知宇宙,用以掌握物候时序,用以指导与管理社会生活与生产,使之与人间社会秩序化对应起来,使国人从神秘思维迷圈中解脱出来,走向理性认知道路——敬授民时的人文精神,成为中华文化传统,成为中国文化生态学史的核心,为历代承传。

（3）王者、智者、巫者三位一体的上古政治生态结构,构建了以政治权力、宗教权力集于一身的国王为中心的金字塔式的社会生态结构,以血缘宗法为纽带的官僚体制与"协和万邦"构成的多层次的政治生态结构;日月星辰,敬授民时的互动式的天人同构构成宇宙时空结构——这种三维立体结构模式就构成了中华早期文明的基本特征,构成中华文化生态学的创生期的基本文化形态。

（4）《尚书·尧典》开启了天与人的认知体系,《尚书·禹贡》则开启了人与地的认知体系——自有文字以来首次认识山川水土之性、自然地理环境与社会生产生活的关系。从此,人们从万物有灵的神秘观念世界中解脱出来,从充满天神地祇人鬼的宗教迷雾中走出来,还大自然（山川土地）以本来面目,这表现了人类对自然界的理性认知,增强了人文力量——适应、利用、改造的力量,体现了以人为主体的新的天人关系、人地关系——新时代的文化生态观。

"夏道遵命,事鬼敬神而远之。近人而忠焉。先禄而后威,先赏而后罚,亲而不尊。其民之敝,蠢而愚,乔而野,朴而不文。"②这是孔夫子对夏代文明特征最精辟的概括。夏禹继承尧舜的天人同构、人地同构的宇宙观念,仍处于巫史文化时代,由氏族血缘制发展为宗族制度,实行九州——按地域构成社会结构,而每一州成为一经济的文化的类型,再加上诸侯与夷狄族群,形成极具地方个性的文化类型;而九州由中央王朝直接统摄,九州涉及东齐海岱、宋鲁陈卫、秦晋以及南楚江湘等四大方言区;经济、文化、语言、民族共同作用,形成共同的心理结构;这就构成了多样化的文化类型和一元化的政治

---

① 转引自张光直《中国青铜时代》,三联书店1999年版,第476页。
② 《礼记·表记》,《十二经注疏》影印本,第1641页。

中心的夏朝文明格局。

从《尧典》到《禹贡》，可以看到中华早期文明的发生发展的演进过程。由部落联盟酋长而为国王与群巫之长——政治权力与宗教权力于一身，以氏族血缘为纽带的家族制度而为宗法制度；部落酋长的更迭制——王位禅让制进而为家天下；以人文地理的行政区划构成社会结构，以贡赋制为基本形式构成以中央王朝为中心的国家政治(统治)体系；以"赐土、姓"——赏赐土地、分封诸侯(构成大宗、小宗的姓氏谱系与等级秩序)、建立官僚制度，构成王国政治结构，取代部落酋长议事制及其残余；以天人同构、人地同构，构成宇宙空间认知体系——宇宙观。这当是中华社会文明的早熟性所形成的中华早期文明的基本形态，是中国文化生态学的一个基本模式——"家天下"，也当是中华早期文明的基本特征，它们成为定式，决定性地影响着古代中国文明史的发展道路。

综合上述，《禹贡》所涉及的人与地关系的科学内涵可以概括为：其一，注意到了人文生态与自然生态环境存在相互影响与制动关系；其二，自然环境与人文文化发展存在不平衡关系，人的创造力、人文力量往往会突破自然环境限制，形成"天行健，君子以自强不息"的文化传统；其三，尧舜禹的文明王国的出现与发展，从天人关系到人地关系的理性认知体系的形成，正表现了中华人文文化发展的历史连续性和由以中原为中心向周围辐射延伸产生的早期文化生态学史的基本特征。

4. 以德治国的战略观念

德是一个古老的观念，甲骨文有德字，字作一大眼睛，眼睛上有一竖线，左右标道路：(四期甲2304)(一期粹240)(一期戬397)，像人瞪大眼睛直视前方，心有所得，走在直道上。故目正、心正、走在正路之谓有德之人。后又标以直心之谓德。《说文》："从心旨声，外得于人，内得于己也。"从直心，直，金文目形，目上有一竖线。是知德之谓目正、心正、路正，当系标示人之本性、人之属性，正揭橥中华文明和中华生态的人文认知本源。《尚书·洪范》："无反无侧，王道正直。"正直连用，正标示德之本义，王道正直显系中华文明伊始的社会基本法则和共同认知。德之为社会法则来源于氏族社会，用以调整以血缘为纽带的氏族内部关系，并用以要求与监督氏族酋长的行为规范。后为文明社会所继承、延续与发展。

周文王、周武王、周公和成王时期，周人创造了新时代下的道德观念。他们提出崇德、敬德思想，并把它与天命联系起来、与王权联系起来，创造出天命观、道德观连为一体的思想文化观念，成为西周王朝思想信仰体系的核心部分。

周人把君主的人格立德提到崇德、敬德的高度，是中华文明在国家制度建设方面的一大创造。君主立德、崇德、敬德是周人建国、治国的重要战略构想，也为西周长期统治天下奠定了理论基础，成为周代国家制度观念的重要思想，同时也是对殷商灭亡历史经验的总结。

周人正是从上古夏商，尤其是夏商兴亡史中总结出一个历史规律，一个人类发展的大道理：人类的历史就是一部尊天敬德史，一部敬德保民史，无论大国小国概莫能外，均受这一规律制约。将君王的德行、民众的力量提到一个历史的新高度，既重天威，又重君德；既重君德，又重民心。天人关系，天、君、民关系做了新的协调。这是新的历史发展观，新的文化生态观，呈现出强烈的人文精神和鲜明的理性色彩。

周人还在国家君主的行为规范上提出"德教"观、"和德"观。这样德教就成了国家大法、社会规范和君王的行为规范。对此，周武王充分认识到它的意义与价值："允哉！天命明侧侧，余知其极有宜。"这太好了！天命诚恳实在，我知道治国最正确的标准和法则了。"乃召昆吾，冶而铭之金板，藏府而朔之。"使之成为西周王朝的国家大法，指把它冶铸在铜板上，以便君王每月朔日阅读，并为历代所遵守。

《周书》中对国家行为、君王行为做了极为繁复而多方面的规范，"殷鉴不远"，"于忧兹难"，正是在总结前代兴亡的历史经验基础上，把德教——尊天敬德观念作为国家行为规范与君主行为规范，也成为一种监督力量和评判的标准而成为一种定式。"王其德之用，祈天永命"。天命、敬德、王权、民心就成为周初思想信仰体系中的内在的不可分解的生命链条。

到周公时代，他们把天命观与德政观体系化，既因之构成争夺政权的战略观，又构成上古夏商历史演进的历史观，并使之具体化为国家建设时期的国家行为规范与君王行为规范，充分发挥了人的主观能动性，呈现出人的自我努力可以争得天命、改变历史的历史动力学的根源的意识,表现出强烈的人文精神。德政思想就在天命观之外,构成了西周王朝思想信仰体系的又一核心支柱,构成了一个时代的以华夏为中心的文化生态学体系。

德政与天道、人道的关系,把社会伦理关系提到哲学高度,成为周人宇宙观中的有机组成部分,成为君主立身行事的最高准则,使君主的政治行为具有规范性与伦理性,这是《周书》的重大理论贡献。

在这个时期中,"道"与"德"是分立的,前者属哲学范畴,后者属伦理学、社会学范畴。这种分立形态一直延续在古代中国的全部历史中。《老子》中《道经》《德经》分别立论。孔子把"道"放在至高地位,"志于道,据于德,依于仁,游于艺"①,德、仁、六艺是达到道的途径和手段,道是人类追求的最高境界。晚周已出现"道德"概念,但它仍侧重在德仍属伦理学、社会学的概念,而不包含"道"这个概念内涵,道仍是一个独立于众意识形态之上的哲学宇宙观。

《周书》中的德政观念是周文王、武王与周公将上古夏商关于德观念体系化为德统,并以之成为争夺政权、巩固政权与建设政权的有力武器,与天命观相互作用,成为西周王朝思想信仰体系的核心,把人和人的思维观念的创造作为历史动力学与文化动力学的中心,呈现出强烈的民本意识与鲜明的人文精神,为中华文明从早期阶段进入高级、更成熟阶段准备了条件、奠定了基础。这就是我们对所谓王官之学的内容的理解,这个王官之学是指中华早期文明(新石器时代及夏商周)的一个历史时代的思想文化及文化生态学的创造与建设。到西周时期,进行总结、整合,并进行了新的创造,把它们体系化,成为国家君主的行为规范,成为国家大法,成为一个时代的思想信仰体系和文化生态学体系。

周公等将这些思想信仰体系总结整合在《周礼》《礼记》《仪礼》之中,成为国家大法,并规范化、制度化在国家政治社会诸方面之中,成为一代礼乐文化,成为一个时代的文化生态学。

但是,西周王朝的灭亡,这一切均发生了巨大变化。其一,从尧舜禹汤

---

① 《论语·述而》。

文武形成的华夏中心观、中央王朝中心观，失去了权威性，对王朝、对历史的认知需重新解释；其二，"绝地天通"，神权独占，王权源于神权及其巫王结合的文化模式发生变异，巫觋等第一代文化人已逐渐失去魅力，新型文化人已露端倪；其三，王官失守，知识下移，统一的思想文化局面为"道为天下裂"局面所取代。正如葛兆光先生指出的："'道术将为天下裂'，这并不是一个悲哀的结局，而是一个辉煌的开端。"①

前代巫觋作为中国文化的第一代文化人，其文化人的身份是作为王官、王师出现的，其所宣传的"道"，是为王者解疑、辅弼，是树立王者的权威、政权的合理性，是巫者借传达上天意志以维护政权，其本人没有独立性，是人道符合天道——这种思想文化与权力的结合极大地影响着中国思想文化人的发展，前代文化人的王师身份，其所关注的是国家文化学、君主文化学，很少能独立思考更高级的方面，如宇宙、人生、社会等诸方面，知识者、思想家摆脱了权力的强制与束缚，"士阶层的崛起与独立，士的思想崛起与独立，才演成了春秋战国时代最为辉煌的百家争鸣。"②这是一个脱离神权与王权思想大解放的时代，是中国文化史上文化生产力大解放的时代，是中国文化生态学史上最富创造性、最具活力、最富人文精神的时代，是产生文化巨人的时代。

新时代的文化人摆脱了前代的神学与强势，继承并发扬了前代刚刚露头的"以道自任""士志于道"的传统，造成王官之学与哲学的突破的伟大局面。

5. 礼崩乐坏与诸子之学

(1)西周中叶礼制之被破坏

礼乐文化是从尧舜禹汤文武所建的礼仪习俗文化集大成者，礼俗的规范化、制度化均在实行并不断总结，它是一个时代的文化生态模式。西周人总结之谓《周礼》《礼记》《仪礼》，它们带有三代以来的鲜明的时代性。

据查，在西周王朝的厉王时期（前995—前977）"昭王之时，王道微起，无乃废先王之训，而顿乎一自是荒服者不至"。"懿王之时，王室遂衰，诗人

---

① 葛兆光：《中国思想史》第一卷，复旦大学出版社2004年版，第82页。
② 葛兆光：《中国思想史》第一卷，复旦大学出版社2004年版，第82页。

作刺"。厉王时,"王行暴虐侈傲,国人谤王……于是国莫敢出言,三年,乃相与畔,袭厉王。厉王出奔于"。"宣王不修籍于千亩","宣王不修亲耕之礼",幽王"申侯怒与缯、西夷犬戎攻幽王……遂杀幽王。"西周亡。①

"平王之时,周室衰微,诸侯强并弱,齐楚秦晋大,政由方伯"。② 西周王朝的衰弱,礼崩乐坏,是从昭王就开始了,"昭王德衰,南征,济于汉,船人恶之,以胶船进王,王御船至中流,胶液船解,王及祭公俱没于水中而崩。其右辛淳靡长臂且多力,游振得王,周人讳之。"③昭王南巡,征荆楚,南巡造成南方群众的不满与反抗。《左传》僖公四年记"昭王南征而不复";《吕氏春秋·音初》:"周昭王亲将征荆……还反涉汉,梁败。"(梁,桥也,指船之倾覆。)"昭王十九年春,有星孛于紫微,祭公辛伯从王伐楚,天大曀(天色阴沉而多风),雉兔皆震,丧六师于汉。"④"昭王十六年,伐楚涉,遇大曀。"⑤《竹书纪年》:"周昭王末年,夜有五色光贯紫微。其年,王南巡不返。"屈原《天问》:"昭王成游,南土爰底,厥利惟何,逢彼白雉?"《水经注·沔水》:"沔水又东左桑,昔周昭王南征船人胶舟以进之,昭王渡沔,中流而没,死于是水。齐楚之会,齐侯曰:昭王南征而不复,寡人是问。屈完曰:君其问诸水滨。庚仲雍言:村老云百姓佐昭王丧事于此,成六礼而行,故曰左丧,左桑字失体耳。"⑥

周昭王南巡征伐荆楚,引起楚人不满与反抗,才有了胶舟以进,中流而没,当地人为之办丧事埋葬,名其地为"佐丧"——"左桑"。因昭王南巡不返,是当时大事,上天示警,雉兔皆震恐,故有遇大曀、获白雉等传说。

据查,昭王两次征伐荆楚,十六年之南征颇有所获。

又查《左传》僖公四年(前 656 年),齐桓公以诸侯之师侵蔡,蔡溃,遂伐楚。楚成王(前 671—前 626)兴师问曰:"何故涉吾地?"管仲对曰:"……尔贡苞茅不入,王祭不共,无以缩酒,寡人是征。昭王南征而不复,寡人是问。"对曰:"贡之不入,寡君之罪也,敢不共给? 昭王之不复,君其问诸水滨……"

---

① 《史记·周本纪》。
② 《史记·周本纪》。
③ 《史记正义》引《帝王本纪》。
④ 《竹书纪年》。
⑤ 《竹书纪年》。
⑥ 《水经注》卷28,上海古籍出版社 1990 年版,第 558 页。

最后以屈完及诸侯盟。《史记·齐太公世家》亦记此事。

这里指出楚人之"贡苞茅不入，王祭不共，无以缩酒"的罪行：一是不缴纳贡物，二是影响祭祀大典，但更严重的罪行是"昭王南征而不复"。杨伯峻于此注之："贡不入，罪小，故认改；昭王不复，罪大，故推诿。"杜预注云："昭王时，汉水非楚境，故不受罪。"史实是荆楚已逐渐强大，早已破坏了西周王朝的贡纳制度。《韩非子·外储说左上》："仲父曰：必不得已，楚之菁茅不贡天子三年矣，君不如举兵为天子伐楚……"管仲已指出楚人早已不遵守贡纳制度了，这应是昭王南征荆楚的主要原因。

查楚史："熊渠生子三人。当周夷王（前 869—前 858 年）之时，王室微，诸侯或不朝，相伐。熊渠甚得江汉间民和，乃兴兵伐庸、杨粤，至于鄂。熊渠曰：我蛮夷也，不与中国之号谥……"①楚人力量壮大，势力膨胀，自认蛮夷，不遵守王朝的典章制度，成为春秋五霸、战国七雄之一，"南夷与北狄交中国不绝若线"，决定性地影响着中国的文化生态局势与格局。

周昭王南征而不复，与虞舜"南巡狩崩于苍梧之野"，是历史的一再重演。虞舜南巡狩，是征三苗征丹朱；周昭王南征是征荆楚，均是文化冲突与文化生态冲突，其结果是一样的，应从中总结历史经验教训。

西周王朝衰败与最后的倾覆，是一个历史过程，物必自腐而后生，是从内部开始的。王朝的崩塌，礼崩乐坏，随着基础的动摇与败亡，上层建筑意识形态也随之发生巨大变化，这给新时代思想文化大解放带来契机。它表现为思想文化观念的巨变，礼乐制度的巨变，也表现为文化生态的巨大变化。

西周王朝的覆亡，统一的华夏文化中心观、王朝文化中心观和文化生态格局发生了变化——一改统一性，由此，一元性裂变为多元性。诸子时代到来了，多元的文化生态格局出现了，一个极具活力的文化大解放的时代到来了。

春秋时期礼崩乐坏，其表现种种：

①"荒服者不至"是朝贡制度的破坏；

---

① 《史记·楚世家》。

②"二女奔之""王御不参一族",婚姻制度之被破坏;

③夷王下堂迎诸侯,君臣朝觐之礼被破坏;

④邵公谏厉王弭谤,谏箴言之礼被破坏;

⑤"宣王即位,不籍千亩",籍田制被破坏;

⑥宣王立幼、晋献公之杀太子申生,除灭群公子而立奚齐;

⑦摒弃亲亲尊尊之道,杀嫡立庶,篡杀相寻,自宣王始。①

礼崩乐坏表现不止这些方面,三代礼乐制度逐渐地一点一滴地一步步地走向崩溃。叶落知秋,这种渐进的崩坏进程,是不可逆转的,它标志着一个时代的终结,神权社会的终结。礼乐制度的动摇破坏使文化生态格局发生重大变动,从统一的一致的生态文化转向多元的多样的生态文化,一个新的文化生态学时代到来了。

(2)从天人合一到天人之分——宇宙观念的大变化

西周王朝的覆亡,诸侯割据的地方力量兴起,政治生态格局的大动荡,决定性地影响着文化生态格局,中国文化生态学史进入一个最为活跃、最为辉煌、最具活力的思想文化时代——诸子时代。这是一个思想文化大解放时代、思想文化大变革时代。其首先表现为宇宙观念的大变化。

天人合一的宇宙观是中华先民从旧石器时代晚期产生并贯穿于新石器时代,并成为夏商周三代的宇宙观念。张光直先生说:"我再提出一个中国文明很重要的现象,即天人合一的宇宙观。普林斯顿大学研究中国思想史的牟复礼(P. Mote)教授说:'真正中国的宇宙起源论是一种有机物的程序的起源论。''即整个宇宙的所有组成部分都是属同一有机物的整体,同时他们全部以参与者的身份在自发自生的生命程序之间发生作用。'哈佛大学的杜维明教授说:'这个有机物性的程序是三个基本的问题:连续性、整体性和动力性。所有存在形式从一粒石子到天都是一个连续的组成部分。既然在这个连续体之外一无所有,存在的链子就永不会断,在宇宙中间一对物质之间永远可以找到它连续的关系。'天人合一的宇宙观是从史前继续下来的,是供给中国古代财富积累与集中的重要工具。这便牵涉到中国古代青铜器的

---

① 参考常金仓《周代礼俗研究》,黑龙江人民出版社 2005 年版,第 178～179 页。

问题。"①这是哲学的论述。简约地说，天人合一是社会发展到一定阶段时期对天人关系调整的产物。

"家为巫史"，人人都可通神，造成"民神同位""无有严威""神狎民则"，上天失掉严威，社会没有秩序，"祸灾荐至，莫尽其气"，给社会带来灾祸，造成严重危机。政权更迭，社会发展，需要新社会秩序，需要在天人关系上有所调整、有所改造、有所突破，突破"家为巫史"的无序状态，变无序为有序，并在前代宗教文化的基础上进行整合，有所吸收，有所扬弃，这就出现了"命南正重司天以属神，命火正黎司地以属民，使复旧常，无相侵渎，是谓绝地天通"的宗教大改革运动。改革的核心是少数人独占神权。独占神仅是为了突出王权，加强王权，为王权神授制造理论，制定宗教礼仪制度，使祭祀礼仪制度化，用以为王权服务。这种改革推动宗教文化由低级向高级发展，"宗教是最原始时代从人们关于自己本身的自然和周围的外部自然的错误的最原始的观念中产生的。但是，任何意识形态一经产生，就同现有的观念材料相结合而发展起来，并对这些材料作进一步的加工，不然，它就不是意识形态了。"②

从低级的原始巫术的阶段晋升到比较高级的宗教是人类知识演进的必经之路，"绝地天通"的宗教大变革是中华思想文化史的一大进步，是中华宗教文化史的重要阶段。"绝地天通"，由少数人掌握人与天的关系大权，这些人成为地上的人与天上的神沟通的中介，由他们传达上天的神谕，也由他们构成了新的天人关系，创造了天人合一、天人同构的宇宙观念。这既表示为宗教与政治结合为一，掌握宗教沟通天地之权的即为帝王，即掌握了政治权，命令、指挥南正重、火正黎（他们是群巫之长）的颛顼高阳氏则为大宗教主、人王、天帝之子。帝王的政治权力来于对神权——沟通天地之权的独占。"更高的即更远离物质经济基础的意识形态，采取了哲学和宗教的形式。"③天人合一宇宙观念就是产生在"绝地天通"的宗教文化的行为与观念之中，天人合一、天人同构、天人一体，大地上的一粒沙石到广漠星空的一颗

①　张光直：《中国青铜时代》，三联书店 1999 年版，第 475 页。
②　恩格斯：《费尔巴哈与德国古典哲学的终结》，《马克思恩格斯选集》。
③　恩格斯：《费尔巴哈与德国古典哲学的终结》，《马克思恩格斯选集》。

星宿、一粒尘埃均是宇宙连续体的一个组成部分,天人合一宇宙观是古代中国政治观念、政权观念以及社会财富垄断观念的集中体现。这就构造了中华古代思想文化信仰体系,统摄着中华古史的始终。

这种天人合一的观念要依靠巫觋手持玉器、青铜器等礼器法器工具与天地沟通实现的。这种天人合一的信仰体系随着西周王朝的覆灭而动摇,王权的衰落,无上权威的昊天上帝观念也动摇了,一个新的从神本向人本过渡的时代到来了,一个天人之分的时代来临了。

"天道远,人道迩,非所极也。何以知之?灶下焉知天道,是亦多言矣?岂不或信?"这是公元前 524 年郑相子产的话,前一年"冬,有星孛于大辰,西及汉……天事恒象……火出必焉……"①彗星及于大辰(心宿二,大火星)其长尾光芒及于银河,鲁国大夫们认为是上天示警,大火星再出现,必布散为灾。昭公十八年夏五月,"火始昏见,丙子(七日),风,戊寅(九日),风甚,壬午,大甚,宋、卫、陈、郑皆火。"裨灶要求"若我用瓘斝玉瓒,郑必不火"——请用瓘斝玉瓒(大型玉器青铜器),用以祭神,禳除火灾;对此子产反对这样做——"自然之理幽远,人世之理切近,两不相关,如何由天道而知人道"。这是由于夏季大风而生大火的认识上的天人关系的大辩论,裨灶等仍坚持天人合一、天人同构的观念,而子产则提出天人之间两不相关的天人之分的新观念,这证明进入春秋时期人们的观念正在发生巨大的变化,逐渐从神本走向人本。"夫民,神之主也。"杜注:"言鬼神之情,依民而行。"②"妖由人兴也。人无衅焉,妖不自作。人弃常,则妖兴,故有妖。"③强调民众的主导地位,而鬼神妖怪均在民众的主导之下,国家的兴败,妖孽之兴衰,全在于人(民),这是新思潮,提高了人本观念,而制度的兴衰,国家的兴亡,不在天意,而在人为。这是对天人合一观念的悖论。

对神圣的昊天上帝的怀疑与指责,在《诗经》风雅中则可经常看到。"悠悠苍天,曷其有所","悠悠苍天,曷其有极","悠悠苍天,曷其有常"(《鸨羽》),"悠悠苍天,此何人哉"(《黍离》),对万能的昊天上帝的怀疑、指责、愤

---

① 《左传》昭公十七年。
② 《左传》桓公六年。
③ 《左传》庄公十四年。

怒,则是以前没有过的。昊天上帝权威的倒塌,标志着一个新时代的到来。

（3）神鬼、生死观念的大突破

上古世界是天神、地祇、人鬼统治的神的世界,而人的生死也在死生有命、富贵在天的神学氛围笼罩之中。在万物有灵的古老观念统摄上万年的文化生态中,随着政治生态的巨变,思想文化领域、宗教信仰领域均发生了巨大变化。

庄公三十二年(前661),"秋七月,有神降于莘。惠王问诸内史过曰:'是何故也?'对曰:'国之将兴明神降之,监其德也;将亡,神又降之,观其恶也。故有得神以兴,亦有以亡,虞、夏、商、周皆有之……'内史过往,闻虢请命,返曰:'虢必亡矣,虐而听于神。'神居莘六月,虢公使祝应、宗区、史嚚享焉。神赐之土田。史嚚曰:'虢其亡乎!吾闻之,国将兴,听于民;将亡,听于神。神聪明正直而壹者也,依人而行。虢多凉德,其何土之能得?'"①这时期的祝宗卜史对神鬼世界不再是依附者,而是解说者、评判者,神鬼能主宰世界,是"道而得神","不亲于民而求用,人必违之",民众的态度是决定性的,神鬼之用亦需要"听于民","依人而行"。

定公元年(前509)孟懿子会城成周,宋人主张"滕、薛、郳,吾役也"——欲使三国代宋受功役而引起争吵,宋人以山川鬼神来压服三国,"士伯怒,谓韩简子曰:'薛征于人,宋征于鬼,宋罪大矣,且己无辞,而抑我以神,诬我也。'"——薛有自己的人文历史,而宋却取证于鬼神,罪过大矣,宋人没有什么理由,只是以山川鬼神向我施加压力,用以诬蔑我、侮辱我。宋人以传统的山川鬼神施压,薛人并不接受,强调人文的力量高于大于鬼神力量。鬼神失去了昔日无上权威的地位和力量,人们的意识中更为强调"人"的力量、"民"的力量,时代思潮发生了巨大的变化。

古代,国之大事,在祀与戎,祭祀天神地祇人鬼是国家最主要的活动。在春秋时期,这种观念已发生了变化。"祭如在,祭神如神在。子曰:'吾不与祭,如不祭。'""子曰:'祗自既灌而往者,吾不欲观之矣。'""或问禘之说。子曰:'不知也;知其说者之于天下也,其如示诸斯乎!'"这是《论语·八佾》

---

① 《左传·庄公三十二年》,又见《周语·国语上》。

中记述孔老夫子对鬼神对祭祀所持的态度。

"子疾病,子路请祷。子曰:'有诸'? 子路曰:'有之。'诔曰:'祷尔上下神祇。'子曰:'丘之祷久矣。'"这是《论语·述而篇》记孔子有病求神祈祷的事。

季路问事鬼神,"子曰:'未能事人,焉能事鬼?'曰:'敢问死。'曰:'未知生,焉知死?'"这是《论语·先进篇》记孔子对鬼神生死的认识与态度。从孔子对鬼神观念的转变,从对传统观念产生怀疑,到提出新的观念,即从客观存在转向主观意识化,从崇信虚幻的鬼神转向人事化、人本化,对生死的神秘化转而为现实化,凡此种种,均表现为对古代传统信仰观念的怀疑思潮,表现为从客观到主观、从神秘到人事、从神本到人本的时代思潮的大转型。

这是一个思想文化大解放的时代,文化生产力大解放的时代,是中国文化生态发生巨大变化的时代,是出现文化巨人的时代。

(4)诸子百家文化派别述略

所谓诸子百家,言其多也,众也。诸子百家文化派别,战国及汉已多有综合与总结,可以从中探知当时代文化生态格局的变化。

《荀子·非十二子》是荀子对春秋战国以来十二个文化流派的批评,这十二子是:它嚣、魏牟;陈仲、史䲡;墨翟、宋研;慎到、田骈;惠施、邓析;子思、孟轲。十二子包含多家学派:它嚣,《韩诗外传》作范雎。《汉书·艺文志·诸子略》"道家略"有"公子牟四篇",荀子指斥其"纵情性,安恣睢,禽兽行,不足以合文通法;然其持之有故,其言之成理,足以欺惑愚众"。"任情性所为而活礼义",确中道家文化之要害。范雎为战国时的纵横家,与道家相去甚远。陈仲、"史䲡以廉直称名于史,其文自成一家",荀子斥之为"忍情性,綦谿利跂利苟以分异人为高,不足以合大众,明大分"。墨翟、宋研为墨家代表人物,荀子斥墨家"不知壹天下建国家之权称,上功用,大俭约,而慢差等,曾不足以容辨异县君臣。"对法家慎到、田骈的批评:"尚法而无法,下修而好作,上则取听于上,下则取从于俗,终日言成文典,及纠察之,则偬然无所归宿,不可以经国定分。"对惠施、邓析的名家批评:"不法先王,不是礼义,而好治怪说,玩琦辞,甚察而不惠,辩而无用,多事而寡功,不可以为治纲纪。"对孔子之后的子思、孟轲之儒家,批评其:"略法先王而不知其统,然而犹材剧志大,闻见杂博。案往旧造说,谓之'五行',甚僻违而无类,幽隐而无说,闭约而无解,案饰其辞而祇敬之曰:此真先君子之言也。子思唱之,孟轲和之,世俗之沟犹瞀儒嚾嚾然不知其所非,遂受而传之,以为仲尼、子游为兹厚于后世。是则子思、孟轲之罪也。"

荀子以《非十二子》名篇明确表达对当时各学派的批判态度。开篇即以"假今之世,饰邪说,文奸言,以枭乱天下,谲宇嵬琐,使天下浑然不知是非,治乱之所存者,有人矣"。荀子将此十二子的六大学派指称为"天下之害",要求"六说者立息,十二子者适化",认为"上则法舜禹之制,下则法仲尼子弓之义,以务息十二子说,如是则天下之害除,仁人之事毕,圣王之足迹著矣"。这暴露了荀子反对文化解放、思想解放,攻击诸子蜂起、百家争鸣为"邪说""文奸",为"天下之害",要求恢复前代的思想文化——法先王——"舜禹之制""圣王之迹",这显然违背了历史发展法则。

荀子以"舜禹之制、仲尼子弓之义"来规范诸子,攻击十二子——六家为邪说,但他所概括抨击六家的学说"要义",应该说是准确的,是可取的,说明这十二子——六家学说已有了自己的学说体系,在思想文化界已形成力量和影响,构成诸子蜂起、百家争鸣的局面,这当然给荀子等造成压力,而《非十二子》一文则显示春秋战国时期争鸣之风、论辩之风的大兴,并进而促进了文化大交流、大融合与大整合的文化生态大格局。

百家争鸣成了当时代文化发展的动力,也成了当时代的多元文化生态格局的动力,并成为中华文化史上的最富活力的一个宝贵的传统,一个时代文化发展的特征,影响及于后世。

《庄子·天下篇》是战国时期又一篇关于中国学术史、中国文化生态学史的重要著作。庄子将道术与方术作了区分:方术,指特定的学问,为道术的一部分;道术指洞悉宇宙人生本原的学问。庄子认为"天下人各为其所欲焉,从自为方"的百家之学就是其所谓的方术。"悲夫,百家往而不反,必不合矣!后世之学者,不幸不见于天地之纯,古人之大体,道术将为天下裂"——可悲呀,百家往而不返,必定和道术不能相合了,后世的学者,不幸不能见于天地的纯美,古人的合体;道术将要为天下所割裂。庄子认为百家之学是方术而不是道术,道术将要被百家之学所割裂。但从另一方面看,百家之学各执一端,在文化生态学史上各占一方,并在争鸣、交流与融合中,吸收、融合,逐渐由各执大端而汇成一大洪流——文化主体、文化传统,这应是中华历史文化生态学史的一个发展规律。

《天下篇》首论墨翟、禽滑釐的墨家学派,称赞"墨子真天下之好也,将求之不得也,虽枯槁不舍也,才士也夫!"认为墨子是具有救世才能之士,对墨子有所批评,亦有所肯定。

次评宋钘、尹文等名家学派,赞其"以禁攻寝兵为外,以情欲寡浅为内,其小大精粗,其行适至是而止"的"救世之士"。

三评彭蒙、慎到、田骈、稷下学派,"彭蒙、田骈、慎到不道,虽然概乎皆尝有闻者",这一学派虽然不明白大道,不过,他们都还听闻过道的概要。在这里,以古篇从彭蒙的近于道家的观点与庄子观点作比较而言之的。

四评关尹、老聃道家学派,称赞他们为"古之博大真人"。

五评庄周学派,"其于本也,宏大而辟,深闳而肆,其于宗也,可谓稠适而上遂矣。虽然,其应于化而解,于物也,其理不竭,其来不蜕,芒乎昧乎,未之尽者"。对庄周的学派认为达到道的最高点,永不枯竭,永不穷尽。

最后以惠施之名家做最后评论:"惠施多方,其书五事;其道舛驳,其言也不中"——涉及大小、高低、同异、穷与无穷、今昔南北等相对论、无穷论的论辩,把诸子论争提到一个哲学的新高度,推动了中国古典哲学的发展,是《天下篇》的一大贡献。《庄子·天下篇》对百家文化学表现为宏观性的评论,而且强调了"道术将为天下裂",指出战国百家之学的文化生态学的多元性时代特征。[1]

"南夷与北狄,中国不绝若线","周室微,诸侯力政,争相并。"王室衰微,诸侯割据,由割据而称霸,由称霸而称王,中国的历史由分裂而趋向统一;"道术将为天下裂"——政治上的分裂在意识形态领域表现为华夏文化中心论,王朝文化中心论的衰落,诸子蜂起,百家争鸣,由争鸣而交流、而交融、而整合,思想文化领域从文化生态多元化趋向整合、趋向综合。《吕氏春秋》《淮南子》等大型的综合性论著出世了。

---

[1] 参用陈鼓应《庄子今注今译》,中华书局 1983 年版。

《吕氏春秋》中之《十二纪》成书于始皇六年(前 241 年),《八览》《六论》则成于吕不韦迁蜀(始皇十年)之后,当由其门客完成。其《十二纪》后有《序意》一文,说:"凡《十二纪》者,所以纪治乱存亡也,所以知寿夭吉凶也。上揆之天,下验之地,中审之人,若此则是非可不可无所遁矣。天曰顺,顺维生;地曰固,固维宁;人曰信,信维听。三者咸当,无为而行。"则其主体思想为阴阳家说,其成书于各家各派之手,诸说杂陈,《汉书·艺文志》列在"杂家",《简目》云:"不韦人不足称道,而是书衰合群言,大抵据儒书者十之八九,参以道家、墨家,近理者十之一二,较之诸子为颇醇。"对此近人陈奇猷先生指出:"然阴阳家除其固有自然科学与鬼神迷信内容之外,于治国治民之要、哲学政教之论,则恒征取于诸家。儒墨名法农林小说之论,兼收并蓄;道德文黄帝之言,引用尤多;汇而成其家之言……吕氏既并存各家各派之说,故《汉志》入之于杂家也。"[①]

西周王朝覆灭,大一统分裂,诸侯割据,政治生态大分裂,造成文化生态大分裂——"道术为天下裂",在大分裂、大论争、大争鸣中,形成由诸子蜂起、百家争鸣的文化生态局面,特别是战国之七国争霸,南北、东西文化大交流、大碰撞,从而促进了思想文化领域的大碰撞、大交流与大融合,由分裂、争鸣、批判,走上相互融合、相互影响、相互渗透、相互吸收的道路,构成了中华文化的大融合、大综合的时代潮流。

《吕氏春秋》之所以以"征取于诸家""引用尤多"的综合性论著的面目出现,正是文化生态学史发展的时代产物、时代结晶。这种综合性文化形态,为中华文化传统形成史上的一个重要阶段,为中华文化生态学史的发展起到了巨大作用。著名考古学家苏秉琦先生指出:"进入春秋时期以后,大致在包括江、淮、河、汉四大水系范围内,列国在文化面貌上的接近,从考古文化学视角观察,已达到空前的程度,民族文化的融合已突破六大区系的分野,这就为战国时期的兼并和秦的最终统一做好了准备。所有这一过程,都不是由中原向四周辐射的形势,而是各大文化区系在大致同步发展的前提下,不断组合重组,形成在六大区系范围内涵盖为大致平衡又不平衡的多元

---

① 陈奇猷:《吕氏春秋校译·附录考证》,学林出版社 1990 年版,第 1891 页。

一体格局。"①考古文化学展示的"达到空前程度的民族文化融合"的大趋势和文化生态学史的诸子百家学派的大融合趋势是一致的,为我们认识这一特定历史时期的中华文化生态学史提供了充分的根据与理论基础。

《韩非子》的《显学》是另一种形态的文化综合。所谓显学,指著名学派,时代的主要学派。《显学》开篇即指出:"世之显学,儒、墨也,……自孔子之死也,有子张之儒,有子思之儒,有颜氏之儒,有孟氏之儒,有漆雕氏之儒,有仲良氏之儒,有孙氏之儒,有乐正氏之儒。自墨子之死也,有相里氏之墨,有相夫氏之墨,有邓陵氏之墨。故孔、墨之后,儒分为八,墨离为三。"当世的显学即指儒家、墨家两派,因其"徒属弥氏,弟子弥丰,充满天下"②,"孔、墨之后,显荣于天下众矣,不可胜数"。③ 此之所以孔墨为显学也,韩非认为儒墨"俱道尧舜,而取舍不同","今乃欲审尧舜之道于三千岁之前,意者其不可必乎?无参验而必之者,愚也;弗能必而据之者,诬也。"认为孔墨宣传三千年前的尧舜之道而不可参验,并认为其依据的尧舜之道,是愚蠢而诬妄,"愚诬之学,杂反之行,明主弗受也。"当权的明主不会接受这些愚诬之学和杂乱而矛盾的行为的。

将《显学》与《五蠹》联系起来考察,则韩非之大力批评否定儒墨就不只是学派之争、文化之争了。所谓五蠹指学派"法先王之诘者,带剑的游侠、服兵役者、商工之民——此五蠹者,邦之蠹也。人主不除此五蠹之民,不养耿介之事,则海内虽有破亡之国,消灭之朝,亦勿怪矣。"韩非的"五蠹",实际是从文化形态到社会形态,全面否定夏商周,尤其对西周王朝的否定,并大力批判"今有美尧舜汤武禹之道于当今之世,必为新圣笑矣"。他主张"是以圣人不期修古,不法常可,论世之事,因为之备"。强调政治创新,思想创新,文化创新。韩非的政治主张:"故明主之国,天书简之文,以法为教;无先王之语,以吏为师;无私剑之捍,以斩首为勇。是以境内之民,其言谈必执于法,动作归之于功,为勇者尽之于军。是故无事则国富,有事则兵强,此之谓王资。既畜王资而承敌国之釁,超五帝侔三王者,必此法也。"

---

① 苏秉琦:《中国文明起源新探》,辽宁人民出版社 2009 年版,第 82 页。
② 《吕氏春秋·尊师》。
③ 《吕氏春秋·当染》。

大力批判儒墨显学,大肆否定三代以来的社会形态和文化形态,用以校正文化生态学史的走向,寻找新的社会发展方向,寻找治国治民之道,摆脱儒墨的文化垄断,树立法家学派,为新的政治形态——中央集权的政治形态、为新的"圣主"大造舆论,这是另一种百家争鸣模式,为另一种文化综合形态造势。韩非的主要观点为秦始皇所接受并成为秦王朝的社会形态、文化形态建设的重要思想理论基石。《史记》本传:"喜刑名法术之学,而其归本于黄老。"其书中有法家、道家、纵横家等学派观点。可知韩非亦是一当时代的文化综合者。

诸子百家的时代,是中华文化史上一个高峰的时代,是文化生产力大解放的时代,是中华文学史的最辉煌的时代,出现了一系列文化巨人,创造了多姿多彩的文化成就,把中华文化、中国文学推向了一个高峰。诸子百家争鸣成为文化发展的动力,构成了中华文化的精华,形成了极具民族特色的中华文化优秀传统,成为中华文化史、中华文学史上光彩夺目、永放光芒的一页。

6. 中华文化史的新时代——文史哲的新形态

春秋战国是中国文化史发生巨大改变的时代。

(1)文言革命时代

付道斌博士对春秋时期中华文化、中国文学的变化有深刻的论列:

经典的创立是"轴心时代"(前800—前200)中国文化的重要成果,而经典中潜藏着东西周语言变革的基本事实。两周文化在语言变革的基础上,实现了从"旧体文言"向"新体文言"的历史性变革。郭沫若最早指出了春秋时期发生的从古朴典奥的旧体文言向活泼生动的新体文言的转变,郭沫若认为这样的变革与五四时期从文言向白话的变革是一致的,可以称为"春秋时代的五四运动"。从现存的传世文献来看,的确存在着旧体文言与新体文言两种文化现象。《尚书》(西周以前文献)《易经》《诗经·颂》的语言风格虽然也曾经历过后人改动,但却基本保留了"旧体文言"的语言事实,是冷静的缺少感情表现的,文字是整饬的古奥的,修辞手段的运用也不丰富,句式是庄谨的缺少变化的,较少使用虚词;而以《易传》《国风》《左传》为代表的经典文献则是"新体文言"

的代表作品,其思想表达是充满情感的,句式是灵活多变的,修辞手段的运用是丰富多样的,叙述的逻辑线索更为清晰,大量使用虚词形成生动富于变化的语句形式。

《易传》又称十翼,是新体文言的经典之作。《易经》与《易传》的文字比较在语言风格上有明显区别,其本质是不同文言时代的作品。总体说来《易经》的文字,古朴紧促,较少情绪变化。而《易传》的文字,则流畅生动,变化万千,尤其是在情感的表现上,笔底含情,即使是哲学的论证,也情绪饱满,富有气势。①

钱基博先生说:"自孔子作《文言》,以昭模式,于是孔门著书,皆用文言。子夏序《诗》,以明六义,文言也;左丘明受经仲尼,著《春秋传》,文言也;有子、曾子之门人,记夫子语,成《论语》一书,亦文言也;《礼记》有《檀弓》《礼运》两篇,皆子游之门人所记,亦文言也。"②虽然所列诸种著作的作者未必正确,但是诸种作品使用文言表达却是不可怀疑的。文言的经典意义还在于在言语异声、文字异形的春秋时代,文言体的创立,使得书面表达有了统一的文本,这对中国文化的统一和传播起了关键的作用。因此钱基博先生认为:"自孔子作《文言》,而后中国文章之规模具也。文言者,折衷于文与言之间。在语言,则去其方音俚俗,而力求简洁;而于文,则取其韵语偶俪,而不为典重。音韵铿锵以为节,语助吟叹以抒情,流利散朗,蕲于辞达而已。后世议论叙述之文,胥仍其体。自文言而益藻密,则为齐梁之骈体。自文言而益疏纵,则为唐宋之文。此其大较也。"③把整个中国文章的发源,全部追溯到《文言》一篇文字是片面的,但是以《文言》为代表的"新体文言"作品对中国文学史的深刻影响是应该肯定的。

(2)城邦哲学的体系性成熟

春秋时代以人的地位上升和神的地位下降为特征的哲学突破,为后来

---

① 付道斌:《诗可以观——礼乐文化与周代诗学精神》,中华书局 2010 年版《导论》15 页,下引不再注。

② 钱基博:《中国文学史》(上),中华书局 1996 年版,第 23 页。

③ 钱基博:《中国文学史》(上),中华书局 1996 年版,第 23 页。

哲学思想的发展开辟了广阔的道路。

城邦哲学的体系性成熟。"哲学"一词在古希腊那里是智慧的意思，哲学家便是爱智之人。而智慧是属于人的，只有人的价值和意义被发现被认识，才有真正的哲学和智慧。由于城邑文明的发展，城邦社会为春秋时期的哲学提供了成熟的土壤，使春秋时期的哲学进入体系性成熟阶段。发端于原始玄学的阴阳思想在春秋时代有了进一步的发展。阴阳是一种精神现象，也是一种物理现象，《国语·周语上》记幽王二年西周一带三川皆震，而周大夫伯阳父的解释就是"阳伏而不能出，阴迫而不能烝"，把世界解释为一种理性的运动，是与人类社会互动感应的。

春秋人提出了"和实生物，同则不继"的著名观点。这一观点是史伯与郑桓公议论朝政时提出的。[①] 所谓"和"是有差别的和，是无数事物交融于一体的和，而不是毫无差别、属于一类的和。依照史伯的理解，"以它平它谓之和，故能丰长而物归之。若以同裨同，尽乃弃矣。故先王以土与金木水火杂，以成百物。是以和五味以调口，刚四支以卫体，和六律以聪耳，正七体以役心，平八索以成人，建九纪以立纯德，合十数以训百体。出千品，具万方，计亿数，材兆物，收经人，行姟极。……声一无听，物一无文，味一无果，物一无讲。"在这个模式里，"和"是一个总的原则，而在这一总的原则下是万事万物的各具风采的特性。"和"是多元不是一元，是多极不是单极，因此在主张"和"的同时，他坚决反对"一"与"同"，因为那样的世界是单调的寂寞的。以这样的思想来理解世界，充分显示了春秋哲学海纳百川的气象。

值得注意的是史墨对历史的认识已不是一般的历史归纳法，而是历史的演绎法。他从"物生有两""有陪贰"的哲学命题出发，以抽象的哲学观念解释鲁国公室与季氏政治斗争的社会现实，最后又归结于对《周易·大壮》卦象的解释，这样属于巫术之书的《周易》就脱离了宗教的束缚而上升为哲学的表达，由此完成了从哲学命题到现实分析再到经典阐释的完整逻辑论证，这一事实代表了中国古典哲学的体系性成熟。

春秋时期哲学突破的一个显著标志是哲学家群体的建立。由于西周王

---

① 见《国语·郑语》。

室的衰微,原来依附于西周王权的巫史之士,纷纷走出宫廷,①面对激烈的城邦变革,开始了独立于王权之外的理性思考。城邦的独立固然使这些原来依附于周王室的巫史们一时间无所寄托,心有惶惶,但从哲学看来却是一大进步,因为在一个相对发达的城邑文明和城邦时代,一种忧患与怀疑精神也笼罩着他们的心灵,这样的经历为思想家的自由思考提供了充分的时间和空间。在古希腊的哲学家们四处漂泊的时候,②西周的巫史们也告别宫廷散入诸侯走向民间,担当起怀疑天命、质询一切的重任。

这一时期重要的哲学论断通常是由史学家提出的。西周末年较早地用阴阳理论解释地震这种自然现象的是史官伯阳,提出"和实生物,同则不继"的史伯也是史官(史伯与史伯阳当是一人)。在神人关系上两位史官的重民轻神的思想也特别值得重视。一位是内史过,一位是史嚚。鲁庄公三十二年,据说有神降于莘地,虢公向神献祭求神赏赐土地。当时的东周内史过严厉抨击道:"虢必亡矣,虐而听于神。"而史嚚更明确地指出"国将兴,听于民;将亡,听于神"的著名观点。神的意志最终还得听命于民的意志,因为在他看来"神聪明正直而壹者,依人而行"③,以史官为核心的哲学家集团,在强调以人为本上表现出巨大的理论勇气。公元前644年春天,宋国发生了一件奇异的事件,所谓"陨石于宋五""六鹢退飞",宋襄公向周史叔兴请教:"是何祥也?吉凶焉在?"而这位周代史官认为:"是阴阳之事,非吉凶所生也,吉凶由人。"④叔兴的话显示了这一时期思想的成熟,阴阳是自然之事,吉凶是人类之事,人不仅独立于宗教意义上的天,也独立于自然变异的阴阳,人的意识大大增强了。而如前所述,史墨更是从"物生有两"的哲学命题出发,演绎鲁国政治,阐释《周易》经典,代表了春秋理性的进步。

人们常说巫史不分,这话并不正确,虽然巫与史在职业上有千丝万缕的

---

① 《论语·微子》记:"大师挚适齐,亚饭干适楚,三饭缭适蔡,四饭缺适秦,鼓方叔人于河,播鼗武人于汉,少师阳、击磬襄人于海。"《史记·自序》亦谓司马氏于东周之后分散各地。

② 参见[美]威尔·杜兰特著,武国强、周兴亚等译《探索的思想》(上),文化艺术出版社1991年版,第9~10页。

③ 《左传·庄公三十二年》。

④ 《左传·僖公十六年》。

联系，但其职责毕竟不同，巫觋更多地关注祭祀、关注天命，而史官则更注重人类社会自身的变化，这样他们对世界的思考也产生了差异。在历史变革中史学家们更多地注意到人类自身的作用，而不是超自然的神秘力量。所以我们在《左传》《国语》等典籍中看到的现象就是史学家爱言人事，巫觋则善言鬼神。

由史学家构成中国早期哲学家主体的这一基本事实，使中国哲学表现出浓重的历史哲学倾向，老子追思往古，孔子思慕周公，孟子"言必称尧舜"，都是历史哲学的表现。人们在现实中受到困惑的时候总是寄怀往古，乞求在历史中得到答案，形成了中国哲学浓厚的托古之风。葛兆光先生说："当时人对于秩序的理性依据及价值本原的追问，常常追溯到历史，这使人们形成了一种回首历史、向传统寻求意义的习惯。"[①]正因为中国早期的思想家主要由史官组成，所以思想家们一事当前总是考问历史，希求在历史中获得证据。虽然历史在作为现实依据时常常被改造，但从历史出发却是一个基本的事实。"赋事行刑，必问于遗训，而咨于故实"[②]，追问历史已经成为中国哲学根深蒂固的习惯，深嵌于中国人的思想深处。墨子著名的"三表法"其实质就是一种以历史为基础的逻辑思维方法。《墨子·非命》谓：

> 何谓三表？子墨子曰："有本之者，有原之者，有用之者。于何本之？上本之于古者圣王之事。于何原之？下原察百姓耳目之实。于何用之？废以为刑政，观其中国家百姓人民之利，此所谓言有三表也。"

"三表法"可以简单地概括为本之于古，原之于民，用之于政。其根本还是本之于古，是从历史经验中获得真理的依据。虽然这只是墨家的表述，但在春秋时代却有普遍的思想意义。中国哲学源于史官这一基本事实，使哲学有了历史的基础，也有了现实的目的，而很少堕入玄想与空谈的轨道。

随着王官解体，史官散在四方，宫廷雍容持重的西周文明风范也走出宫廷散入民间，经过新的城邦精神的洗礼与滋养，实现了一种文化的飞跃与哲

---

① 葛兆光：《中国思想史》（第一卷），复旦大学出版社1998年版，第169页。

② 《国语·周语上》。

学的转折,而生成的一种新的充满活力的空灵优雅的文化精神。春秋时代发生了三个重要的历史文化事件——《诗经》结集、《春秋》绝笔、《易传》完成,三部文化经典的形成显示了春秋时代文学、历史、哲学和古典精神的全面成熟,是中国人精神世界的奠基作品,在中国文化发展史上是具有里程碑意义的。

(3)中国文学发生学诸问题

诗作为一种文学形态在古代出现很晚,"昔葛天氏之乐,三人操牛尾,投足外歌八阕。"①"诗言志,歌承言,声依永,律和声。八音克谐,无相夺伦,神人以和。夔曰:於!予击石拊石,百兽率舞。"②"诗言其志也,歌咏其声也,舞动其容也。三者本于心,然后乐气从之。是故情深而文明,气盛而化神。和顺积中而英华发外,唯乐不可以为伪。"③诗乐舞综合,文史哲综合,是中华文明早熟性特点。这是音乐美学产生的原因和背景。

我的业师杨公骥先生指出:

> 语言和劳动呼声便结合为一体:语言有了它的歌唱形式;呼声有了它的确切含意。这是劳动呼声的发展与提高。同时这也使语言更加强烈化而带有一定的节奏性和音乐性,从而便形成了原始人们抒发思想情感的一种艺术样式——诗歌。
>
> 由于最早的诗歌是劳动呼声的发展,是劳动呼声与语言的结合,口头创作的诗歌便形成了习惯传统上的特点:诗歌中不仅夹杂着呼声,而且占很大比重,甚至比语言还多。这从后代的民歌中便可以得到证明,而这也就说明了劳动呼声与诗歌的相互关系。
>
> 集体劳动场合直接规定了最初诗歌的主题、内容和思想感情。所以如此,是因为劳动是有意识的行为,人在劳动时不能一心二用,想入非非,必然将思想感情集中在所做的事上;同时,生产不仅供给人的物质需要,而且提高着人的认识,使人不断地生发出理想,激发起热情。

---

① 《吕氏春秋·古乐篇》。
② 《尚书·尧典》。
③ 《礼记·乐记》。

这样，就使得集体劳动时的现象和行为给人以较深的感受，从而引起人歌唱的动机，正如《礼记·乐记》中所说："凡音之起，由人心生也。人心之动，物使之然也。……其本在于人心之感于物也。"因此，在集体劳动场合所制作和歌唱的诗歌，最初所反映的也只能是眼中景、心中事、意中情："饥者歌其食，劳者歌其事。"(《公羊传》何休注语)

因此，在原始社会的诗歌中，最初出现的是劳动诗歌。最初的劳动诗歌是由人们口头集体创作的……于是在蒙昧的原始人看来，诗歌、舞蹈、音乐都具有无比的神秘力量，这力量可以影响自然，克制万物，它本身就是有灵的。

正是由于这样的复杂原因，诗歌、音乐、舞蹈在一定程度上和原始时代的巫术结合起来，并作为巫术的主要手段。

尽管原始人对音乐、舞蹈、诗歌有这样的错觉，但就其实质和客观作用看来，歌舞是原始人表达思想、抒发情感、反映现实、统一意志、加强团结、交流经验、学习技术、检阅力量、增强信心的艺术形式。①

我的老师公木先生指出：

劳动创造了人自身，使人逐渐摆脱了本能性的生存技能的限制，而从事使用工具、制造工具的劳动。由于对自然界的积极适应，这种劳动一开始就是集体过程。劳动不仅形成了人类社会，而且只有通过社会，生产才能进行。这就是说，所谓原始生活实践，亦即人对外部世界的实践关系，也必然是而且只能是"从生产开始的"(《马克思恩格斯全集》19卷第405页)。因此，如果说一切民族最原始的诗，都是直接产生于集体劳动过程中，并且成为劳动本身的有机组成部分，在萌芽时期，诗歌、舞蹈、音乐三种艺术因素是合一的，它们的起源是人们在集体劳动中有节奏韵律的运动，这是符合历史实际的。这运动有三个构成部分：工具的挥击，身肢的扭动，喉咙的呼声。它们共同的节奏韵律决定于一定生

---

① 《杨公骥文集》，东北师大出版社1998年版，第32~42页。

产过程的技术操作性质,决定于一定生产的技术。呼声开始只标志节奏和韵律,是没有意义的;久而久之,由于大脑和发音器官的发达,就产生了思维,并发展为语言,发展为诗的语言以至普通语言。因此,诗歌作为劳动本身的有机组成部分在集体劳动过程中就直接出现了……在原始阶段,音乐舞蹈是诗歌的同一体,诗歌与音乐舞蹈总是紧密结合的。①

诗乐舞的综合与文史哲的综合,这是中华早期型文明史的显著特点。我的老师是以马克思的"亚细亚生产方式""早熟性儿童"的理论来认识中国史与中国文学史的。请看:

而亚细亚型的中国古代,走出野蛮状态启开文明大门,由原始社会进入阶级社会,适应着地处经常泛滥的黄河流域,需要大规模的水利灌溉事业,全部属于黄土地带,较易于开发并较适于耕种,四周种族林立、经常遭到侵袭又提供了征服俘获作为家族奴隶劳动力的源泉等等"早熟"的自然条件,有必要和有可能集中氏族贵族强化军事首长权力,从而走的是氏族公社的保留,氏族贵族转化为公社土地所有者氏族王侯,由家族到国家等等"维新"的特殊道路。因此,作为古代世界所固有的第一个剥削形式的中国奴隶制社会,约当夏商两个朝代,历时一千年左右,生产力相对低下,商品生产和交换不发达,有着浓厚的公社残存,没有个体的私有经济,自由民阶层很薄弱,城市和乡村不可分离的统一,没有作为经济中心的城市,"夫人作享,家为巫史"(《国语·楚语》),精神生产的分工水平比较低,正如马克思在论述物质劳动与精神劳动的分离时所说,"与此相适应的是思想家,僧侣的最初形式"(《德意志意识形态》)……凡此一切,都说明中国的奴隶制社会是不够典型的。这就决定了中国奴隶制社会中文明的光芒还未能照透"人神杂糅"这种野蛮的迷雾。作为奴隶主阶级的思想家,僧侣最初形式的"巫""史",恰好表

---

① 张松如:《中国诗歌史论》,吉林大学出版社 1985 年版,第 11~12 页。

现出"分工也以精神劳动和物质劳动分工的形式出现在统治阶级中间,因为在这个阶级内部,一部分人是作为该阶级的思想家而出现的(他们是这一阶级的积极的有概括能力的思想家,他们把编造这一阶级关于自身的幻想当作谋生的主要源泉)。"(《德意志意识形态》)他们的幻想超不过"青铜饕餮"的审美意识,往往通过卜筮、占梦、祭神、祀祖的途径而表现出来。因此,在这一历史阶段,中国奴隶制社会中的文学与诗歌,比较说来是不够发达的。其最高的成就,也不过像残存在《诗》三百中的以《那》为首的"商颂五",勉强说,可以看作早周史诗或具有史诗因素的大雅《生民》《公刘》《緜》《皇矣》《大明》等章,掺杂着某些原始神话与历史传说,或可认作完成于封建制社会以前的作品,如此而已。

中国古典诗歌的历史,严格说来,乃是与中国封建社会的历史相始终的。它是随着中国封建社会制度的建立而开端,整个是一部封建主义的诗歌流变史,或者说是随着中国封建社会的演进而演进的诗歌发展史。

正如恩格斯在《法兰克时代》中所讲的一样:"由采邑造成的社会等级制度,就是从国王起,经过大的受采邑者(帝国公爵的前身),到中等受采邑者(以后的贵族),并且从中等受采邑者起,下至绝大多数生活在马尔克内的自由的和不自由的农民,在这样一个社会等级制度中我们看到了以后的森严的封建等级制的基础。"①岂不正像是西周社会吗?到东周,于春秋战国之际,更开始了一个由领主经济向地主经济过渡的封建社会转型期。这实际是中国封建经济结构的一次大变革,这个变革直到秦统一帝国建立才算完成。经历这样一个转型期是中国封建社会的重要特征。

适应着"早熟"的自然条件,走的是"维新"的特殊道路。这是把亚细亚的古代同希腊的古代相比较而说的。马克思在《〈政治经济学批判〉导言》中指出,"有粗野的儿童,有早熟的儿童。古代民族中有许多是属于这一类的。希腊人是正常的儿童。"中国古代由野蛮进入文明,

---

① 《马克思恩格斯全集》第19卷,第551页。

应属于"早熟"型的文明。由于"早熟",所以就走了"维新"的道路。"维新"是对"革命"说的。①

西周王朝的灭亡,神权世界式微,天下共主一朝覆亡,社会发生了分裂,整个经济基础与上层建筑均发生根本性的变化,中华文明史进入一个新时期。这个新时期最重要的在意识形态领域是文史哲、诗乐舞各自独立。这才有"诗三百""春秋三传"《国语》,才有诸子百家的哲学著作——成为各自的文化传承。秦汉大一统,各传统融合,构成中华文化体制。

十一、春秋战国时期的城邦经济与城邦文明

这是中华文明史第二阶段核心问题之一,是人文王国形成史的前期性问题。

(一)春秋战国时期的城邦情况

日知先生在其《古代城邦史研究》中,指出:

其实,古代中国文明和国家的起源,毫无例外,也是从城邦和城邦联盟开始的,也是从小国寡民的政治单位开始的。但是,几千年的王朝史学传统掩盖了历史的真面目。说到古代中国史的开端,不算三皇五帝,也要算唐虞夏商周一条线索。春秋时代明明是列国分立,也要来个"王正月,大一统"。这是秦汉帝国之后的观点,孔夫子还没有如此思想。司马迁谱《十二诸侯年表》,继《三代世表》之后,曰"十二诸侯"者,周、鲁、齐、晋、秦、楚、宋、卫、陈、蔡、曹、燕十二国也,外增郑、吴,但这两国不自共和始,不能相接,故不曰十四国。"十二"之数出自《三代世表》之末,既不必改为"十四",亦无贬周为诸侯之意,无须于此多作文章。但有一点,自孔子至史迁,皆视周与各邦同样是一个国,犹之《六国年表》,以周、秦与魏、韩、赵、楚、燕、齐同列,周、秦亦各自为一国。列周于

---

① 《中国诗歌史论》,第4~10页。

"十二"诸侯之数,并非贬周,同样的,列周于首栏,亦并非尊周。周已微矣,孔子认为"周文武起丰镐而王",因而欲应公山不狃[弗扰]之召,以小小之费邑作为兴复王道的起点。他何曾有后世人所强加的忠于周室之思想!

《三代世表》末之十二诸侯或十二国,以及《十二诸侯年表》所列之十二诸侯或十四国,这些已是古代中国有城邦和城邦联盟的见证。这个城邦联盟的盟主是周,由西周开始,进入东周。

在古代中国史上,城邦联盟整个范围叫天下。周这个联盟的天下有多大?《左传》昭公九年记周人自言:"我自夏以后稷,魏、骀、芮、岐、毕,吾西土也;及武王克商,蒲姑、商奄,吾东土也;巴、濮、楚、邓,吾南土也;肃慎、燕、亳,吾北土也。"这个天下,北起松辽平原,南至巴蜀江汉,包括古代半个中国,可说不小。

在这周联盟的天下内,有多少城邦?《吕氏春秋·观世》云:"周之所封四百余,服国八百余",合计1 200多国,其中加入周之联盟的约1/3。当然,后来绝大多数已经无存了。大抵周之联盟的主要城邦是周人殖民所立,史所谓"封建亲戚"。《荀子·儒效》云:"周公兼制天下,立七十一国,姬姓独居五十三人焉。"这数字比较可信,如《左传》昭公二十八年所说的,"兄弟之国十有五人,姬姓之国四十人"(合之为五十五国,即《荀子》说的姬姓五十三国,"五"与"三"数字极为相近)。

城邦和城邦联盟的大大小小组织,随着历史的发展,终当趋于解体,在古代中国,这就是到了战国时代。城邦和城邦联盟的真正解体,是进入帝国时代。帝国不是城邦联盟。有些表面上看来似帝国,例如中国的西周、美索不达美亚的阿卡得"帝国",这些所谓"帝国",其实本质只是城邦联盟,这类"帝国"一削弱或发生变化,趋于瓦解,原来的城邦便又一一重见于世。

城邦联盟和帝国有明显的区别:城邦联盟是城邦的联合体,而帝国则是郡县化或行省化的地方与在这样地方的基础上的中央集权国家。

城邦是双重性的,由血缘关系到阶级关系,由旧社会到新社会,这是历史的过渡时代。这个时代的城邦联盟是抽象的概念,城邦才是有具体领域的国家。①

我们指的城邦,即指西周王朝灭亡后的春秋战国时期的各诸侯国。这里不可能对诸侯国作研究,好在有春秋三传、《国语》《战国策》《史记》诸文献做参考。仅对齐国、赵国、楚国作必要的分析,以见这一时期的历史文化。

(二)齐国的经济与文化

齐国开国元勋是帮助周文武灭商建国的智者姜尚(姜子牙)。

1. 关于姜尚的出身

《史记·齐太公世家》:"太公望吕尚者,东海上人。其先祖尝为四岳,佐禹平水土甚有功。虞夏之际封于吕,或封于申,姓姜氏。夏商之时,申、吕或封枝庶子孙,或为庶人,尚其后苗裔也。本姓姜氏,从其封姓,故曰吕尚。"司马迁认为,姜尚出身东夷炎帝之后,为古族。这一说法影响很大,后世如《孟子》《吕氏春秋》《战国策》及《史记索隐》等均因姜尚封于齐,附会此说。据查:姜尚当为羌族,随太王古公东迁岐山周原,以姜(羌)为姓。是姜尚非"东海上人",盖因其封于东方齐地,故附会其为炎帝之裔,东夷之士。

姜尚之穷困得遇文王,伊尹为庖厨得遇成汤,傅说传说为刑徒,得遇武丁,商周时开国君主、中兴君王均从社会下层提拔人才,使国家大兴。这应是文明史的一大特点,也是自有文字以来中华第一代文化人登上历史舞台的一大特点。

姜尚为王者之师,新时代的霸王之辅,为军师,为智囊,而非一般巫者。周武王胜殷,"于是武王已平商而王天下,封师尚父于齐营丘。""太公至国,修政,因其俗,简其礼,通工商之业,便鱼盐之利,而人民多归齐,齐为大国。"②姜尚到了营丘(临沂),因地制宜,根据当地的文化习俗,简化礼俗(改造了周礼),推行工商业,因濒海,实行鱼盐之利。《史记·货殖列传》:"故太公望封于营丘,地潟卤,人民寡,于是太公劝其女工,极技巧。通鱼盐,则人物归之,襁至而辐凑。故齐冠带衣履天下,海岱之间敛袂而往朝焉。"这是全

---

① 日知:《古代城邦史研究》,人民出版社 1989 年版,第 20~24 页。
② 《史记·齐太公世家》。

新的社会经济形态、全新的生产方式,改变了西周的重农抑商政策,实行工商立国,渔业、治盐业、社会大发展,"冠带衣履天下",成为当时的大国。这与"城市和乡村无差别"的中华早期神权古国的经济形态完全不同,在齐国出现了大城市,并以工商立国。

2. 任用管仲,苏秦为赵合纵说齐宣王

苏秦为赵合纵,说齐宣王曰:"齐南有太山,东有琅邪,西有清河,北有渤海,此所谓四塞之国也。齐地方二千里,带甲数十万,粟如丘山。齐车之良,五家之兵,疾如锥矢,战如雷电,解如风雨,即有军役,未尝倍太山、绝清河、涉渤海也。临淄之中七万户,臣窃度之,下户三男子,三七二十一万,不待发于远县,而临淄之卒固以二十一万矣。临淄甚富而实,其民无不吹竽、鼓瑟、击筑、弹琴、斗鸡、走犬、六博、蹋鞠者;临淄之途,车声击,人肩摩,连衽成帷,举袂成幕,挥汗成雨;家敦而富,志高而扬。夫以大王之贤与齐之强,天下能当。今乃西面事秦,窃为大王羞之。"①

齐宣王(前320—前265),从苏秦的言说中观齐宣王时的国力、经济力、城市繁荣的程度,这些与姜尚建设齐国的战略路线直接相关。

公元前679年,"齐桓公始霸,楚亦始大。"齐桓公于前685年执政,并在当年九月任用管仲。

管仲既任政相齐,以区区之齐在海滨,通货积财,富国强兵。与俗同好恶。故其称曰:"仓廪实而知礼节,衣食足而知荣辱,上服度则六亲固。四维不张,国乃灭亡。下令如流水之原,令顺民心。"故论卑而易行。俗之所欲,因而予之;俗之所否,因而去之。

其为政也,善因祸而为福,转败而为功。贵轻重,慎权衡。桓公实怒少姬,南袭蔡,管仲因而伐楚,责包茅不入贡于周室。桓公实北征山

---

①　《战国策》卷八。

戎,而管仲因而令燕修召公之政。于柯之会,桓公欲背曹沫之约,管仲因而信之,诸侯由是归齐。故曰:"知与之为取,政之宝也。"

对管仲及宴婴,司马迁在列传中多有称颂:

> 太史公曰:吾读管氏《牧民》《山高》《乘马》《轻重》《九府》,及《晏子春秋》,详哉其言之也。既见其著书,欲观其行事,故次其传。至其书,世多有之,是以不论,论其轶事。

> 管仲,世所谓贤臣。然孔子小之。岂以为周道衰微,桓公既贤,而不勉之至王,乃称霸哉? 语曰:"将顺其美,匡救其恶,故上下能相亲也。"岂管仲之谓乎?

> 方晏子伏庄公尸哭之,成礼然后去,岂所谓"见义不为无勇"者邪? 至其谏说,犯君之颜,此所谓"进思尽忠,退思补过"者哉! 假令晏子而在,余虽为之执鞭,所忻慕焉。

3. 齐刀币——"朝鲜之文皮"

> 平北宁边郡细竹里遗址……房址内外散落有很多铁制的锄、镐、镰、斧……青铜制的镞、镡、剑柄头和明刀钱、布币〔安阳布、殷(?)阳布、阳平布〕等货币……同遗物出土有关情况需特别指出的是,发现有火炕设施的房址之一,第三十号房址旁,出土了明刀钱堆。它在房址东南角的外边,深埋在房址地表下面。明刀钱共两千余枚,五十枚一串,整齐地摞起来,好像装在方箱中似的堆积着。它不同于其他遗物,像是特意藏起来的。

> 细竹里——莲花堡类型遗址……第二个特征,能够指出的是明刀钱非常之多……也可以把所有这种类型遗址说成是明刀钱有关遗址。

慈江道渭原郡龙渊洞遗址,与铁匕首一起出土有变形的明刀钱。
而人所共知,变形的明刀钱是公元前三世纪后半期的东西。①

随着社会的发展,经济的繁荣,商品货币之日益流通,是人类社会历史发展的大趋势,货币也是一种商品,在交换过程中形成一般等价物的特殊商品,或成为本社会内部生产之有用东西。"凡货,金钱布帛之用,夏殷以前其详靡记云",但出土的刀(铜削、铜铲)证明商代已有货币,至周尚在流行。周代"货宝于金,利于刀,流于泉,布于布,束于帛。"②至春秋战国货币需要更多,齐刀布、燕明刀钱流布全国,随箕子朝鲜与中原交往(尤其与燕、齐两国)日益密切,商品交换频繁,燕、齐等国货币必然流入朝鲜半岛,这就是半岛出土大量明刀钱、布币的历史文化背景。

史载,箕子朝鲜与齐国有商品贸易:"桓公问管子曰:'吾闻海内玉币有七莢,可得而闻乎?'管子对曰:'阴山之礝碈,燕之紫山白金一莢也,朝鲜之文皮一莢也,汝、汉水之右衢黄金一莢也,江阳之珠一莢也,秦明山之曾青一莢也,禺氏边山之玉一莢也。此谓以寡为多,以狭为广,天下之数,尽于轻重矣。"③按:莢,策也,因其名贵而在简策之中。"桓公曰:'四夷不服,恐其逆政,游于天下,而伤寡人,寡人之行为此有道乎?'管子对曰:'吴、越不朝,珠象而以为币乎? 發、朝鲜不朝,请文皮毤服而以为币乎? 禺氏不朝,请以白壁为币乎,……故夫握而不见于手,含而不见于口,而辟千金者,珠也,然后八千里之吴、越可得而朝也。一豹之皮容金而金也。然后八千里之發、朝鲜可得而朝也……"④

《管子》的这两条史料足可说明箕子朝鲜与中原齐国有经济贸易往来(当是海上贸易),即《后汉书》所谓"其后遂通接商贾,渐交上国"是也。文皮即虎豹之皮,箕子朝鲜的土特产"文皮"——虎豹皮货驰名天下,成为与中原大国齐国的主要经济贸易商品,直接参与了经济交流。这种经济交流也

---

① 《朝鲜考古学概要》,第 129、130、136 页。
② 《汉书》卷 24 上《食货志》。
③ 《管子·揆度》。
④ 《管子·轻重甲》。

带来了文化交流,密切了这个东方君子国与中原大国齐国的联系,从而扩大了箕子朝鲜的影响。齐刀币、布币在朝鲜半岛出现就不是偶然的了,而存在着必然的原因。产生于春秋战国时期的阳平布、安阳布等乃齐国及相继出现的赵、魏、燕等诸国所各自铸的刀布,这些诸侯国均与当时的箕子朝鲜有着频繁的经贸交流,这些刀布流传于朝鲜半岛自是当然的事。而在商品贸易中,青铜制品(包括铜镜)自在其中。《管子》中与箕子朝鲜并提的"發",乃北發,乃大兽狩猎民族,活动在嫩江、黑龙江流域,①北發族与箕子朝鲜均与中原诸国,尤其与齐国有大宗的毛皮贸易。

燕国乃箕子朝鲜的近邻,在"燕君为王"之前,箕子朝鲜与燕国的关系是良好的,和睦相处,相互交好。"苏秦将为从,北说燕文侯曰:'燕东有朝鲜、辽东,北有林胡、楼烦,西有云中、九原,南有呼沱、易水。地方二千里,带甲数十万,……南有碣石、雁门之饶,北有枣栗之利……'"②在燕文侯时,箕子朝鲜为燕之极东部邻国,辽东地区尚未纳入燕的版图(燕昭王袭走东胡,据有辽东地区,燕与箕子朝鲜交恶,方"度辽东而攻朝鲜"),即在双方"交恶"之前,双方关系是良好的,当有经济交流与商品贸易关系。

据半岛考古资料,在朝鲜平安北道、南道和慈江道境内均发现燕国明刀钱遗址:平安北道铁山郡保山里,东仓郡利川里,博川郡坛山里,宁边郡细竹里,球场郡都馆里,慈江道熙川市清上里,渭原郡龙渊里,慈城郡西海里,清川郡前川邑,前川郡中岩里、云松里、吉多里,平安南道德川郡青松工人区,宁远郡温阳里等地均发现燕国明刀钱遗址以及房址、墓葬等遗址。③

可见,箕子朝鲜长期与齐、燕等中原大国交往,并有商贸往来,战国后期,燕人势力进入朝鲜半岛,这正为半岛考古所发现的各国刀布、明刀钱——甚至是窖藏的明刀钱(其中当有齐刀币——齐法币,更多的则是燕明刀钱)所证明。

正由于管仲晏婴坚持姜尚的政治经济的路线,使齐国成为春秋战国时期的大国,建成了这一时期的城邦经济与城邦文明。

---

① 参见拙著《说"北發"》,《东北古族古国古文化研究》上卷,黑龙江教育出版社 2000 年版。
② 《战国策·燕策一》。
③ [韩]尹炳武:《朝鲜青铜遗物研究》,《东北亚历史与考古信息》1986 年第 2 期。

4. 经济大发展促进了文化的发展——稷下学派的批判

宣王喜文学游说之士,自如驺衍、惇于髡、田骈、接予、慎到、环渊之徒七十六人,皆赐列第,为上大夫,不治而议论。是以齐稷下学士复盛,且数百千人。

对稷下学派郭老在《十批判书》有分析批判:

黄老学派,汉时学者称为道家。道家的名称虽不古,但其思想却很有渊源,相传是祖述黄帝老子的。黄帝本是皇帝或上帝的转变。这个名称,我们在古器物铭文中,是在陈侯因𪓐敦里面开始看见。陈侯因𪓐就是齐威王。那器的铭文说道:

唯正六月癸未,陈侯因𪓐曰:皇考孝武桓公(陈侯午)恭哉,大谟克成。其唯因𪓐,扬皇考昭统,高祖黄帝,迩嗣桓文,朝问诸侯,合扬厥德。诸侯贡献吉金,用作孝武桓公祭器敦。以蒸以尝,保有齐邦,叶万子孙,永为典常。(铭文古字或假借字已改为今文。)

这里的"高祖黄帝,迩嗣桓文",是说远则祖述黄帝,近则承继齐桓晋文之霸业。黄帝的存在已经为齐国的统治者所信史化了。齐威王要"高祖黄帝",这应该就是黄老之术,所以要托始于黄帝的主要原因。黄老之术,值得我们注意的,事实上是培植于齐,发育于齐,而昌盛于齐的。

齐国在威宣两代,还承继着春秋末年养士的风习,曾成为一时学者荟萃的中心,周秦诸子的盛况是在这儿形成了一个最高峰的。《史记·田齐世家》云:"宣王喜文学游说之士,自如驺衍、惇于髡、田骈、接予、慎到、环渊之徒七十六人,皆赐列第,为上大夫,不治而议论。是以齐稷下学士复盛,且数百千人。"

所谓"稷下"是在稷门之下,稷门是齐国国都的西门。刘向《别录》云:"齐有稷门,齐之城西门也。外有学堂,即齐宣王所立学宫也。故称为稷下之学。"(《太平御览卷》十八益都条下所引)但既言宣王时"稷下学士复盛",则稷下之学不始于宣王,故徐干《中论》云:"齐桓公立稷下之官(宫),设大夫之号,招致贤人而尊宠之。自孟轲之徒曾游于齐。"(《亡国》)这位"齐桓公"便是齐威王的父陈侯午,也就是上举陈侯因脊肎敦的"孝武桓公"了。稷下之学直至襄王时犹存。《孟荀列传》云:

> 自驺衍与齐之稷下先生,如淳于髡、慎到、环渊、接子、田骈、驺奭之徒,各著书言治乱之事,以干世主。……淳于髡齐人也,博闻强记,学无所主。……慎到,赵人。田骈、接子,齐人。环渊,楚人。皆学黄老道德之术,因发明序其指意。故慎到著十二论,环渊著上下篇,而田骈接子皆有所论焉。……于是齐王嘉之。自如淳于髡以下皆命曰列大夫。为开第康庄之街,高门大屋尊宠之。览天下诸侯宾客,言齐能致天下贤士也。……齐襄王时而荀卿最为老师。齐尚修列大夫之缺,而荀卿三为祭酒焉。

这稷下之学的设置,在中国文化史上实在是有划时代的意义,它似乎是一种研究院的性质,和一般的庠序学校不同。发展到能够以学术思想为自由研究的对象,这是社会的进步,不用说也就促进了学术思想的进步。

但尤其值得注意的是一些有名的稷下学士的派别。孟荀是儒家,驺衍、驺奭是阴阳家,田骈、慎到、环渊、接子,还有宋钘、尹文,都是道家,淳于髡"其学无所主",是一位无所谓派。此外有确实可考的如儿说是倡导"白马非马"的人,田巴服徂丘,议稷下,离坚白,合同异,当然都是名家者流。派别可以说是很复杂,或者也就是很自由,然而这里面没有墨家;而道家是占最大多数的。

最后郭老指出:

> 这一学派的兴盛对于当时的学术界的影响非常宏大。在稷下之

外,由正面响应的有庄周和惠施、季真和魏年,更发展而为桓团公孙龙的名家、韩非等后期法家。因而使儒家、墨家都起了质变。儒家于诗书六艺之外也大谈其心性问题,企图在宇宙论方面作一枝的栖息。墨家差不多完全扬弃了神鬼的尊崇,而和名家并辔齐驱,突入于辩论的明察与客观世界的解剖。而尤其重大的是影响到秦汉以后的政治。秦与汉的政治实为一贯,世人皆知汉初崇尚黄老,导源于齐,而忽略了秦始皇之崇尚神仙方士,亦导源于齐。秦与汉自略有不同,其不同处在秦尚法而汉尚术,如此而已。[①]

这是郭老 1934—1945 年间对中国古代意识形态史的研究。至今仍闪耀着大智慧的光芒,给我们后学很多启示和启发。

齐国建立在东夷故地,齐地负海潟卤,少五谷而人民寡,太公“乃劝以女工之业,通鱼盐之利,而人物辐凑”——因地制宜,发展鱼盐的生产和手工业。手工业、商业发达了,人口多了,国家富了,“则人物归之,襁至而辐凑。故齐冠带衣履天下,海岱之间,敛袂而往朝焉。其后齐中衰,管子修之,设轻重九府,则桓公以霸,九合诸侯,一匡天下……是以齐富强到威宣也。”[②]城市经济发展了,促进了文化大发展,这就是“稷下之学”的设置,学术思想大自由与学术精英大聚合——齐国的城邦经济、城邦文化高度发展,构成中华文明史上一个新时代——东方海岱文明。

(三)赵国的思想文化的大变革

《史记·赵世家》记赵族团当出于畜牧经济:

> 赵氏之先,与秦共祖。至中衍,为帝大戊御。其后世蜚廉有子二人,而命其一子曰恶来,事纣,为周所杀,其后为秦。恶来弟曰季胜,其后为赵。
>
> 季胜生孟增。孟增幸于周成王,是为宅皋狼。皋狼生衡父,衡父生

---

① 郭沫若:《十批判书》,科学出版社 1956 年版,第 153 ~ 184 页。
② 《史记·货殖列传》。

造父。造父幸于周缪王。造父取骥之乘匹,与桃林盗骊、骅骝、绿耳,献之缪王。缪王使造父御,西巡狩,见西王母,乐之忘归。而徐偃王反,缪王日驰千里马,攻徐偃王,大破之。乃赐造父以赵城,由此为赵氏。

"叔带之时,周幽王无道,去周如晋,事晋文侯,始建赵氏于晋国。"公元前376年三家分晋,赵武灵王(前325—前266年)时赵国已完全华夏化了。

1. 赵武灵王当政时面临的形势

春秋战国是思想文化史上的大变革时期,是旧族("公室")没落新贵族(私室大夫)兴起时期,是夷狄文化发挥更大影响的时期。

《左传》昭公二十五年晋顷公九年记,赵简子"问揖让、周旋之礼"(可见赵氏不知周礼为何物);昭公二十九年晋顷公十三年,魏献子问龙(用以了解中华上古文化);企图向华夏文化靠近以减少巫史文化的影响。正是在这年冬,"赵鞅、荀寅帅师城汝滨,遂赋晋国一鼓铁,以铸刑鼎,著范宣子所为刑书焉。"一方面问礼,了解中华龙文化,一方面制定新法。我们可从孔老夫子的批评看到新法的文化价值:"晋其亡乎! 失其度矣。……今弃是度也,而为刑鼎,民在鼎矣,何以尊贵? 贵何业之守? 贵贱无序,何以为国?"从这一连串的责问中看出新法的冲击性与破坏性。"且夫宣子之刑,夷之蒐也,晋国之乱制也。""夷蒐":《左传》庄公十六年:"初,晋武公伐夷,执夷诡诸。"《左传》僖公二十七年:(晋文公)"于是乎蒐被庐,作三军。"《左传》文公六年:"晋蒐于夷。"杜预注:"范宣子所用刑,乃夷蒐之法也。"夷蒐在文公六年,"夷蒐而三易中军帅,贾季、箕郑之徒遂作乱,故曰乱制"。孔子认为赵鞅所著范宣子刑书,是"乱制"之作,将因之改变贵贱的礼法秩序,而无法治理国家,造成政治混乱。从中正可见,范宣子刑书是与周礼对立的新法。晋定公二年(前510),赵简子对"季氏出其君,而民服焉,诸侯与之"的鲁国王室的衰落与变化,请教史墨,史墨提出"社稷无常奉,君臣无常位,自古以然"的历史变易观,提出"三后之姓,于今为庶"的政权变化观,指出鲁君失国,"政在季氏"的公室衰落、私室兴起的历史大趋势。著刑书,提倡历史变化观,无疑加强了晋国六卿大夫的力量,提高了赵氏地位。

晋定公二十一年(前491),"中行文子、范昭子奔齐,赵(简子)竟有邯郸、柏人。范、中行余邑人于晋。赵名晋卿，实专晋权，奉邑侔于诸侯。""襄子立四年，知伯与赵、韩、魏尽分其范、中行故地。""三国反灭知氏，共分其地。""敬侯十一年，魏、韩、赵共灭晋，分其地。"①《史记》记述了晋国的衰落史和赵、韩、魏三家成长史。从中可以看到，中华历史因此进入了一个新阶段，华夏与夷狄之间进入了一个新的力量整合期。

2. 胡服骑射

赵武灵王的"胡服骑射"是战国史上的一件大事，是赵国公开明确地吸收引进草原游牧民族文化用以强兵强国的战略。

胡服骑射，涉及两种文化传统的尖锐冲突，涉及赵国的新的文化取向，这必然在赵国朝野上下引起激烈论辩与对抗。

赵武灵王之所以决定胡服骑射的战略性变革，是由当时的地缘政治环境及面临的严峻的政治军事态势决定的。"今中山在我腹心，北有燕，东有胡，西有林胡、楼烦、秦、韩之边，而无强兵之救，是亡社稷，奈何？"因此决定"吾欲胡服"（骑射）。② 强敌环视，如何救亡图存，是赵武灵王所要考虑的主要方面，因为"我先王因世之变，以长南藩之地，属阻漳、滏之险，立长城，又取蔺、郭狼，败林人于荏，而功未遂"。前世所以"功未遂"，就因为没有实行"胡服骑射"的战略性变革。

"胡服骑射"的变革，引起赵国朝野上下的震动。从赵国君臣辩论的焦点看，主要集中在"变古之教，易古之道"上。反对一方认为"今王舍此而袭远方之服，变古之教，易古之道，逆人之心，而怫学者，离中国……"即这是一场关涉文化传统之争。反对者认为"胡服骑射"是改变了从古以来的文教传统，变易了自古以来的宇宙、社会的大道，违逆民众之心，悖逆学者（指法先王的儒墨家学者）的观念，远离中国（中原华夏），是赵王舍弃华夏文化传统而去承袭远方（戎狄）的服饰文化。是固守传统还是"乡异而用变，事异而礼易"？赵武灵王认为一切政治策略变化应以利国便事为准绳："是以圣人果可以利其国，不一其用；果可以便其事，不同其礼。"变法是"所以制俗"，改变旧俗，建构新俗，主张"利身谓之服，便事谓之礼"，"法古之学，不足以制今"，

---

① 《史记·赵世家》。
② 《史记·赵世家》。

主张"随时制法,因事制礼","遂胡服招骑射",为赵国建构出一条适应新形势的强国、强军的政治文化路线。

在胡服骑射的论辩中,赵国君臣并未着眼于对"胡"人文化的评价,既未涉及胡人文化的"高低贵贱",也未与华夏文化作针锋相对的比较,只强调了"法度制令各顺其宜,衣服器械各便其用",赵人只从政治实用主义角度进行必要的"胡服骑射"的变革,回避了华夷之间文化冲突和"舍此而袭远方之服"的文化冲突的深层内涵。赵国君臣第一次把被华夏人视为禽兽的"胡人"的文化提到国家战略的主导地位上来,把胡人的服饰文化及其军事文化提到"制俗"——新的文化传统的建构的高度上来,这是中华文明史上的大事件,一定程度上改变了华夏族团对戎夷族团及其文化的认识。

这种服饰文化的变革给中华文化——尤其服饰文化以深刻影响,胡服成为后世常服,"后虽复古衣冠而此服不废"。

赵武灵王的"胡服骑射"改变了中原王朝的车战军事文化传统,创建了轻便、快捷的骑兵军事文化,改变了中华军事史与军事文化史,应该说是中华军事史、军事文化史的一次大革命。赵国因此而得到大发展:"二十年(前306),王略中山地,至宁葭;西略胡地,至榆中。……二十一年,攻中山……二十六年,复攻中山,攘地北至燕、代,西至云中、九原。"赵惠文王三年(前296),"灭中山,迁其王于肤施。起灵寿,北地方从,代道大通"①。胡服骑射使赵国成为政治军事大国——战国"七雄"之一,而与齐、秦、楚等六国争衡。

蒙文通先生认为:"然中国知骑,为始于赤狄,《吕览·不苟篇》言文公伐邺,还将行赏,(赵)衰曰:'君将赏其末,则骑乘者存。'《管子·小匡》言'中救晋公,禽狄王,而骑寇始服',知狄之侵晋以骑,故房注云'北狄以骑为寇'。伐邺即河内殷墟,狄夺之卫,而晋又夺之狄者,伐邺正为伐狄。晋之御狄亦以骑。中国用骑自晋文公始,不自赵武灵王也。……是孙武吴起之时,用骑已大盛也。……春秋之末,已车骑并用。……《左传》亦有单骑之事,足明孙武文之非诬……苏秦有'车千乘骑万匹'之说,何必始于赵武灵王哉?"②

晋文公等以骑兵对骑兵,是史实,也可称为"用骑自晋文公始",但作为

---

① 上引俱见《史记·赵世家》。
② 蒙文通:《周秦少数民族研究》,龙门联合书局1958年版,第53~55页。

整体性的军事战略、思想变化与军队结构的有目的有计划的变革,还应说是由赵武灵王的"胡服骑射"开创的。

3. 赵武灵王之学"胡服骑射"是指哪一民族

"中国习骑战自赵武灵王之胡服骑射始,以骑战代车战,以短衣代长衣,以靴代鞋,以长剑代短剑,再以考古学之证明,知此装束,非匈奴之装束,实为西特人之装束。盖匈奴先效西特人,而中国又借之于匈奴也。"①聂氏之谓西特人即指中亚历史上之斯基泰人,即中国史书上之塞(种)人。

蒙文通认为:"用骑固非东胡民族之事,惟来自西方鬼方之族为能之。""则谓鬼方之狄效之西特人,于时于事为合。"②"盖中国古昔,散处北方者为貉族,而处雍州西部之犬戎则为羌族,此皆耕稼之民,未为中国之巨患。其后剌勒鬼方之族来自天山,塞种猃狁之族来自瓜州,骠犷特甚,为虐亦巨。"③(按:戎羌两族为农牧结合之民族,非单一农业民族)蒙先生一再强调鬼方族,但考之史实,赵武灵王之"胡服骑射"之"胡"当不指鬼方,而指东胡族系的鲜卑族。查:西周初,鲜卑族已进入王朝视野,"昔成王盟诸侯于岐阳,楚为荆蛮,置茅蕝,设望表,鲜卑守燎,故不与盟。"④鲜卑因系戎夷,尚无资格参与盟会,只有守候祭坛的份。这是古文献中首见鲜卑族。《逸周书·王会解》记周成王成周之会,可能是《国语》所说的岐阳之会,这次会上明确记有东胡与会:"东胡黄罴",东胡当即鲜卑族。这说明鲜卑族已参与周初的政治事务。

赵武灵王"立周绍为傅","遂赐周绍胡服衣冠、贝带、黄金师比,以傅王子也。"⑤"赵武灵王贝带鵔鸃而朝,赵国化之。"⑥注:"赵武灵王出春秋后,以大贝饰带,胡服。鵔鸃读曰私批头,二字三音也,曰郭洛带,位(系)铫镝也。"《史记·匈奴传》作"黄金胥纰"。《索隐》张晏云:"鲜卑郭洛带,瑞兽名也,东胡好服之。"延笃云:"胡革带钩也。"班固《与窦宪笺》:"赐犀比黄金头带

---

① 聂西生:《中亚民族史》,转引自蒙文通《周秦少数民族研究》,第 55 页。
② 蒙文通:《周秦少数民族研究》,龙门联合书局 1958 年版,第 53~55 页。
③ 蒙文通:《周秦少数民族研究》,龙门联合书局 1958 年版,第 53~55 页。
④ 《国语·晋语八》。
⑤ 《战国策·赵策二》。
⑥ 《淮南子·主术训》。

也。"《汉书·匈奴传》作"犀毗"。师古云:"犀毗,胡带之钩也,亦曰鲜卑,亦谓师比,总一物也,语有轻重耳。""系铫镝"谓系弓矢也,胡服以便于骑射,故为此带以系弓矢。郭洛即钩落,校饰革带,世谓钩络带。此"师比""鲜卑"——带钩之俗已传入南方楚地。《楚辞·招魂》:"晋制犀比,费白日些。"晋地制造的犀比黄金钩,在楚人腰间闪烁,光耀白日。《楚辞·大招》:"小腰秀颈,若鲜卑只",状写楚女腰肢细小,颈锐秀长,若似鲜卑带束之也。则胥批、鲜卑、私批、师比、犀毗,皆一音之转,指鲜卑族之腰间革带饰以黄金带钩,谓之黄金师比、鲜卑。如此说来正因鲜卑族有此服饰而成为这个民族的标志物,并以此称呼这个民族,鲜卑之族名因此而来。鲜卑、师比等名称均为汉语音记。

"晋制犀比",晋地流行鲜卑族的黄金犀比(带钩),赵人继承之,赵武灵王用以赏赐大臣。可知晋与赵均受鲜卑族文化影响,"胡服骑射"直接学习作为游牧民族的鲜卑族的骑射之术,应是合乎历史实际的。

胡服骑射,接受东胡鲜卑族文化影响,标志赵国文化之一大变化,并成为一大趋势,诸国效尤。表明在中华文明史进程中,北方游牧民族文化参与进来,成为一种思潮一股重要力量——在华夏夷狄力量的成长变化中呈现出中华文化史、中华文明史进程中的华夏蛮夷的态势。

4. 赵国都城邯郸为大都会

> 然邯郸亦漳、河之间一都会也。北通燕、涿,南有郑、卫。郑、卫俗与赵相类,然近梁、鲁,微重而矜节。濮上之邑徙野王,野王好气任侠,卫之风也。
>
> 猗顿用盬盐起。而邯郸郭纵以铁冶成业,与王者埒富。①

城邦之为大都会,好气任侠,形成区域性的一代风气。

> 蜀卓氏之先,赵人也,用铁冶富。秦破赵,迁卓氏,卓氏见虏略,独

---

① 《史记·货殖列传》。

夫妻推辇,行诣迁处,诸迁虏少有余财,争与吏,求近处,处葭萌。唯卓氏曰:"此地狭薄,吾闻汶山之下沃野,下有蹲鸱,至死不饥,民工于市,易贾。"乃求远迁,致之临邛,大喜,即铁山鼓铸,运筹策,倾滇蜀之民,富至僮千人,田池射猎之乐,拟于人君。

程郑,山东迁虏也,亦冶铸,贾椎髻之民,富埒卓氏,俱居临邛。①

5. 赵国的冶铁业

赵国冶铁业,随秦的统一到汉代,影响四川一带。

宛孔氏之先,梁人也,用铁冶为业。秦伐魏,迁孔氏南阳。大鼓铸,规陂池,连车骑,游诸侯,因通商贾之利,有游闲公子之赐与名。然其赢得过当,愈于纤啬,家致富数千金,故南阳行贾尽法孔氏之雍容。②

可见冶铁业从赵之邯郸随社会发展、历史变迁不衰。

赵国的"胡服骑射"——军事上的大变革,硬实力的大变化;赵国的工商经济大发展——软实力加上硬实力,使它促成为战国七雄之一。在春秋战国的历史进程中,摆脱赵国的巫史文化传统,从神权社会走上人文社会,促进了中华文明史的发展。

(四)春秋战国时期的楚国概况

1. 楚族源的考察

楚民族渊源于"绝地天通"的颛顼高阳氏,渊源于颛顼之两大巫史集团首领的重黎——祝融氏,"夫黎为高辛氏火正,以淳耀敦大,天明地德,光照四海,故命之曰'祝融',其功大矣。"③"颛顼生老童,老童产重黎及吴回,吴回产陆终,陆终生六子,其季曰连,为芈姓,楚之先祖也。季连之后曰鬻熊,

---

① 《史记·货殖列传》。
② 《史记·货殖列传》。
③ 《国语·郑语》。

事周文王,曾孙熊绎,当周成王时,封为楚子。黎为高辛氏火正。"①这表明楚族渊源于巫史世家。

(1)古史上有一大公案——九黎祝融族团的来历

根据祝融与九黎族团在长江流域活动的时间与地域,可以将这个族团与良渚文化结合在一起考察。

人类开始用火时有管理火种的人,这个火种被视为神物、圣物。甲骨文有主字,像燃木之形,"主即今炷字初文,契文象燃木为炷"。② 火为神物,掌管火种的人后被称为"火正",为"祝融"(融,明亮温暖),因火为神物,故管理者被尊为"主"、为祝、为主管祭礼之人,地位尊崇。"古之火正,谓火官,掌祭火星,行火政。"③则火正不仅管火,而且又扩大为掌握、观察火星(辰星)之运行及物候时序。则祝融不是人名、族团名。各族团、各部落及部落联盟均设有"火正""祝融"以掌管火种、火祭。进入文明社会则正式称为"火正""祝融"。

"颛顼受之,乃命南正重司天以属神,命火正黎司地以属民……"④"且重黎之后也,夫黎为高辛氏火正,以淳耀敦大,天明地德,光照四海,故命之'祝融',其功大矣。"⑤"重黎为帝喾高辛氏火正,甚有功,能光融天下,帝喾命曰祝融。共工氏作乱,帝喾使重黎诛之而不尽,帝乃以庚寅日诛重黎,而以其弟吴回为重黎,后复居火正,为祝融。"⑥上述史料告诉我们以下信息:

①重黎是上古时期巫觋集团的群巫之长,独占沟通天地大权;黎又是"火正"。

②黎族团首领继袭火正之职,因"甚有功,能光融天下"——给天下人间带来光明与温暖,故"帝喾命之曰祝融"。这是说"火正"是管理火种进而管理观察火星运行的官职,火正而"命之曰祝融",祝融与火正为一,"能光融天下",则祝融为"火正"的荣誉称号!

---

① 《国语·郑语》晋韦昭注。
② 李孝定:《甲骨文字集释》第五。
③ 《汉书·五行志》。
④ 《国语·楚语下》。
⑤ 《国语·郑语》。
⑥ 《史记·楚世家》。

③"火正"为黎氏,"共工氏作乱,帝喾使重黎诛之而不尽","帝乃以庚寅日诛重黎"。这里的重黎实只指"火正黎"之黎。黎之征讨共工氏不尽力,当有更深层次原因。《史记·楚世家》索隐云:"重氏、黎氏二官代司天地,重为木正,黎为火正。案:《左氏传》少昊氏之子曰重,颛顼氏之子曰黎。今以重黎为一人,仍是颛顼之子孙者,刘氏云:'少昊氏之后曰重,颛顼氏之后曰重黎,对彼重则单称黎,若自言当家则称重黎。故楚及司马氏皆重黎之后,非关少昊之重。'愚谓此解为当。此重黎为火正,彼少昊氏之后重自为木正,知此重黎即彼之黎也。"①帝喾之"重黎"实指"火正黎"之黎,因对共工族团"诛之不尽","帝乃以庚寅日诛重黎"[查屈原《离骚》:"帝高阳之苗裔兮,朕皇考曰伯庸;摄提贞于孟陬兮,惟庚寅吾以降。"屈原自述为颛顼高阳之后裔,皇考伯庸,当系指屈氏(楚人)先祖伯庸(祝融),而其诞生之日正值太岁在寅,于庚寅日诞生——实则隐栝"帝乃以庚寅日诛重黎"之历史大事件,帝喾妄杀重黎,乃千古奇冤,造成黎族大迁徙,庚寅日成为黎族大忌日,屈原自称生于这个民族大忌日,当系指其继承祖业、光大黎之文化传统之志。此当系屈原及楚人一大历史秘密]。尧舜时"历象日月星辰"的不称重黎而称羲、和,是另一巫觋集团。

④重黎被诛杀,迫使黎族大批南徙,并将"火正""祝融"——尤其祝融名号带到南方去。"苗民谓九黎之君也,九黎之君于少昊氏衰而弃善道,上效蚩尤,重刑必变。九黎,言苗民者;有苗,九黎之后,颛顼代少昊诛九黎,分流其子孙居于西裔者为三苗。至高辛之衰,又复九黎之君恶,尧兴又诛之。尧末又在朝,舜时又窜之。"②郑玄混淆颠倒九黎、三苗之事序,但从中可知,重黎之被诛,其族众南徙,与南方原住民融合,因其有较高文化水平,故为当地民众接受,仍以黎名其地之族众。九黎言其族众繁多,各有大小族团,故曰九黎(查:祝融有"八姓"之说,八姓有己姓,昆吾、苏、顾、温;董姓,鬷夷、豢龙;秃姓,舟人;妘姓,邬、郐、路、偪阳;曹姓,邾、莒;斟姓,斟灌氏、斟寻氏;彭姓,大彭氏、豕韦氏、诸稽;芈姓,楚麇、罗麇。可见其族众繁多)。

事实是火正黎被诛之后九黎族团逃亡迁徙于长江流域,把其巫史文化

---

① 《史记·楚世家》索隐。
② 《礼记·缁衣》正义引郑玄注,《十三经注疏》影印本,第 1647 页。

带到该地区,与该地区的原始居民及其文化融合,成为今日我们见到的距今6000—5000年间的良渚文化和其后的屈家岭、石家河文化等区域文化。

"家为巫史"属万物有灵观念范畴,万物有灵观念是发展变化的,有低级与高级之分。"表现于人类思想之粗野和原始状态中而后又升到高级文化境界之内的观念,在多世纪的过程中经受了各种不同的变态——扩大、改善、改造或遗忘。"①九黎族团的"家为巫史"的宗教文化在其迁徙长江流域并与当地居民及其文化融合之后,必然在"扩大、改善、改造或遗忘"的"各种不同变态"过程中,"升到高级文化境界",创造了新的文化形态——良渚文化。

(2)良渚文化

在良渚文化遗址中,玉琮、玉钺和"神人纹的冠状器"有很多,在一些遗址的大墓中多有发现(表明人人均可通神,人人均可称王的文明特征)。这告诉我们另一文化信息:即在良渚文化金字塔式中心之外,还存在更多的次中心、亚中心,这与红山王国"一人独尊"不同,而是中心多元化,缺少那种严密的多元一体的国王至高无上的政治结构;虽然良渚文化以神徽作为王者的象征,以玉琮、玉钺象征神权与政治权,并构成良渚文化区域文化的同一性,但这些象征物并不只是在一座墓中出现,而表现出广泛性。遗留"家为巫史"的某些痕迹,但已做了改造、扩大,成为极富长江流域地方文化特色的区域文明。这正是良渚文化、良渚文明、良渚王国的独特特征所在,它既不同于黄帝王国文明,也不同于颛顼、高辛王国文明,而表现为祝融九黎王国文明。这当是"火正黎"的九黎族团脱离大汶口王国、红山王国之后独辟蹊径,结合长江流域文化做了新的创造,在中华文明起源上又创造了新的模式与道路。

长江下游从河姆渡、罗家角、崧泽至良渚文化的新石器时期的农业生产,连续达3000年以上,稻作农业早已取代渔猎采集,良渚文化石犁、破土器的出现与使用,是从河姆渡、罗家角的耜耕阶段向人力犁耕过渡的转折点,农具种类的增加与播种技术(直播)的改进,大大提高了劳动生产率,加之扩大耕地面积,使粮食产量得到提高,为社会提供稳定的食物来源必然促进了

---

① 泰勒:《原始文化》中译本,第75页。

社会的劳动分工。

陶器由手制厚胎转向轮制薄胎，出现了彩绘陶。

炊具由鼎取代釜，工艺水平有较大提高。

漆器有新的创设。河姆渡文化已见漆器，良渚文化有新的创造，广泛使用，并已成为祭祀礼仪文化的重要礼器。

丝织业的发源地。良渚文化出土绸片、细丝带、丝绒、麻绳、麻布片等纺织品，以及与纺织养蚕相关的竹编篓、篮、箩、簸箕、席等用具；石、陶纺轮，石、骨质针等纺织工具、织机部件等，证明纺织业已是良渚王国一大产业。

其水井的发明与较高的水井穿凿技术，出现了木构井架式方井和木筒井圈式井。这既可充分利用地下资源，又提高了人们的生活水平与健康水平。而井边卖货，井边成为物品交流场地，出现市井文化。

舟楫遗物与海上交通。东南沿海的跨湖桥文化、河姆渡文化、马家浜文化均发明了舟楫海上交通工具，良渚文化出土很多舟楫遗物，呈现出较高的制造工艺水平，这必然促进了海上贸易与文化交流，也必然促进了造船业、渔业的发展。

玉器制造业的专门化是良渚人最具特色的文化创造，也是最具特色的宗教文化的创新。良渚玉器文化加强了中华上古史玉器时代论的力度，加重了这个玉器时代的文化内涵，创建了精神生产体系，也创造了良渚文字。

经济大发展，社会大分工，综合国力的提高，促进了社会关系的变化。"总之，各个人借以进行生产的社会关系，即社会生产关系，是随着物质生产资料、生产力的变化和发展而变化和改变的。生产关系合起来就构成为所谓社会关系，构成所谓社会，并且构成一个处于一定历史发展阶段上的社会，具有独特特征的社会。古代社会、封建社会和资产阶级社会都是这样的生产关系的总和，而其中每一个生产关系的总和同时又标志着人类历史发展中的一个特殊阶段。"良渚王国正是良渚人所创造的生产关系总和的产物。

"火正黎"是九黎族团首领，九黎族团的群巫之长，他和他的族团辅助颛顼高阳氏改革宗教文化，创立了大汶口王国；后又辅助颛顼高阳氏与帝喾高辛氏创立红山王国，创立一整套祭祀礼仪制度和精神生产体系。"九黎乱德"正揭出九黎文化与华夏文化的冲突。由于政见不合,更由于文化体系相左,"火正黎"被帝喾高辛氏诛杀。九黎族团被迫南迁长江太湖流域,创造了具有地方特色与民族特色的良渚文化,发展生产,创造物质生产体系,提高了国力;创造适合太湖流域的精神生产体系,建立了良渚王国,保持九黎族团多元的民族文化特色,使这个祝融九黎王国有别于中原华夏文明。创立了极具地方的民族特色的长江太湖良渚文明,为后来的南蛮族团及其诸王国——吴、越、荆、楚等的涌现,奠定了历史的民族的文化的基础。

(3)三苗文化

良渚文化是为祝融九黎族团的创造,是为祝融九黎王国的文化形态;良渚文化之在西北地区再现与三苗之与九黎有紧密关系有关。

黎族首领为颛顼高阳之"火正",因"共工氏作乱,帝喾使重黎诛之不尽,帝乃以庚寅日诛重黎",造成黎族大迁徙,在江浙一带建立祝融九黎王国,创造了著名的良渚文化。史载"九黎乱德","三苗复九黎之德"。"乱德"言其文化与颛顼以及后来的华夏文化相对立;"复九黎之德"言三苗之继承九黎文化。这正说明,三苗区域文化中之良渚文化因素,正是西迁的三苗将九黎(良渚)文化带来的结果。"显而易见,西北地区的玉琮(刻有神人面或神兽面)的雕刻者和使用者,与良渚人崇拜同一神祇(或祖先神)。"说其"崇拜同一神祇",尚须有更多证据。三苗继承九黎文化,有史可证,但三苗与九黎并非同一族团,其文化当有差异,虽然三苗接受九黎文化;石家河文化则表现为另一文化形态。受到唐尧王国文明的影响,三苗文化与石家河文化的比较研究(两者的文化渊源、形态内涵及其所构成的王国文明特征等)当是三苗文化研究的新课题。西迁的三苗族团与西羌族团融合,促进了该地区的社会发展,为西羌族团迅速跨越文明门槛,为使羌族进入一个历史新阶段,奠定了基础。

活动在江淮荆州地区的三苗族团因唐尧王国权力斗争,太子丹朱集团、讙兜集团南迁,融入三苗族团,促进了三苗社会的迅速发展,建立三苗王国,创造了三苗王国文明,成为长江中游地区中国新石器时代晚期最主要的文明发展的新标志,并为南蛮、荆楚文化奠定了基础。有论者提出这一区域的三苗文化给四川巴蜀(三星堆)文化以直接的重大影响。三苗族团另一支西迁甘陕，与羌族融合，大大促进了西羌文化的发展，使羌族成为中华民族中一支重要的力量。

历史文化证明：

南蛮与西羌两大集团的形成与发展是在较高层次上运作的，在相当长的一段时间中影响中华历史进程与中华历史格局的重要力量。

九黎族团南迁过程，有否分化，其中有没有一支或多支另迁他地？中华大地上的黎姓国、黎山、黎水是否来源于九黎之迁徙所遗留？是一尚待考察的问题。

在中华文明发生学史上，黄河流域、辽河流域一些族团率先跨入文明门槛，借助战争或借助宗教，“国之大事，在祀与戎”，这是中华文明起源的两条道路。祝融九黎族团本属巫觋集团，在其南迁长江流域历程中，巫教与政治结合，创立良渚王国、三苗王国，是为长江流域文明史之开端，其流风余韵长期影响着长江流域文明。

“帝乃以庚寅日诛重黎”，这一大公案有良渚王国、三苗王国为其后续，屈原本巫史世家，其《离骚》开篇叙其家世：“帝高阳之苗裔兮，朕皇考曰伯庸；摄提贞于孟兮，推庚寅吾以降。”特意强调其生于“庚寅”日，是否有帝（辛）“以庚寅日诛重黎”的针对意味？不忘先祖的忌日，以示其不忘本也！

2. 楚国是一巫风盛行的国家

周原甲骨：“其微，楚升乎（阙）贲（尞），师氏受尞。”贲，祭天。微，古微国，当为宋微子。楚，崇奉祝融火神。[①]《国语·晋语八》：“叔向谓赵文子曰：昔成王盟诸侯于岐阳，楚为荆蛮，置茅蕝，设望表，与鲜卑守燎，故不与盟。”“蕝，谓束茅而立亡，所以缩酒。望表，谓望祭山川，立木为表，表其位也。燎庭燎也。”[②]楚人在周的大会上管守燎，管缩酒——在地上铺一层茅，茅上加一层沙，把酒泼在上面，在沙和茅的过滤下沥，以“象神歆之”。守燎、缩酒——祭火神以祭天，置茅蕝缩酒以祭神。《周礼·春官宗伯》：“男巫掌望祀，望衍，授号，旁招以茅。”可见，周王朝及诸侯国皆知楚为巫风之国，神权之国。

① 参见陈全方《周原与周文化》，上海人民出版社1988年版，第126~128页。

② 《国语注》。

楚灵王(前540—前529)左昭十二年(前530)右尹子革说:"昔我先王熊绎辟在荆山,筚路蓝缕以处草莽,跋涉山林以事天子,唯是桃弧棘矢以共王事。"桃弧,桃木,以桃木为弓,棘矢,以棘枝为箭——是以驱鬼除邪。左昭四年(前539)记鲁国说藏冰,出冰:"其出之也,桃弧棘矢,以除其灾。""出冰之时,置此弓矢于凌室之户,所以禳除凶邪也。"①据上引见,楚人好巫风,长期处于神权氛围之中。

3. 楚国城邦经济、城邦文化

(1)楚国郢都

楚之大城,首推郢都,此外尚有鄢、宛、城阳、陈、上蔡、吴等。郢都在今江陵城北,南有长江,经洞庭湖、湘水至苍梧,上可通巴蜀,下可通吴越,西通蛮噗,北出方城,东联结长江、汉水。

城内有宫殿建筑和官署建筑,多见农田和村落,未有祭祀或神庙的考古发现。桓谭《新论》说:"楚之郢都,车毂击,民肩摩,市路相排突,号为朝衣新而暮衣蔽。"桓谭的根据,必有事实作张本。他所描写的郢都,是一个人烟稠密、市面繁华的大城市。证之于郢都故址,可知其言不谬。②

(2)商业、货币

《孟子·滕文公上》记研究神农氏学许行的话,其中孟子说:"有大人之事,有小人之事。且一人之身而百工之所为备,如必自为而后用之,是率天下而路也。"许行是楚人,陈良和陈相也是楚人。在他们生存的战国中期,社会分工的发展已达到"一人之身而百工之所为备"的程度。

楚之商业繁荣发展,楚越之地,"不待贾而足"③,建立舟节、车节的"愕君启节"的商业法律。这在春秋战国为商贸制法是很少见的,说明楚国商贸繁荣的程度。

货币的发行量与商品的流通量相适应。楚国的货币,这时以海贝为主,也有少量铜贝。铜贝虽小,但楚人觉得它方便,因此行用的时间很长,流布的范围很广。先前楚庄王一度把小铜贝改为大铜贝,"百姓不便,皆去其业"。孙叔敖说服楚庄王,仍用小铜贝,"下令三日而市复如故"④。铜贝轻重

① 《春秋左传正义》。
② 参见张正明《楚文化史》,上海人民出版社1987年版。
③ 《史记·货殖列传》。
④ 《史记·循吏列传》。

不等,最轻的每个只有 0.6 克,最重的每个也不过 5.5～5.6 克。但在同地同时流通的铜贝,重量却相差不大。赵德馨认为,铜贝是以等量货币形态出现的。①

铜贝,后世谓之蚁鼻钱。何以得此怪名,至今尚难论定。铜贝有文,都是铸出的阴文。每个铜贝虽仅有一字,但总计在铜贝上发现的字已近十个。其中最常见的是"咒"("冘"),此字奇僻,释者甚多而莫衷一是。铸有此字的铜贝,又称"鬼脸钱"。

除铜币外,楚国还有金币和银币。已知的先秦金银币都是楚国的,然而,现有的先秦金银币的铸造年代可能都属于战国晚期,至少我们没有充足的理由说其中有属于战国中期以前的。在湖北境内,楚国的金银币只发现过两件,一件出于宜昌的汉墓,②一件出于江陵的汉郢城故址,③虽都是金郢爰,但只是汉人保藏的楚人旧物。在湖南境内,上世纪三十年代曾发现银郢爰,④但这是非科学出土之物,年代无从判定。此外,在湖南境内不曾有其他楚国金银币出土。要追溯楚国制造金银币的历史,现有唯一的线索是江陵望山 1 号墓出土了一些包有金箔或银箔的铅饼,应是冥币。⑤ 望山 1 号墓是战国中期的楚墓,根据其中出土的冥币,可以做出两点推测:其一是战国中期的楚国已有金银币;其二是饼形的金银币可能比包括郢爰在内的版形金银币早出。不过,在战国中期,楚国的金银币大概还不多,所以金银币在商品交换中所起的作用还不大。

天平和砝码的出现,应与金银成为商品有关,年代要比金银成为通货早些。已知属于先秦的天平和砝码,也都是楚国的。出土于湖南、湖北、安徽等省的楚墓。其中湖南最多,据高至喜 1972 年统计,出有天平和砝码的楚墓已达 101 座,长沙独占 85 座。⑥ 这些充分表明,商品经济在楚国社会中已成为主要经济形态;商品经济的繁荣发展促进了社会的分工,这与中华文明史

---

① 赵德馨:《楚国金属货币币形》,《江汉论坛》1983 年第 6 期。
② 湖北省博物馆:《宜昌前坪战国两汉墓》,《考古学报》1976 年第 2 期。
③ 荆州地区博物馆:《湖北江陵首次发现郢爰》,《考古》1972 年第 3 期。
④ 参考商承祚《长沙古物闻见记》陈序,金陵大学中国文化研究所 1939 年版。
⑤ 湖北省文物局文物工作队:《湖北江陵三座楚墓出土大批重要文物》,《文物》1966 年第 6 期。
⑥ 高至喜:《湖南楚墓中出土的天平与砝码》,《考古》1972 年第 4 期。

的发生期——神权社会有了很大的新发展："城市"已不是"经济结构上的赘疣"，表明中华文明史已经进入一个新时期。

其他如丝织刺绣、木雕、漆器以及金属冶铸，均有了新发展。这应是后来丝绸之路的起点。

（3）天文历法

1978 年，湖北随州市擂鼓墩 1 号墓出土了一件漆箱，箱盖上按星空的方位写着二十八宿的星名。此墓是战国早期的曾侯乙墓，可知二十八宿体系在甘、石二人之前就有了。甘、石二人的贡献，或许是做了进一步的观测和整理。下面是《甘氏》《石氏》和漆箱三套二十八宿星名的对照表。①

甘 氏	石 氏	漆 箱	甘 氏	石 氏	漆 箱
角	角	角	奎	奎	圭
亢	亢	堃	娄	娄	娄女
氐	氐	氐	胃	胃	胃
房	房	方	昴	昴	矛
心	心	心	毕	毕	绊
尾	尾	尾	参	觜觿	此佳
箕	箕	箕	罚	参	参
建星	斗	斗	狼	东井	东井
牵牛	牵牛	牵牛	弧	与鬼	与鬼
婺女	婺女	婺(?)女	注	柳	酉
虚	虚	虚	张	七星	七星
危	危	危(?)	七星	张	张(?)
营室	营室	西萦	翼	翼	翼
东壁	东壁	东萦	轸	轸	车

漆箱的二十八宿星名，与《甘氏》星名出入较多，与《石氏》星名出入较少。联系到石申夫为魏人以及《有始览》采用《石氏》体系，可知中原、关中以及姬姓的曾国通行的二十八宿星名属于《石氏》体系。

---

① "甘氏"栏内和"石氏"栏内的星名及顺序见《汉书·天文志》。"漆箱"栏内的星名按顺时针方向排列，顺序悉如原图。

古人将日月和五大行星运行路线附近的恒星分为二十八片，称之为二十八宿。这个恒星区划体系的建立，对天文学和历法学的发展有重大的意义。二十八宿，不仅中国有，古代的印度、埃及、伊朗等国也有。国际天文学界公认，中国和印度的二十八宿体系出现较早，而且是同源的。

据《史记·天官书》和《汉书·天文志》，创立二十八宿体系的，是战国时代的甘公和石申夫。甘公名德，《史记·天官书》和《后汉书·天文志》说他是齐人，《汉书·艺文志》和《史记·天官书》张守节《正义》引萧梁阮孝绪《七录》说他是楚人，《史记·天官书》裴骃《集解》引徐广说他是鲁人。可能甘公到过鲁、齐、楚诸国，是当时的一位国际天文学家。石申夫是魏人，史无异辞。《史记·天官书》把甘、石二人与楚唐昧并举，可见他们都生活在战国中期。

二十八宿的全部星名，最早见于《吕氏春秋·有始览》，即：角、亢、氐、房、心、尾、箕、斗、牛、女、虚、危、室、壁、奎、娄、胃、昴、毕、觜、参、井、鬼、柳、星、张、翼、轸。对照《汉书·天文志》所记的《甘氏》二十八宿星名和《石氏》二十八宿星名，前者与《有始览》所记不无出入，后者与《有始览》所记无一不合。漆箱上的天文图，是楚国人及曾国的天文学遗产，是春秋战国时期观测天文的实录，与《尚书·尧典》中的观象授时是一个文化渊源，但已脱离了神权社会，成为春秋战国时期人文科学的辉煌成就。

1975 年，湖北云梦县睡虎地出土了一批秦简，其中《日书》甲种《岁》篇有四枚竹简是秦楚月名对照表，秦历从正月到十二月，相对应的楚历月名是刑夷、夏尿、纺月、七月、八月、九月、十月、爨月、献马、冬夕、屈夕、援夕。按，秦国采用的颛顼历是夏历的变种，初以立春为岁首，以建寅为年始，后虽改以建亥（十月）为年始，而岁首为立春和正月为建寅仍同于夏历。曾宪通《楚月名新探》①考证楚历荆尸（刑尿）对应于夏历正月，夏尿（夏尿）对应于夏历二月，依次类推，这是正确的。问题在于，楚国既用夏历，则对照表中的七至十月应改称四至七月方合。或许可以设想，称七至十月是秦人强加或妄拟的。可是，天星观 1 号墓出土竹简卜筮记录有云："秦客公孙纵闻（问）王于

---

① 见《中山大学学报》（哲学社会科学版）1980 年第 1 期。

蔵郢之岁,十月,丙戌之日……"显然,楚历十月确实没有"刑夷""夏层"之类的别名,本来就称十月,而七月、八月、九月也应如此,并非出于秦人代庖。只有在楚历以建亥为年始的条件下,这七、八、九、十月的序数才说得通。而以建亥为年始(正月),比秦颛顼历更进一步,或可称之为楚颛顼历。

尽管如此,由于夏历切合生产和生活的实际需要,楚人既没有改动刑夷、夏层等月名与夏历正月、二月等月份的对应关系,也没有改动春、夏、秋、冬与夏历四季的对应关系。时移则事异,先前采用周历而兼顾夏历,荆尸相当于"王春三月"和夏历正月;此时改用颛顼历而兼顾夏历,荆尸便相当于楚历四月和夏历正月了。楚人惯于实行不拘一格的多元化体制以适应多元化需要,在历法上也是这样的。

楚国有一种以大事纪年的独特习惯,据已知的资料,这正是在楚文化的鼎盛期创始和推行的。如鄂君启节铭文云:"大司马邵剔败晋师于襄隥之岁……"上举的天星观1号墓竹简云:"秦客公孙纹绁闻(问)王于蔵郢之岁……"长台关楚墓出土的编钟铭文,以及望山楚墓出土的竹简,也有类似的纪年方式。楚人好标新立异,这又是一例。

(4)哲学

文化,作为一个大系统,是由北方文化和南方文化这两个子系统耦合而成的。就哲学而言,北方以儒家为代表,南方的代表则是道家。

道家的正式形成,约在春秋战国之际。然而,楚人以为道家的起源早在楚人得国之前。这有三个原因:其一是道家思想的发端确实比道家体系的定型早得多,说滔滔巨流来自涓涓细流,本来就未为不可;其二是楚国转弱为强的经历恰好印证了道家学说的积极方面,这就容易使楚人把自己的先王看成道家的先驱;其三是楚人奉祀鬻熊,而且以为鬻熊是政治家兼思想家。由此,鬻熊就俨然成为道家了。于是,就有人摭拾传闻,作为文章,而代鬻熊立言了。《汉书·艺文志》记"道三十七家,九百九十三篇",其中最早的四家是:"《伊尹》五十一篇","《太公》二百三十七篇","《辛甲》二十九篇","《鬻子》二十二篇"。鬻子其人,就是鬻熊。《鬻子》其书,虽属伪作,却是探寻道家思想的渊源所不可置之不论的。《文心雕龙·诸子篇》说:"篇述者,盖上古遗语,而战代所记者也。至鬻熊知道,而文王咨询,余文遗事,录为

《鹖冠子》。子目肇始，莫先于兹。"现在研究《鹖冠子》，当然只能把它看成道家之言的传说阶段。

神权社会的文化，文史哲是综合性的；神权社会转型人文社会，商品经济大发展，思想文化领域出现细致的大分工，文史哲各自成体系，因此可以说，这时期是中华文明史的新时期，是文学、哲学、史学各自独立、各成体系的时期，是中华文化、中华文明最辉煌时期，名家辈出，文化巨人成为时代的先导，可以说这是一个中华文化、中华文明的自觉时代。

（5）语言文字文学

①楚有方言

狭义的楚人是楚族人，操楚言。广义的楚人是楚国人，语言和民族同样纷繁。

《左传·庄公二十八年》记楚令尹子元以车六百乘伐郑，长驱而入郑都外郭，见内城的大门还开着，不禁犯疑，于是"楚言而出，子元曰，'郑有人焉。'"经传明确记"楚言"，以此为最早。子元和身旁的人用楚言交谈，无疑是不想让郑人听明白他们在谈些什么。由此可知，楚言与夏言是不易相通的。

邲之战，楚师派出三人单车挑战，许伯为御，乐伯为左，摄叔为右。挑战完毕，正要返回，晋人分三路追来。乐伯左射马，右射人，只剩一支箭了，恰巧有只受惊的麋鹿跑过，便用那支箭射麋鹿，正中其背。摄叔下车，把麋鹿献给追在前头的晋将鲍癸，说："以岁之非时，献禽之未至，敢膳诸从者。"鲍癸让部下不要再追了，说："其左善射，其右有辞，君子也。"[1]显然，鲍癸听懂了摄叔的话。鄢陵之战，楚工尹襄与晋新军佐郤至在战场上交谈，彼此都听懂了。类似的例子，还有不少。[2]

②楚有文字

楚的文字在楚铜器铭文上看到。

春秋早期的楚国有铭铜器，已发现两批共五件：第一批，是 1969 年在湖北枝江县百里洲出土的考叔指父簠两件和寏公孙指父匜一件；第二批，是

---

① 《左传·宣公十二年》。
② 《楚文化史》，第 98～99 页。

1975 年在河南南阳市西关出土的申公彭宇簠两件。上列五件铜器各有铭文三十字左右,字体与西周晚期六件铜器的铭文类似。申公是楚国的县公无疑,寏公也应是楚国的县公。楚有县尹不早于武王,县尹称公不早于文王,由此可知,上列五件铜器应是春秋早期后叶的楚器,亦即楚文化茁长期前段的楚器。今后可能发现春秋早期楚国的有铭铜器,但是数量不会很多。那时,楚国刚进入文明时代,文字的应用还不是很广的。

进入春秋中期以后,楚国的铜器就增多了,有长篇铭文的铜器也增多了。下寺 1、2 号墓出土的王子午鼎和王孙诰钟等,是研究楚文化茁长期的楚文字的重要资料。①

楚文字的特殊风格和特殊气派,正是在春秋中期开始形成的。这时的楚文字,与春秋早期以前的楚文字相比,有明显的差异,字体趋向修长,仰首伸脚,笔画富于变化,多波折弯曲,作美术字状。试从下寺 2 号楚墓所出壬子午鼎铭文和山东莒南县大店 2 号莒墓所出编钟铭文各取五字,以作对比如下:

	下寺M2	大店M2
子:		
之:		
自:		
作:		
其:		

这类楚文字,由于笔画扭曲较甚,略具虫形,是后人所谓虫书的雏形。

虫书而外,更有鸟书。鸟书形成于春秋晚期的前叶或中叶,又称鸟篆或鸟籀,是在篆书的基础上,增添笔画,以像鸟形,饶有装饰情趣。在壬子午鼎铭文中,已有个别属于早期鸟书的字,如"用"字写为 🐦,下部增添的笔画已

---

① 参考伍士谦《壬子午鼎、王孙算钟铭文考释》,《古文字研究》第九辑,中华书局 1984 年版。

是粗疏的鸟形。年代晚于壬子午鼎而不到战国的王孙鱼戈,铭文也有"用"字,写为 ,下部的鸟形,首、身、尾、爪毕肖,就是成熟的鸟书了。此戈铭文共六字,摹写如下,①以示鸟书之一斑。

鸟书创于何国,尚无定论,大概非楚即吴越。已知最早有鸟书铭文的楚器和吴越器,孰先孰后,很难判定。在春秋中期与晚期之际,就文明程度而论,越落后于吴,而吴则落后于楚。春秋晚期的情况,大致还是这样。楚国已有许多文献,如楚灵王说的三坟、五典、八索、九丘,而越国的文献则未有所闻。主宰吴越政坛的伍员、伯嚭、范蠡、文种,都是从楚国跑去的。传世和出土的有铭铜器,楚器多而越器少。楚器如壬子午鼎的铭文,是篆书向鸟虫书发展的标本。

楚竹简帛书所见文字甚多,又因毛笔的发明和使用,促进了文字的大发展。这里只举数例,以见一斑。

炎			（江陵楚简）
无			（同　　上）
智			（长沙楚简）
也			（信阳楚简）
是			（同　　上）

这些,就是因人而异了。

尽管字体有种种变异,楚国的文字与中原的文字还是属于一个系统的。

隶书,按传统的说法多创行于秦朝。然而,考古资料证明,战国时代已有古隶,秦隶和汉隶正是由古隶发展而成的。特别值得注意的,是隶书的形格架势、波势挑法,在战国楚简的文字中已孕育了雏形。如江陵楚简的"乙"字写为"乙",末笔已有明显的波势;"月"字写为"月",右下一笔为挑法;"内"字写为"尖",其最后两笔,挑势波法俱已粗备。郭沫若认为,战国楚帛

_____

① 铭文为"楚王孙鱼之用"。参考石志廉《楚王孙鱼铜戈》,《文物》1968 年第 3 期。

书的文字,"体式简略,形态扁平,接近于后世的隶书。"①

　　③帛画

　　帛画两幅:第一幅是人物龙凤帛画,1949 年 2 月出土于长沙陈家大山的一座楚墓;第二幅是人物御龙帛画,1973 年 5 月出土于长沙子弹库 1 号墓——即曾于 1942 年出土帛书的楚墓。这两座墓的时代,都是战国中期。

　　人物龙凤帛画,以画边完整者为准,长 31.0 厘米,宽 22.5 厘米。下部正中偏右画一妇人,侧立,高髻细腰,广袖宽裙,合掌做祈祷状。上部正中画一凤,左侧画一龙,作争逐状。② 人物御龙帛画,以绢地为准,长 37.5 厘米,宽 28.0 厘米。正中画一男子,侧立,危冠束发,博袍佩剑,持缰御一龙。龙奋首卷尾,略如"乙"字形龙舟状。人上方有华盖一重。龙后腹下有足状物,龙前腹下有游鱼一尾,龙尾上有立鹤一只方昂首作长唳状。③

　　子弹库 1 号墓的墓主,经检验尸骨,为中年男性,与帛画中的男子形象相合。陈家大山楚墓的墓主,由墓中不见兵器随葬来推测,应是女子。两座墓都是一棺一椁,可知墓主都是士一级的贵族。两幅帛画的性质,不像是仅仅用以表明死者身份的铭旌。它们的主题,看来并不相同。人物龙凤帛画中的龙与凤,有显而易见的争斗之状,似有祈求善而美的凤战胜恶而丑的龙,保护墓主在冥府平安生活之意。在人物御龙帛画中,华盖虽可能象征天,游鱼虽可能指代地,但人在龙背立,龙在水上行,也看不出有升天之势,大概只是用以表示墓主在冥府仍可像在人世一样安宁逸乐。

　　帛画以白描为主,个别部位也有平涂的。表现手法虽有原始绘画追求各别形象的完整,所画各物互不相掩,以及不甚讲求比例的特点,但比铜器上的刻纹和漆器上的彩绘有显著的进步。④

---

　　①　郭沫若:《古代文字之辩证的发展》,《考古》1972 年第 3 期。

　　②　参考熊传新《对照新旧摹本谈楚国人物龙凤帛画》,《江汉论坛》1981 年第 1 期。

　　③　参考湖南省博物馆《新发现的长沙战国楚墓帛画》,《文物》1973 年第 7 期;《长沙楚墓帛画》,文物出版社 1973 年版。

　　④　《楚文化史》,第 269 ~ 270 页。

黄凤春据熊传新《对照新旧摹本谈楚国人物龙凤帛画》插图摹绘)

长沙战国楚墓帛画,曾引起学界轰动,郭沫若先生为之赋诗:

西 江 月

题长沙楚墓帛画

郭沫若

仿佛三闾再世,

企翘孤鹤相从。

陆离长剑握拳中,

切云之冠高耸。

上罩天球华盖，

下乘湖面苍龙。

鲤鱼前导意从容，

瞬上九重飞动。

一九四二年九月，长沙城南子弹库楚墓被盗掘，出土《缯书》一幅，后为帝国主义者掠去。一九七三年五月，湖南省博物馆对此墓进行再发掘与清理，发现一椁二棺，尸骸完整，初步定为男性。残留重要文物中，有帛画一幅，最足珍贵。帛画中画一男子，侧身向左而立，危冠长袍，手拥长剑，立于龙舟上。龙尾企立一鹤，龙首直下，水中有鲤鱼一匹。画之上端有华盖。龙鱼均向左，鹤独向右。龙舟向左前进，故画中垂穗均因风飘向右方。冶秋同志以照片及摹本见示，因成《西江月》一首以纪所见。

一九七三年六月二日夜

画中人物当为一王者兼巫者，评者认为表现"成仙升天"的思想。龙凤帛画中的凤为楚人图腾，龙为华夏图腾，凤鸟扬翅飞腾，张喙啄向龙，凤鸟下肢伸向龙身作蹬蹴状，龙软弱无力，作防守状。画中人物当为女巫，双手合掌在凤鸟下，似为祈祷欢呼状。两幅帛画，保有从神权社会向人文社会转型时期新旧交替的痕迹。

④楚国文学

中国文学史上第一大诗人屈原，生当神权社会过渡人文社会的关键阶段，这是一个新旧文化激烈冲突的时代。

屈原创造了骚体文学样式，创造了长篇抒情诗和多种文学样式。

a.《九歌》是一奇特的楚辞文学

它是以歌舞戏曲形式写成的，可称为"剧诗"。

从王逸《楚辞章句》开始，历代《楚辞》注家多认为《九歌》十一章分祭诸神祇，各章互不联系。自明末王夫之后及马其咏、王国维等相继对《九歌》提出整体性认识；闻一多作《九歌古歌舞剧悬解》《楚辞校补》等论著，明确提出《九歌》乃为娱神之歌舞，并认定《东皇太一》为"迎神曲"，《礼魂》为"送神曲"，"其余各章皆为娱神之曲也，又各以一小神主之，而此诸小神又皆两两相偶，共为一类。"①闻氏之论，实开《九歌》研究之新天地。尽管有人斥之为"实属怪论"（谭介甫《屈赋新编》），而闻氏之说渐为楚辞学界所接受。

我的业师孙常叙先生于 1978 年在《社会科学战线》刊发《〈楚辞·九歌〉十一章的整体关系》系列论文，论定"《楚辞·九歌》通体十一章，是一个不可分裂的整体。它是我国戏剧史上仅存的一部最古老最完整的歌舞剧本。""《楚辞·九歌》就是在丹阳败后蓝田战前，楚怀王为了战胜秦军，祠祭东皇太一，命屈原而作的。其目的在借助东皇太一的灵威以神力压倒秦国。""穆愉上皇，战胜秦国，收复失地，是《楚辞·九歌》十一章的主题思想。"

东皇太一为战国时楚人所祀五帝之一，其神为岁星。"岁星赢缩，以其舍命国。所在国不可伐，可以罚人。"②"天神贵者太一，太一佐曰五帝。""其秋（汉武帝元鼎五年，公元前 112 年），为伐南越，告祷太一。以牡荆画幡日月北斗登龙，以象太一三星，为太一锋，命曰灵旗。为兵祷，则太史奉以指所伐国。"③

这是说东皇太一是一个战神，"所在国不可伐，可以罚人"。楚怀王所以在丹阳战后、蓝田战前举行大型祭祀东皇太一的活动，正是为了借东皇太一这位战神的威灵，以战胜秦国。除娱神歌舞之外，楚人当以牡荆画幡"以象太一三星，为太一锋"，"为兵祷，则太史奉以指"秦国。

在这大型的国家祭祀场面中，充满巫术气氛，在巫术氛围的背后显示出楚人召唤神灵以收复失地、重振国威的民族文化精神。"国之大事，在祀与戎"，古代战事之前，祀战神或杀人以祀。这是神权社会遗留下来的文化遗产。

b.《九歌》的艺术结构

《九歌》以迎神曲、愉神曲、慰灵曲与送神曲构成完整的歌舞剧结构。

东皇太一为主祭对象；云中君为接驾迎神者，是为迎神曲辞。

湘君、湘夫人、大司命、少司命、东君、河伯、山鬼七章，以湘君、湘夫人的

---

① 闻一多：《楚辞校补》，《古典新义》，古籍出版社 1956 年版，第 383 页。
② 《史记·天官书》。
③ 《史记·封禅书》。

夫妻离合为主要情节,写丹阳败后,汉中沦陷,人民离散。司命相助,夫妻合聚。于(巫)山神女独然向隅,无与偕归。是以楚国民间神话与丹阳败后的现实构成一出凄楚婉丽的悲欢离合的歌舞剧,是为愉神之曲辞,是《九歌》"穆愉上皇"的主体,以示楚人收复汉中和商於之地的强烈愿望。

国殇一章以歌舞形式表现楚国将士艰苦奋战、英勇牺牲的战争场面(显系对丹阳大战的集中艺术描写)。最后受到东皇太一的赞扬和褒奖,用以激励士气,以图战胜秦国。是为慰灵之曲辞。

礼魂一章是全剧的尾声,是为送神之曲辞。

《九歌》的艺术结构凸现了创作主题:在丹阳败后,楚怀王在"乃悉国兵复袭秦"的誓师大会上,举行祭祀战神东皇太一的大典,演出湘君、湘夫人悲欢离合的歌舞剧,既用以"穆愉上皇",又表达楚人收复失地的愿望;并对战死丹阳的将士英灵进行慰藉与褒奖,用以激励士气,乞借太一灵威,以图战胜秦国。

c.《九歌·国殇》与淅川吉岗楚墓

《国殇》是写一场失败的战役:前十四句写楚军英勇杀敌、壮烈牺牲,"天时坠兮威灵怒,严杀尽兮弃原野",苦战至暮,全军覆没——"秦败我军,斩甲士八万……"虽然战败,但楚军将士"带长剑兮挟秦弓,首身离兮心不惩",表现了视死如归、虽死犹生的英雄气概。对这些英雄烈士,楚国人民(借助东皇太一)给以崇高的赞扬与褒奖:"身既死兮神以灵,子魂魄兮为鬼雄"——为神以灵,为鬼以雄。慰藉亡灵,激励生者士气。

据考古发掘淅川吉岗楚墓:"多数墓中随葬有铜剑,认为这批墓葬均为战国中期或中晚期之际的小型楚墓,吉岗楚墓为楚军在战争中阵亡的军士的埋葬地。"①并从五个方面论证后认为"吉岗楚墓的时代与秦楚丹阳大战的时间相吻合"。②

考古学为《九歌·国殇》的写作背景,所祭的亡灵以及悼念烈士、激励生者提供了可靠的依据。《国殇》正是丹阳战后蓝田战前,召唤战争亡灵,为张

---

① 张建中:《楚初都丹阳兴衰考》,转引自胡永庆《秦楚丹阳大战与淅川吉岗楚墓》,《中原文物》2003 年第 4 期。

② 胡永庆:《秦楚丹阳大战与淅川吉岗楚墓》,《中原文物》2003 年第 4 期。

扬士气、同仇敌忾、战胜秦国而作,是为《九歌》的整体写作目的服务,是《九歌》整体结构的一个组成部分,并加强了《九歌》的主题思想,张扬了荆楚民族的坚强不屈、慷慨壮烈的民族文化精神,为打胜秦国做好精神准备。

与《楚辞·九歌》针锋相对,出现了秦《诅楚文》。

屈原与楚怀王隆祀楚的战神东皇太一,但战争失败了,东皇太一并未能福佑楚国,屈原所着力宣扬的是荆楚民族的坚强不屈、慷慨壮烈的民族文化精神:"身既死兮神以灵,魂魄毅兮为鬼雄。"楚民族、楚士兵为神以灵、为鬼以雄。东皇太一并不能福佑战争胜利,而楚人的精神永存。故有"楚虽三户,亡秦必楚也"①的历史评说。正揭示出楚人这种坚强不屈的民族精神,屈子并未宣扬天神的威灵,而大力宣扬了楚人的民族精神世界。

《天问》是更为奇特的大文,《天问》问天——天地、宇宙、人间、社会、历史、兴衰。游国恩先生的《天问纂义》云:

> 谨按:王逸以《天问》为问天,其说非也。洪氏《补注》从而伸之,屈氏《新注》、陈氏《精义》,并推阐其义,以为屈子孤愤,无可宣泄,故上诉苍昊,以求一舒其意,注家多默契其说,实则似是而非之论也。夫谓屈子执履忠贞,横被谗逐,斯篇之作,有感而发;然篇中自兴废存亡、善恶因果而外,奚必波及于天地之窈冥,万物之诡怪,泛滥无归,以自失其主旨哉?故以《天问》仅为舒愤写忧之作,未免皮相之论也。王夫之说:"虽若与《章句》异,而仍狃于旧注讽谏之义,于题旨抑犹有间。"盖屈子存君兴国之辞虽多,而《天问》一篇,则不尽关讽悟之义也。故王氏与陈氏并知天问之不当为问天,所见则是,惜乎俱不得其说耳。诸解中惟戴震说为近之。盖《天问》之义,与《素问》略同。全元起云:"素者,本也;问者,黄帝问岐伯也。方陈性情之源,五行之本,故曰《素问》。"林亿谓其义未明。《乾鉴度》云:"有形者生于无形,故有太易,有太初,有太始,有太素。太易者,未见气也;太初者,气之始也;太始者,形之始也;太素者,质之始也。气形质具,而疴瘵由是萌生。"故黄帝问此太素质之始

---

① 《史记·项羽本纪》。

也,《素问》之名由此。其言是矣。今观其书,凡天地之象,阴阳之候,变化之由,死生之兆,无弗及者,岂直为医家言耶?《天问》云者,犹言以此自然界之一切事理为问耳。《春秋繁露·顺命篇》"天者,万物之祖。"《周礼·天官》郑氏注:"天者,统理万物。"《庄子·齐物论》郭注"天者,万物之总名也。"是则天无所不包,屈子以《天问》题篇,意若曰,宇宙间一切事物之繁之不可推者,欲从而究其理耳。故篇内首问两仪未分,洪荒未辟之事;次问天地既形,阴阳变化之理;以及造化神功,八柱九天,日月星辰之位,四时开阖晦明之原;乃至河海川谷之深广,地形四方之经度,昆仑增城之高,冬暖夏寒之所,皆天事也。天事之外,旁及动植珍怪之产,往古圣贤凶顽之事,理乱兴衰之故,又天道也。盖天统万物,凡一切人事之纷纭错综,变幻无端者,皆得摄于天道之中,而与夫天体、天象、天算等,广大精微,不可思议者,同其问焉,此《天问》之义也。又按《史记·楚世家》,楚之先,出自帝颛顼高阳。高阳生称,称生卷章,卷章生重黎。重黎者,即司天司地之南北(北一作火)正也。亦即《尧典》所称历象日月星辰,敬受人时之羲和所自出者也。屈子楚之同姓,为怀王左徒。左徒之职,与周之史官等。古之史官,兼掌天事,如《天官书》称昔之传天数者,周室史佚。太史公《自序》亦称司马氏重黎之后,而世典周史。左氏昭八年传,史赵对晋侯陈亡之问,岁在鹑火,今在析木之津云云,史赵亦晋太史。又昭二十九年《传》,晋太史蔡墨言五官五祀。《汉志》阴阳家有宋司星《子韦》三篇(《汉志》阴阳家者流,盖出于羲和之官。),子韦,宋景公史官,皆其证。屈子博闻强志,而又羲和世官,故能致疑于幽邈不测之天道如此。《天问》之作,非直为抒愁,亦非专为讽谏,与《离骚》《九章》诸篇异也。①

屈原处于从神权社会转型入人文社会的新旧更替的时代,天问,问天——对上古三代的神权社会及自然界宇宙间一切事物——自然宇宙,人间万事,历史兴衰——天道的质疑、发问,表现着对神权世界的怀疑、质问、探究与求

---

① 游国恩:《天问纂义》,中华书局1982年版,第8~9页。

索,对神权世界观的发问怀疑,探求新的世界认知——对巫史世界的怀疑与否定,对人文世界的求索,表现出一位文化巨人的理性思考,表现出一位哲人的新世界的心路历程。

d.《离骚》

屈原生活的年代,是齐楚秦合纵连横矛斗争激烈年代,秦国是为主导方面,楚王宫廷中为各种阴谋包围。楚怀王、顷襄王是没有战略头脑的领导人。屈原就生活在这阴谋氛围中。

游国恩先生在其《楚辞纂义》总序中指出:

嗟夫!屈子以旷代轶才,而又楚之懿亲,怀心国难,思有以匡扶之。乃以王之昏庸,群邪壅蔽,窜逐山泽,九年不复,此诚人情所不能忍,故其文忧愁幽思,曲折往复,激楚苍凉,如怨如诉,斯乃迫于情之弗容已,与夫世之无病而呻者异也。况乎怀襄两世,汉北江南,哀故都之日远,痛丧败之时闻。强寇鸱张,国亡无日。抱恨投渊,冀以死谏。幸则哲王可寤,而时俗可移,庶几史鱼之直;不幸则一瞑不视,不见亡国之祸,而亦未尝不可以其言其志,唤起人心,复我故国于数十百年之后。呜呼!亦可悲矣。今观其辞,宗国之念至切,发扬蹈厉,深入人心,足以鼓舞其遗民志士报仇雪耻之义气,真天地间不可少之文也。故楚之亡也,南方民气湮郁数十年,乃不久豪杰蜂起,耰锄西向。陈王揭竿,首号张楚,葛婴附义,亦立襄强;而居巢人范增且说项梁立怀王后以从民望,则其时南人之凤心可见。及项羽踵起,刘季奋兴,不数年间,卒以蹋秦。三户之谣,于斯竟验。呜呼!南方之强,岂偶然哉?夫楚既仇秦,则秦之所以防楚者必周,而摧灭其人之性者亦必甚。屈子之文,最易激发人情,宜为秦人之所忌;度其时《楚辞》一书,非焚即禁,与《诗》《书》百家同例。其幸而获存者,则秦之速亡,讽诵犹在人口故也。嗟夫!国难深矣!世之人倘亦有读屈子之文而兴起者乎?则庶乎三闾之孤愤为不虚;而区区之志,亦可与忠义之士相见于天下矣。

读《离骚》：

> 荃不察余之中情兮,反信谗而斋怒。（斋一作齐。）
> 亦余心之所善兮,虽九死其犹未悔。
> 怨灵修之浩荡兮,终不察夫民心。

这写屈原在宫廷被诬事。

> 济沅、湘以南征兮,就重华而陈词。

向虞舜诉说以求证。历数三代之兴——向重华陈词是希楚王之觉醒。

> 吾令羲和弭节兮,望崦嵫而勿迫。

在大巫者曦和“日御”的进退中,进入西方日落之地。这是屈原上下求索寻找新的道路——神游宇宙。

> 饮余马于咸池兮,总余辔乎扶桑。

飘风云霓,从西到东,陆离上下。

> 吾令帝阍开关兮,倚阊阖而望予。

上诉天帝,但阍者拒我入内。屈子在昆仑文化的构造中建构了一个天帝帝廷的神话,而大巫者羲和本是通天地的使者;天帝拒见,巫者也失去了功能。

　　古巴比伦有通天塔、空中花园。前贤苏雪林、徐高阮和凌纯声先生认为中华之昆仑应为古代两河流域名城通有之一种多层庙塔 ziggurat 一词的第二、三节的译音、中华化。两河流域巴比伦王都及大庙宇七星坛等皆模拟想象中世界大山而建筑。据此,昆仑一词应系西王母族吸收两河流域古叙利亚或巴比伦文化,创造昆仑丘、昆仑虚一词,以之为宇宙之山、登天之坛塔。屈子游昆仑,见帝阍,意为昆仑及天帝之帝廷所在,正是对昆仑文化的发扬。

　　　吾令丰隆乘云兮,求宓妃之所在。

宓一作虑,求神女为使以通神。

　　　望瑶台之偃蹇兮,见有娀之佚女。

求有娀氏以神通。上下求索均不可通。

　　　索琼茅以筵篿兮,命灵氛为余占之。

只有求灵氛占卜了。

　　　欲从灵氛之吉占兮,心犹豫而狐疑。

灵氛劝其去国远逝而心犹疑。

　　　巫咸将夕降兮,怀椒糈而要之。

通神的大巫师咸晚上从天上降神来,我带酒饭以享之。

　　　百神翳其备降兮,九疑缤其并迎。

巫咸迎来百神,劝其留以求合。下历数商汤、伊尹、武丁传说,周文、姜尚、齐桓公、宁戚等君臣遇合事为例。但佞党人横行,"固时俗之流从兮",众苦芳秽。

灵氛既告余以吉占兮,历吉日乎吾将行。

去君远行,"远逝以自疏。"

遭吾道夫昆仑兮,路修远以周流。

王邦采曰:"篇内一言县圃,再言阆风,三言昆仑,大夫一举念,即注想于此,岂以其为天柱,呼吸之间,上通帝座,故卷卷寓意欤? 若曰浪迹求仙,埋名遁世,非大夫之本怀矣。"昆仑是西王母王国所在地,是昆仑文化产生地,"帝之都"是天帝在人间的活动地区,屈子要找一所实现其理想的地区。

从"天津"出发,到达西极,经流沙,过赤水,拜访西皇,转过不周山,以西海为目的地,一路上"奏《九歌》而舞韶兮,聊假日以娱乐",心情愉悦。

陟升皇之赫戏兮,忽临睨夫旧乡。

正在天宫遨游,忽然看到家乡。

仆夫悲余马怀兮,蜷局顾而不行。

心怀家国。

乱曰:已矣哉,国无人莫我知兮,又何怀乎故都? 既莫足与为美政兮,吾将从彭咸之所居!

上下求索:"令羲和""令帝阍"、求神女、求"灵氛"、求"巫咸""远逝"——"遭吾道夫昆仑",但均落空、失望,直至绝望,矢志汨罗,以死殉国。

上下求索是寻找救国之道,见天帝被拒,求可通神的大巫师见天帝均无果,是用以表现楚国腐朽黑暗的现实,表现屈子艰难处境。同时它也说明上古三代的神权世界多么虚妄无力,多么不可信奉。这是对上古三代神权世界的大胆否定、决裂。

屈子深沉的爱国情怀永存，开创的骚体文学成为中华文明史新时期一个新体文学的创造；而"风""骚"并称，成为中华民族不朽精神的象征。

屈子的"惜诵以致愍兮，发愤以抒情"——发愤抒情，愤怒出诗人，脱离了音乐美学的神权时代和礼乐文明的桎梏，自由抒发，自由抒情，这是一个新时代下的文学精神，新时代下的文学人格。

总之，正是从屈原开创，诗歌成为个人抒愤的表现形态，而这个人是三闾大夫，士大夫。"公卿至于列士献诗"，"文史星历近乎卜祝之间，固主上所戏弄，倡优畜之，流俗之所轻也"（司马迁《报任安书》），文学乃政治附庸，出现了官僚文化。古代作家能写出有价值的作品，大都属于私人著述发愤之作，表现为与官方哲学相对立的变风变雅之作。

曹丕的《典论·论文》及其后魏晋南北朝各种文论迭出，专门性的文学理论、文学美学理论纷纷出世，完全改变了秦汉文化专制主义的格局，中国文学从此走向健康发展的道路。

（五）春秋战国时期城邦经济大发展

《史记·货殖列传》论述了这一历史，简列如下：

> 子赣既学于仲尼，退而仕于卫，废著鬻财于曹、鲁之间，七十子之徒，赐最为饶益。原宪不厌糟糠，匿于穷巷。子贡结驷连骑，束帛之币以聘享诸侯，所至，国君无不分庭与之抗礼。夫使孔子名布扬于天下者，子贡先后之也。此所谓得执而益彰者乎？

> 白圭，周人也。当魏文侯时，李克务尽地力，而白圭乐观时变，故人弃我取，人取我与。夫岁孰取谷，予之丝漆；茧出取帛絮，予之食。太阴在卯，穰；明岁衰恶。至午，旱；明岁美。至酉，穰；明岁衰恶。至子，大旱；明岁美，有水。至卯，积著率岁倍。欲长钱，取下谷；长石斗，取上种。能薄饮食，忍嗜欲，节衣服，与用事僮仆同苦乐，趋时若猛兽挚鸟之发。故曰："吾治生产，犹伊尹、吕尚之谋，孙吴用兵，商鞅行法是也。是故其智不足与权变，勇不足以决断，仁不能以取予，强不能有所守，虽欲

学吾术,终不告之矣。"盖天下言治生祖白圭。白圭其有所试矣,能试有所长,非苟而已也……

乌氏倮畜牧,及众,斥卖,求奇缯物,间献遗戎王。戎王什倍其偿,与之畜,畜至用谷量马牛。秦始皇帝令倮比封君,以时与列臣朝请。而巴寡妇清,其先得丹穴,而擅其利数世,家亦不訾。清,寡妇也,能守其业,用财自卫,不见侵犯。秦皇帝以为贞妇而客之,为筑女怀清台。夫倮鄙人牧长,清穷乡寡妇,礼抗万乘,名显天下,岂非以富邪?

昔唐人都河东,殷人都河内,周人都河南。夫三河在天下之中,若鼎足,王者所更居也,建国各数百千岁,土地小狭,民人众,都国诸侯所聚会,故其俗纤俭习事。杨、平阳陈西贾秦、翟,北贾种、代。种、代,石北也,地边胡,数被寇。人民矜懻忮,好气,任侠为奸,不事农商。然迫近北夷,师旅亟往,中国委输时有奇羡。其民羯羠不均,自全晋之时固已患其僄悍,而武灵王益厉之,其谣俗犹有赵之风也。故杨、平阳陈掾其间,得所欲。温、轵西贾上党,北贾赵、中山。中山地薄人众,犹有沙丘纣淫地余民,民俗懁急,仰机利而食。丈夫相聚游戏,悲歌慷慨,起则相随椎剽,休则掘冢作巧奸冶,多美物,为倡优。女子则鼓鸣瑟,跕屣,游媚贵富,入后宫,遍诸侯。

夫燕亦勃、碣之间一都会也。南通齐、赵,东北边胡。上谷至辽东,地踔远,人民希,数被寇,大与赵、代俗相类,而民雕捍少虑,有鱼盐枣栗之饶。北邻乌桓、夫余,东绾秽貉朝鲜、真番之利。

洛阳东贾齐、鲁,南贾梁、楚。故泰山之阳则鲁,其阴则齐。

齐带山海,膏壤千里,宜桑麻,人民多文采布帛鱼盐。临淄亦海岱之间一都会也。其俗宽缓阔达,而足智,好议论,地重,难动摇,怯于众斗,勇于持刺,故多劫人者,大国之风也。其中具五民。

而邹、鲁滨洙、泗,犹有周公遗风,俗好儒,备于礼,故其民龊龊。颇有桑麻之业,无林泽之饶。地小人众,俭啬,畏罪远邪。及其衰,好贾趋利,甚于周人。

夫自鸿沟以东,芒、砀以北,属巨野,此梁、宋也。陶、睢阳亦一都会也。昔尧作[于]成阳,舜渔于雷泽,汤止于亳。其俗犹有先王遗风,重厚多君子,好稼穑,虽无山川之饶,能恶衣食,致其蓄藏。

越、楚则有三俗。夫自淮北沛、陈、汝南、南郡,此西楚也。其俗剽轻,易发怒,地薄,寡于积聚。江陵故郢都,西通巫、巴,东有云梦之饶。陈在楚夏之交,通鱼盐之货,其民多贾。徐、僮、取虑,则清刻,矜己诺。

彭城以东,东海、吴、广陵,此东楚也。其俗类徐、僮。朐、缯以北,俗则齐。浙江南则越。夫吴自阖庐、春申、王濞三人招致天下之喜游子弟,东有海盐之饶,章山之铜,三江、五湖之利,亦江东一都会也。

衡山、九江、江南、豫章、长沙,是南楚也,其俗大类西楚。郢之后徙寿春,亦一都会也。而合肥受南北潮,皮革、鲍、木输会也。与闽中、干越杂俗,故南楚好辞,巧说少信。江南卑湿,丈夫早夭。多竹木。豫章出黄金,长沙出连、锡,然堇堇物之所有,取之不足以更费。九疑、苍梧以南至儋耳者,与江南大同俗,而杨越多焉。番禺亦其一都会也,珠玑、犀、瑇瑁、果、布之凑。

颍川、南阳,夏人之居也。夏人政尚忠朴,犹有先王之遗风。颍川敦愿。秦末世,迁不轨之民于南阳。南阳西通武关、郧关,东南受汉、江、淮。宛亦一都会也。俗杂好事,业多贾。其任侠,交通颍川,故至今谓之“夏人”。

总之,楚越之地,地广人希,贩稻羹鱼,或火耕而水耨,果隋蠃蛤,不待贾而足,地埶饶食,无饥馑之患,以故呰窳偷生,无积聚而多贫。是故江淮以南,无冻饿之人,亦无千金之家。沂、泗水以北,宜五谷桑麻六畜,地小人众,数被水旱之害,民好畜藏,故秦、夏、梁、鲁好农而重民。三河、宛、陈亦然,加以商贾。齐、赵设智巧,仰机利。燕、代田畜而事蚕。

由此观之,贤人深谋于廊庙,论议朝廷,守信死节隐居岩穴之士设为名高者安归乎?归于富厚也。是以廉吏久,久更富,廉贾归富。富者,人之情性,所不学而俱欲者也。故壮士在军,攻城先登,陷阵却敌,斩将搴旗,前蒙矢石,不避汤火之难者,为重赏使也。其在闾巷少年,攻剽椎埋,劫人作奸,掘冢铸币,任侠并兼,借交报仇,篡逐幽隐,不避法禁,走死地如骛者,其实皆为财用耳。今夫赵女郑姬,设形容,揳鸣琴,揄长袂，蹑利屣，目挑心招，出不远千里，不择老少者，奔富厚也。游闲公子，饰冠剑，连车骑，亦为富贵容也。弋射渔猎，犯晨夜，冒霜雪，驰阬谷，不避猛兽之害，为得味也。博戏驰逐，斗鸡走狗，作色相矜，必争胜者，重失负也。医方诸食技术之人，焦神极能，为重糈也。吏士舞文弄法，刻章伪书，不避刀锯之诛者，没于赂遗也。农工商贾畜长，固求富益货也。此有知尽能索耳，终不余力而让财矣。

齐俗贱奴虏，而刀闲独爱贵之。桀黠奴，人之所患也，唯刀闲收取，使之逐渔盐商贾之利，或连车骑，交守相，然愈益任之。终得其力，起富数千万。故曰"宁爵毋刀"，言其能使豪奴自饶而尽其力。

周人既纤，而师史尤甚，转毂以百数，贾郡国，无所不至，洛阳街居在齐秦楚赵之中，贫人学事富家，相矜以久贾，数过邑不入门，设任此等，故师史能致七千万。

宣曲任氏之先，为督道仓吏。秦之败也，豪杰皆争取金玉，而任氏独窖仓粟。楚汉相距荥阳也，民不得耕种，米石至万，而豪杰金玉尽归任氏，任氏以此起富。富人争奢侈，而任氏折节为俭，力田畜。田畜人争取贱贾，任氏独取贵善。富者数世。然任公家约，非田畜所出弗衣食，公事不毕则身不得饮酒食肉。以此为闾里率，故富而主上重之。

塞之斥也，唯桥姚巳致马千匹，牛倍之，羊万头，粟以万锺计。吴楚七国兵起时，长安中列侯封君行从军旅，赍贷子钱，子钱家以为侯邑国在关东，关东成败未决，莫肯与。唯无盐氏出捐千金贷，其息什之。三月，吴楚平。一岁之中，则无盐氏之息什倍，用此富埒关中。

关中富商大贾，大抵尽诸田，田啬、田兰。韦家栗氏，安陵、杜杜氏，亦钜万。

此其章章尤异者也。皆非有爵邑俸禄弄法犯奸而富，尽椎埋去就，与时俯仰，获其赢利，以末致财，用本守之，以武一切，用文持之，变化有概，故足术也。若至力农畜，工虞商贾，为权利以成富，大者倾郡，中者倾县，下者倾乡里者，不可胜数。

夫纤啬筋力，治生之正道也，而富者必用奇胜。田农，掘业，而秦扬以盖一州。掘冢，奸事也，而田叔以起。博戏，恶业也，而桓发用富。行贾,丈夫贱行也,而雍乐成以饶。贩脂,辱处也,而雍伯千金。卖浆,小业也,而张氏千万。洒削,薄技也,而郅氏鼎食。胃脯,简微耳,浊氏连骑。马医,浅方,张里击锺。此皆诚壹之所致。

凡编户之民,富相什则卑下之,伯则畏惮之,千则役,万则仆,物之理也。夫用贫求富农不如工,工不如商,刺绣文不如倚市门,此言末业,贫者之资也。通邑大都,酤一岁千酿,醯酱千瓨,浆千甔,屠牛羊彘千皮,贩谷粜千钟,薪槀千车,船长千丈,木千章,竹竿万个,其轺车百乘,牛车千两,木器髤者千枚,铜器千钧,素木铁器若卮茜千石,马蹄躈千,牛千足,羊彘千双,僮手指千,筋角丹沙千斤,其帛絮细布千钧,文采千匹,榻布皮革千石,漆千斗,糵麹盐豉千荅,鲐鮆千斤,鲰千石,鲍千钧,枣栗千石者三之,狐貂裘千皮,羔羊裘千石,旃席千具,佗果菜千钟,子贷金钱千贯,节驵会,贪贾三之,廉贾五之,此亦比千乘之家,其大率也。佗杂业不中什二,则非吾财也。

(六)小结

商业的发展,商品经济的发展,改变了社会结构,改变了组织形式,改变了社会性质。这是上古三代以来的神权社会所没有的完全崭新的经济形态——土地国有制的逐渐崩溃,商品经济发展,土地兼并盛行,出现新兴地主阶级,"然王制遂灭,僭差亡度,庶人之富者累巨万,而贫者食糟糠……汉兴接秦之敝,诸侯并起,民失作业而大饥馑","此商人所以兼并农人,农人所以流亡者也。"①

经济形态的变化,带来的是社会形态的变化——从神权社会过渡为人文社会,从神权古国进入人文王国的历史发展进程中。

商品经济的发展,并未造成新兴资产阶级,而是富商大贾转化为新兴地主阶级,这是中华历史文化的一个独特特点,构造了中华文明史的新的社会结构。

---

① 《汉书·食货志》。

十二、结语:秦汉王国,中华文明史的新时期

秦汉帝国是中央集权大帝国,仍继承上古三代的宗法制度、宗法观念(甚至更为强化),仍是家天下,极好鬼神,信奉巫史文化。这后一点已发生质的变化,秦皇汉武不再是王权神授,不再是天命所归的旧观念;他们信鬼神、好巫史,是为了求长生、求政权的万世一系。这是与神权社会相对立的人文社会,标志着中华文明史进一个新时代。

从上古三代的神权古国转型为人文社会王国,经历春秋(前 770—前 476)、战国(前 475—前 221)五百多年的分裂割据,秦于前 221 年统一全国,走上文明史的人文王国的历史。

第四章　运用马克思的"亚细亚生产方式"理论考察中国古代社会商品经济未转型资本主义诸问题

——中华文明史发展道路的探索

依据马克思关于社会生产方式与社会经济形态的论述,古代中国属于"亚细亚生产方式",属于"早熟的儿童",而与"古典时代(古希腊罗马)的生产方式"——"正常的儿童"相对应,东西方古代社会走着不同的历史发展道路。所谓"早熟的儿童"实指文明与国家孕育产生在"一种凌驾于这许多实际的单个共同体之上的特殊东西",这"许多共同体之父的专制君主所体现的统一总体,通过这些单个的公社而赐予他的"。① 这是在氏族公社解体之前,已产生"总和的统一体""更高的所有者或唯一的所有者",即在进入部落联盟阶段就产生了王权、产生了君主,氏族公社提前迈入文明的门槛,即产生了"凌驾于公社之上"的早熟性是亚细亚生产方式的古老东方社会特有的历史文化特点,是中华文明的本质性特征,贯穿于整个中华文明史。

卡尔·马克思对世界古代历史与社会提出了两个类型的命题:"古典古代的历史"和"正常的儿童","亚细亚的历史"和"早熟的儿童"。古代中国即属于"亚细亚的历史"和"早熟的儿童"这一类型。"亚细亚的历史"又称为"亚细亚的生产方式"。所谓"早熟的儿童",按我们的理解是指中国原始公社过早地解体,母系氏族社会提前过渡到父系社会,即军事民主制——酋邦——国家提前产生:未待土地私有制成熟,由军事领袖而成为酋邦——国

---

① 马克思:《经济学手稿》,《马克思恩格斯全集》第 46 卷上册,人民出版社 1979 年版,第 403 页。

家的君王,社会财富集中到少数人手中——借助政治权力而不是借助生产与贸易来实现的军事政治权力与文化宗教权力高度集中的结果与象征。城市与农村不可分割地统一,城市是"宗子维城"——宗法的、政治的;以血缘的、宗族的构成政治结构的基础,成为集中政治权力的基本制度,由此而成为古代中国宗法制度、姓氏系谱制度和家天下观念的来源。这种氏族血缘纽带制约着社会的发展,社会分工缓慢,商品生产与交换相对不发达,自然经济长期占据主导地位。在思想文化领域,"真正中国的宇宙起源论是一种有机物的程序的起源论"[1],即指整个宇宙(包括人间社会)的所有组成部分都属于一有机物整体,小至一粒沙石,大到恒河星宿,它们都是一个连续整体的组成部分,"历象日月星辰,敬授民时",天人同构,宇宙一体,其中心、其主轴是独占通天权力的王者兼巫者,天地一体,人神同在,天人合一,这是古代中国的宇宙观,也是中国早期文明的重要标志。

这是就神权社会而说的,随着西周王朝的覆亡,春秋战国则开辟了一个新时代———一个极具人文精神的时代。

经济基础和上层建筑均发生了大变化,其中最著名的是商品经济的发展,在城邦经济与城邦文化转型的时代,改变上古神权时代商品经济发展的历史情况。《史记·货殖列传》记述了这个商品经济大发展的时代。

春秋战国以城邦经济、城邦文化终结了几千年的神权社会,以新的经济形态(土地私有、商品经济)与新的文化形态(人文的、开放的、百花齐放式的、新时代的思想文化先导者),标志一个新的文明时代的到来。

商品经济是一个国家的经济形态之一,它关系着国家的社会结构问题,但在中国古代封建社会史上,它都是一个确定社会性质的根本性问题,是关于中华文明史的发展方向的一个根本性问题。

现对秦汉已降封建社会商品经济发展史作一简要勾勒。

---

① 张光直:《青铜时代》,三联书店1999年版,第475页。

一、秦汉时期

　　乌氏倮畜牧,及众,斥卖,求奇缯物,间献遗戎王。戎王什倍其偿,与之畜,畜至用谷量马牛。秦始皇帝令倮比封君,以时与列臣朝请。而巴寡妇清,其先得丹穴,而擅其利数世,家亦不訾。清,寡妇也,能守其业,用财自卫,不见侵犯。秦皇帝以为贞妇而客之,为筑女怀清台。夫倮鄙人牧长,清穷乡寡妇,礼抗万乘,名显天下,岂非以富邪?①

秦始皇"令倮比封君",封君,秦汉时领受封地的贵族。《汉书·食货志》:"秦汉之制,列侯封君食租税,岁率户二百石。"乌氏倮、巴寡妇清得到秦皇的关注,列侯封君,"礼抗万乘,名显天下",企业家与官吏合一,这是秦汉以降商品经济的一个模式。

　　蜀卓氏之先,赵人也,用铁冶富。秦破赵,迁卓氏。卓氏见掳略,独夫妻推辇,行诣迁处。诸迁虏少有余财,争与吏,求近处,处葭萌。唯卓氏曰:"此地狭薄。吾闻汶山之下,沃野,下有蹲鸱,至死不饥。民工于市,易贾。"乃求远迁,致之临邛,大喜,即铁山鼓铸,运筹策,倾滇蜀之民,富至僮千人。田池射猎之乐,拟于人君。
　　程郑,山东迁虏也,亦冶铁,贾椎髻之民,富埒卓氏,俱居临邛。
　　宛孔氏之先,梁人也,用铁冶为业。秦伐魏,迁孔氏南阳。大鼓铸,规陂池,连车骑,游诸侯,因通商贾之利,有游闲公子之赐与名。然其赢得过当,愈于纤啬,家致富数千金,故南阳行贾尽法孔氏之雍容。②

是知,战国后期,商品经济的发展,得到诸侯国的支持。

　　天下已平,高祖乃令贾人不得衣丝乘车,重租税以困辱之。孝惠、

---

① 《史记·货殖列传》。
② 《史记·货殖列传》。

高后时，为天下初定，复驰商贾之律，然市井之子孙亦不得仕宦为吏。量吏禄，度官用，以赋于民。而山川园池市井租税之入，自天子以至于封君汤沐邑，皆各为私奉养焉，不领于天下之经费。漕转山东粟，以给中都官，岁不过数十万石。①

汉兴实行重农抑商、打击商品经济政策。后，汉连兵多年，诛羌、灭南越、征匈奴，国用不足，入粟补官，输盐铁官："海内之士力耕不足粮饷，女子纺织不足衣服"，其重农抑商政策亦遭破坏。

汉代为商品经济建立"榷会"制度：榷利、榷茶、榷货、榷场、榷酤、榷盐专卖制度。

秦汉之制，列侯封君食租税，岁率户二百。千户之君则二十万，朝觐聘享出其中。庶民农工商贾，率亦岁万息二千，百万之家即二十万，而更徭租赋出其中，衣食好美矣。故曰陆地牧马二百蹄，牛千蹄角，千足羊，泽中千足彘，水居千石鱼波，山居千章之萩。安邑千树枣；燕、秦千树栗；蜀、汉江陵千树橘；淮北荥南河济之间千树萩；陈、夏千亩漆；齐、鲁千亩桑麻；渭川千亩竹；及名国万家之城，带郭千亩亩钟之田，若千亩卮茜，千畦姜韭：此其人皆与千户侯等。

谚曰："以贫求富，农不如工，工不如商，刺绣文不如倚市门。"此言末业，贫者之资也。通邑大都酤一岁千酿，醯酱千瓨，浆千儋，屠牛羊彘千皮，谷籴千钟。薪槁千车，船长千丈，木千章，竹竿万个，轺车百乘，牛车千两；木器髤者千枚，铜器千钧，素木铁器若卮茜千石，马蹄躈千，牛千足，羊彘千双，童手指千，筋角丹沙千斤，其帛絮细布千钧，文采千匹，荅布皮革千石，漆千大斗，蘖曲盐豉千合，鲐鮆千斤，鲰鲍千钧，枣栗千石者三之，狐貂裘千皮，羔羊裘千石，旃席千具，它果采千种，子贷金钱千贯，节驵侩，贪贾三之，廉贾五之，亦比千乘之家，此其大率也。

关中富商大贾，大氐尽诸田，田墙、田兰。韦家栗氏、安陵杜氏亦钜

_____
① 《史记·平准书》。

万。前富者既衰,自元、成讫王莽,京师富人杜陵樊嘉,茂陵挚网,平陵如氏、苴氏,长安丹王君房,豉樊少翁、王孙大卿,为天下高訾。樊嘉五千万,其余皆钜万矣。王孙卿以财养士,与雄桀交,王莽以为京司市师,汉司东市令也。

此其章章尤著者也。其余郡国富民兼业颣利,以货略自行,取重于乡里者,不可胜数。故秦杨以田农而甲一州,翁伯以贩脂而倾县邑,张氏以卖酱而隃侈,质氏以洒削而鼎盒,浊氏以胃哺而连骑,张里以马医而击钟,当越法矣。然常循守事业,积累赢利,渐有所起。至于蜀卓、宛孔,济之刀间,公擅山川铜铁鱼监市井之人,运其筹策,上争王者之利,下锢齐民之业,皆陷不轨奢僭之恶。又况掘冢搏掩,犯奸成富,曲叔、稷发、雍乐成之徒,犹复齿列,伤化败俗,大乱之道也。①

司马迁、班固对秦汉时期商品经济多有论列,对汉朝的重农抑商政策也有涉及,对商家兴起对传统礼法的冲击多有微词,其王朝所设的"榷会"制度,其对商品经济的发展影响,言之甚少。榷会制度、专卖制度正是中华文明史上一个突出特征。这一时期的商品经济牢牢地掌控在国家手中,它并不构成社会的经济力量,只是国家财用赋税的一个来源;国家经济核心在农村、在农业,而不在城市(工商业)。

晋代精于稼穑,"务尽地利,禁游商贩。"

隋代建永业田;官置酒坊收利,盐池盐井皆禁百姓采用。

二、唐代加重了对商品经济的榨取与赋税

初,德宗居奉天,储畜空窭,尝遣卒视贼,以苦寒乞襦营,帝不能致,剐亲王带金而鬻之。朱泚既平,于是帝属意聚敛,常赋之外,进奉不息。剑南西川节度使韦皋有"日进",江西观察使李兼有"月进",淮南节度使杜亚、宣歙观察使刘赞、镇海节度使王纬李锜皆徼射恩泽,以常赋入贡,

① 《汉书·食货志》。

名为"羡余"。至代易又有"进奉"。当是时,户部钱物,所在州府及巡院皆得擅留,或矫密旨加敛,谪官吏、刻禄稟,增税通津、死人及蔬果。凡代易进奉,取于税入,十献二三,无敢问者。常州刺史裴肃鬻薪炭案纸为进奉,得迁浙东观察使。刺史进奉,自肃始也。刘赞卒于宣州,其判官严绶倾军府为进奉,召为刑部员外郎。判官进奉,自绶始也。自裴延龄用事,益为天子积私财,而生民重困。延龄死,而人相贺。

是时,宫中取物于市,以中官为宫市使。两市置"白望"数十百人,以盐估敝衣、绢帛,尺寸分裂酬其直。又索进奉门户及脚价钱,有赍物入市而空归者。每中官出,沽浆卖饼之家皆彻肆塞门。谏官御史数上疏谏,不听,人不堪其弊。户部侍郎苏弁言:"京师游手数千万家,无生业者仰宫市以活,奈何罢?"帝悦,以为然。京兆尹章凑奏:"小人因宫市为奸,真伪难辨,宜下府县供送"。帝许之。中宫言百姓赖宫市以养者也,凑反得罪。

顺宗即位,乃罢宫市使及盐铁使月进。宪宗又罢除官受代进奉及诸道两税外榷率;分天下之赋以为三,一曰上供,二曰送使,三曰留州。宰相裴垍又令诸道节度、观察调费取于所治州,不足则取于属州,而属州送使之余与其上供者,皆输度支。[①]

月进、羡余、进奉、白望,名目繁多的对工商业者的豪夺榨取。

唐有盐池十八,井六百四十,皆隶度支。蒲州安邑、解县有池五,总曰"两池",岁得盐万斛,以供京师。盐州五原有乌池、白池、瓦池、细项池,灵州有温泉池、两井池、长尾池、五泉池、红桃池、回乐池、弘静池,会州有河池,三州皆输米以代盐。安北都护府有胡落池,岁得盐万四千斛,以给振武,天德。黔州有井四十一,成州、巂州井各一,果、阆、开、通井百二十三,山南西院领之。邛、眉、嘉有井十三,剑南西川院领之。梓、遂、綿、合、昌、渝、泸、资、荣、陵、简有井四百六十,剑南东川院领之。

---

① 《新唐书·食货志二》。

皆随月督课。幽州、大同横野军有盐屯，每屯有丁有兵，岁得盐二千八百斛，下者千五百斛。负海州岁免租为盐二万斛以输司农。青、楚、海、沧、棣、杭、苏等州，以盐价市轻货，亦输司农。①

度支，是政府的统计、支调、财赋制度，汉代即设，历代相延。历代王朝对工商业均由度支制度控制。

唐初无酒禁，肃宗乃禁京城酤酒，后定天下酤户以月收税，昭宗世复榷酒。德宗税天下茶、漆、竹、木，十取一，以为常平本钱。开元十五年(727)初税银、锡；德宗(780—805)，山泽之利，宜归王者，自是皆隶盐铁使。

隋末行五铢白钱，武德四年(621)铸开元通宝，后置钱监。

> 江淮多铅锡钱，以铜荡外，不盈斤两，帛价益贵。销千钱为铜六斤，铸器则斤得钱六百，故销铸者多，而钱益耗。判度支赵赞采连州白铜铸大钱，一当十，以权轻重。贞元初，骆谷、散关禁行人以一钱出者。诸道盐铁使张滂奏禁江惟铸铜为器，惟铸鉴而已。十年，诏天下铸铜器，每器一斤，其直不得过百六十，销钱者以盗铸论。然而民间钱益少，缯帛价轻，州县禁钱不出境，商贾皆绝。浙西观察使李若初请通钱往来，而京师商贾贵钱四方贸易者，不可胜计。诏复禁之。二十年，命市井交易，以绫、罗、绢、布、杂货与钱兼用。宪宗以钱少复禁用铜器。

> 时商贾至京师，委钱诸道进奏院及诸军、诸使富家，以轻装趋四方，合券乃取之，号"飞钱"。京兆尹裴武请禁与商贾飞钱者，廋索诸坊，十人为保。

飞钱是唐代为适应商品经济发展在金融货币上的一个创造。宪宗(806—820)时，"商贾至京师，委钱诸道进奏院及诸军、诸使富家，以轻装趋四方，合券乃取之，号为'飞钱'"，此为我国钞法之始，但仅限于商贾和富豪私人为之。

---

① 《新唐书·食货志四》。

命商贾蓄钱者,皆出以市货;天下有银之山必有铜,唯银无益于人,五岭以北,采银一两者流他州,官吏论罪。元和四年,京师用钱缗少二十及有铅锡钱者,捕之;非交易而钱行衢路者,不问。复诏采五岭银坑,禁钱出岭。六年,贸易钱十缗以上者,参用布帛。

蔚州三河冶距飞狐故监二十里而近,河东节度使王锷置炉,疏拒马河水铸钱,工费尤省,以刺史李听为使,以五炉铸,每炉月铸钱三十万,自是河东锡钱皆废。

自京师禁飞钱,家有滞藏,物价浸轻。判度支卢坦、兵部街书判户部事王绍、盐铁使王播请许商人于户部、度支、盐铁三司飞钱,每千钱增给百钱,然商人无至者。复许与商人敌贯而易之,然钱重帛轻如故。宪宗为之出内库钱五十万缗市布帛,每匹加旧估十之一。①

"然钱重帛轻如故",并未促进工商业者经济繁荣。唐代经济大繁荣,货币大发展,但并未促进资本主义的兴起。

三、宋代时期

1. 商税

凡州县皆置务,关镇亦或有之,大则专置官监临,小则令、佐兼领,诸州仍令都监、监押同掌。行者赍货,谓之"过税",每千钱算二十;居者市鬻,谓之"住税",每千钱算三十,大约如此。然无定制,其名物各随地宜而不一焉。行旅赍装,非有货币当算者,无得发箧搜索。凡贩夫贩妇细碎交易,岭南商贾赍生药及民间所织缣帛,非鬻于市者皆勿算。常税名物,令有司件析颁行天下,揭于版,置官署屋壁,俾其遵守。应算物货而辄藏匿,为官司所捕获,没其三分之一,以半畀捕者。贩鬻而不由官路者罪之。有官须者十取其一,谓之"抽税"。②

自唐室藩镇多便宜从事,擅其征利,以及五季,诸国益务掊聚财货

---

① 《新唐书·食货志四》。
② 《宋史》卷一百八十六,《食货志下八》。下皆引此。

以自赡，故征算尤繁。宋兴，所下之国，必诏蠲省，屡敕官吏毋事烦苛、规羡余以徼恩宠。大中祥符六年，始免诸路州军农器之税。

诸州津渡旧皆有算，或水涸改置桥梁，有司犹责主者备赏。建隆初，诏除沧、德、棣、淄、齐、郓乾渡三十九处算钱，水涨听民置渡，勿收其算。自是，有类此者多因恩宥蠲除。

皇佑中，岁课缗钱七百八十六万三千九百。嘉祐以后，驰茶禁，所历州县收算钱。至治平中，岁课增六十余万，而茶税钱居四十九万八千六百。

天圣以来，国用寖广，有请算缗钱以助经费者。

其余橘园、鱼池、水磑、社酒、莲藕、鹅鸭、螺蚌、柴薪、地铺、枯牛骨、溉田水利等名，皆因诸国旧制，前后屡诏废省。缘河州县民船载粟亦输算，三年，始罢。

2. 互市舶法

自汉初与南越通关市，而互市之制行焉。后汉通交易于乌桓、北单于、鲜卑，北魏立互市于南边陲，隋、唐通贸易于西北。开元定令，载其条目，后唐亦然。而高丽、回鹘、黑水诸国，又各以风土所产与中国交易。

宋初，循周制，兴江南通市。乾德二年，禁商旅勿得渡江，于建安、汉阳、蕲口置三榷署，通其交易；内外群臣辄遣人往江、浙贩易者，没入其货。缘江百姓及煎盐亭户，恣其樵渔，所造履席之类，榷署给券，听渡江贩易。开宝三年，徙建安榷署于扬州。江南平，榷署虽存，止掌茶货。四年，置市舶司于广州，后又于杭、明州置司。凡大食、古逻、阇婆、占城、勃泥、麻逸、三佛齐诸番并通货易，以金银、缗钱、铅锡、杂色帛、瓷器，市香药、犀象、珊瑚、琥珀、珠琲、镔铁、鼊皮、瑇瑁、玛瑙、车渠、水精、蕃布、乌槾、苏木等物。

太宗时，置榷署于京师，诏诸番香药宝货至广州、交阯、两浙、泉州，非出官库者，无得私相贸易。其后乃诏："自今帷珠贝、玳瑁、犀象、镔铁、鼍皮、珊瑚、玛瑙、乳香禁榷外,他药官市之余,听市于民。

熙雍中,遣内侍八人赍敕书金帛,分四路诏致海南诸蕃。商人出海外蕃国贩易者,令并诣两浙市舶司请给官券,违者没入其宝货。淳化二年,诏广州市舶,除榷货外,他货之良者止市其半。大抵海舶至,十先征其一,价值酌蕃货轻重而差给之,岁约获五十余万斤、条、株、颗。太平兴国初,私与蕃国人贸易者,计直满百钱以上论罪,十五贯以上黥面流海岛,过此送阙下。淳化五年申其禁,至四贯以上徒一年,稍加至二十贯以上,黥面配本州为役兵。

天圣以来,象犀、珠玉、香药、宝货充牣府库,尝斥其余以易金帛、刍粟,县官用度实有助焉。而官市货数,视淳化则微有所损。皇佑中,总岁入象犀、珠玉、香药之类,其数五十三万有余。至治平中,又增十万。①

3.关子、交子、会子

高宗绍兴元年,有司因婺州屯兵,请椿办合用钱,而路不通舟,钱重难致。乃造关子付婺州,召商人入中,执关于榷货务请钱,愿得茶、盐、香货钞引者听。于是州县以关子充籴本,未免抑配,而榷货务又止以日输三分之一偿之,人皆蹉怨。六年,诏置行在交子务。臣僚言:"朝廷措置见钱关子,有司浸失本意,改为交子,官无本钱,民何以信?"于是罢交子务,令榷货务储见钱印造关子。

三十年,户部侍郎钱端礼被旨造会子,储见钱,于城内外流转,其合发关钱,并许兑会了输左藏库。明年,诏会子务隶都茶厂。②

宋代实行纸币和货币改革,当促进工商业的发展。

盐之类有二:引池而成者,曰颗盐,《周官》所谓盬盐也;鬻海、鬻井、鬻硷而成者,曰末盐,《周官》所谓散盐也。宋自削平诸国,天下盐利皆

---

① 《宋史·食货志下八》。
② 《宋史·食货志下三》。

归县官。官鬻、通商,随州郡所宜,然亦变革不常,而尤重私贩之禁。①

榷茶之制"六州采茶",岁课作茶输租,余则官悉市口。榷盐,由政府掌控。

契丹在太祖时,虽听缘边市易,而未有官署。太平兴国二年,始令镇、易、雄、霸、沧州各置榷务,辇香药、犀象及茶与交易。后有范阳之师,罢不与通。

三年,诏民以书籍赴延边榷场博易者,非《九经》书疏悉禁之。凡官鬻物如旧,而增缯帛、漆器、秔糯,所入者有银钱、布、羊马、橐驼,岁获四十余万。

西夏自景德四年,于保安军置榷场,以缯帛、罗绮交易驼马、牛羊、玉、毡毯、甘草,以香药、瓷漆器、姜桂等物易蜜蜡、麝脐、毛褐、羱羚角、钢砂、柴胡、苁蓉、红花、翎毛,非官市者听与民交易,入贡至京者从其为市。

北宋与契丹、西夏的商贸关系也有新发展。

宋代是工商业大发展的时代、市场繁荣的时代,文学史上出现新的因素,小说(评话)、戏曲、词繁荣,曾认为是资本主义萌芽的时代,但北宋王朝严密控制工商业,新的阶级未得以出现,中国仍盘桓在封建主义之中。

四、明代时期

据《明史·食货志》卷一户口、田制(屯田、庄田);卷二赋、役(两税、一条鞭法,役法,报灾法);卷三(漕运、仓库);卷四(盐法、茶法);卷五钱钞、坑冶、商税、市舶、马市;卷六上供采造、柴炭、采木、珠池、织造、烧造、奉饷、会计,明朝对工商掌控严密。

以货币为例:

---

① 《宋史·食货志下三》。

钱币之兴,自九府圜法,历代遵用。钞始于唐之飞钱、宋之交会、金之交钞。元世始终用钞,钱几废矣。

太祖初置宝源局于应天,铸"大中通宝"钱,与历代钱兼行。以四百文为一贯,四十文为一两,四文为一钱。及平陈友谅,命江西行省置货泉局,颁大中通宝钱,大小五等钱式。即位,颁"洪武通宝"钱,其制凡五等:曰"当十""当五""当三""当二""当一"。"当十"钱重一两,余递降至重一钱止。各行省皆设宝泉局,兴宝源局并铸,而严私铸之禁。洪武四年改铸大中、洪武通宝大钱为小钱。初,宝源局钱铸"京"字于背,后多不铸,民间无"京"字者不行,故改铸小钱以便之。寻令私铸钱作废铜送官,偿以钱。是时有司责民出铜,民毁器皿输官,颇以为苦。而商贾沿元之旧习用钞,多不便用钱。

七年,帝乃设宝钞提举司。明年始诏中书省造大明宝钞,命民间通行。以桑穰为料,其制方,高一尺,宽六寸,质青色,外为龙纹花栏。横题其额曰"大明通行宝钞"。其内上两旁,复为篆文八字,曰"大明宝钞,天下通行"。

民重钱轻钞,有以钱百六十文折钞一贯者,由是物价翔贵,而钞法益坏不行。三十年乃更申交易用金银之禁。

(成)帝初即位,户部尚书夏元吉请更钞板篆文为"永乐"。帝命仍其旧。自后终明世皆用洪武年号云。①

明代与前代一样,对城市中的工商企业国有化或派官监管。如以织造为例:明制两京织染,内外皆置局。内局以应上供,外局以备公用。岁造有定数。这些企业并不作为社会的工商企业,而是国家机关,国家派人监管。到了清代也是这种模式,大清王朝的织造局,亦为供应皇室和官吏,其主事人亦为皇朝派遣的官吏,《红楼梦》中贾家之为织造,即为明例。

五、结语

春秋战国以来的城邦经济改变了上古三代的土地国有制,"普天之下,

---

① 《明史·食货志五》。

莫非王土;率土之滨,莫非王臣",这种统一的土地制度、文化制度,随西周王朝覆亡而消失了;城邦经济促进了商品经济大发展,秦汉大一统仍沿袭这种历史经济形态,城市工商业获得了新的发展机遇——国家力量深入进来,这就是榷会制度——榷酤(专卖)、榷利、榷茶、榷货、榷盐、榷场。①

榷会制,由国家控制工商业,这不会产生国家资本主义,也不会产生民族资本主义,因为这些工商业为"上供"、为"公用"、为国家税收,并不扶持"资本循环""再生产",而资本来源于国家,这些工商业并不是国家经济的核心。这种制度严重束缚了社会生产力,影响着社会的发展。正如马克思的"亚细亚生产方式"的理论:"亚细亚的历史是城市和乡村无差别的统一(真正的大城市在这里只能干脆看作王公的营垒,看作真正的经济结构上的赘疣)";"在大多数亚细亚的基本形式中,凌驾于所有这一切小的共同体之上的总和的统一表现为更高的所有者或唯一的所有者,实际的公社却只不过表现为世袭的占有者。"②

中国封建社会的城市是政治中心,而其经济核心在农村。"是月也,天子乃以元日祈谷于上帝。乃择元辰,天子亲载耒耜,措之于参保介之御间,率三公、九卿、诸侯、大夫,躬耕帝藉。天子三推,三公五推,卿诸侯九推。反,执爵于大寝,三公、九卿、诸侯、大夫皆御,命曰:劳酒。"③春天的第一天,皇帝要率大臣们祭祀皇天后土,国家大典祈谷于上帝,祈求上帝保佑五谷丰登。

二十四史记历代帝王,继承"禹稷躬稼而有天下","富国之本,在于农桑"。城市是历代帝王的政治中心,"干脆看作王公的营垒",城市中的工商业是国家政府的赋税来源,并不成为封建王朝的经济中心,因此,中国封建社会的商品经济不能转型为资本主义,其中还有观念上的阻碍,中国传统上认为商业是诸业中的末路,是弃本逐末,而在观念上追逐名利是小人之举;义利之辩影响人民的思维和道路。传统教条规范着人们的行为、道路,是不

① 《史记·五宗世家》记"赵王擅权,使使即县为贾人榷会,入多于国经租税。"是汉代诸侯王之设榷会、控制工商业的实例。
② 马克思:《〈政治经济学批判〉序言》,《马克思恩格斯全集》第二卷,人民出版社1966年版,第195页。
③ 《礼记·郊特牲》。

可小觑的。但城市、城市工商业新的经济形态的出现造成城市结构的大变化,产生新的社会阶层——市民阶级(不是资产阶级),带来新的文化形态(包括思想层面),促进了社会各方面的新变化——上层建筑大变化。

中国封建社会的城市经济、城市文化走着与欧洲不同的道路,因为榷会制度,城市商品经济的发展并未造成社会的大分工,精神生产仍限在地主阶级层面,没出现以文学艺术为谋生手段的精神生产阶层,文学家仍在官宦圈子之中,成为官宦文化的典范代表。这就是中国封建社会的发展道路,中华文明史发展的道路。直到十月革命给中国送来了马克思主义,古老的中国方走上新的道路。

马克思的"亚细亚生产方式"理论揭示了古老中国农业文明的发生发展史,今天的中国,早已走过了农业革命、工业革命,正在走上实现全面社会主义新阶段。新中国 60 多年来,尤其近 30 多年来的中国社会政治经济的发展,早已超越了马克思主义政治学理论范围,这些新发展、新经验,需要新的理论总结。习总书记指出:"时间是理论的泉源。我国经济发展进程波澜壮阔,成就举世瞩目,蕴藏着理论创造的巨大动力、活力、潜力,要深入研究世界经济和我国经济面临的新情况、新问题,为马克思主义政治经济创新发展贡献中国智慧。"合作共赢,人类命运共同体,建成具有中国特色的中国化的马克思主义政治经济学体系是中国学人的神圣使命。

第五章　马克思的"亚细亚生产方式"理论观照下文明史初期中国文学史论

　　在中国文学史的教学与研究中经常遇到的一个问题,就是与世界文学相比较,中国文学在其形成与发展中有哪些特点,它的发展规律是什么?我们知道,世界各民族的文学艺术既有着共同的发展规律和共同特点,也有自己民族的特点,有自己民族的独特的民族形式与民族风格。这种独特的民族特点、民族形式与民族风格是由它们自己民族历史发展的特殊性所决定的。中国历史发展的特殊性,构成了中国文学发展的特殊性。我国古代的文学、艺术、音乐、绘画、戏剧、歌舞等等,都有自己的发展历史,有自己的发展规律,没有自己的规律就不会形成中国老百姓所喜闻乐见的中国作风和中国气派。这也就是说,世界各民族的历史,都遵循着统一的发展规律,但是各个民族的发展历史都有着自己的独特性,各个民族都在相同的发展规律中表现着不同的特征,有着不同的历史总和,在文化史上(包括文学艺术的历史)有着不同的民族特点。中国古代文学艺术,它是我们中华民族的,带有我们民族的特点。因此,研究与总结我国古代文学的发展规律,总结我国古代文学的民族特点和历史特点,对于认识与总结世界文学艺术发展的共同规律,对于继承和发扬我国古代文化的优良传统,发展和繁荣社会主义的文学艺术,有着极重要的意义。

一

　　物质生活的生产方式制约着整个社会生活、政治生活和精神生活的过程。因此了解我国商周奴隶制的生产方式有哪些特点,了解它们和欧洲古代奴隶制生产方式有什么区别,它们怎样制约着并构成着中国文学的产生、发展及其特征的,这就是我们要研究的第一个问题。

关于东方奴隶制与西方奴隶制的共性与个性的问题,马克思主义经典作家曾有过一系列的论述。

在《〈政治经济学批判〉序言》中,马克思指出:"大体说来,亚细亚的、古代的、封建的和现代资产阶级的生产方式可以看作是社会经济形态演进的几个时代。"

在《资本主义生产以前各形态》中,马克思指出:"古典古代的历史,这是城市的历史,但同时是以土地财产和农民为基础的城市的历史;亚细亚的历史,这是一种城市和农村不可分裂的统一体(在这里,大城市只能看作王公的营垒,看作在真正意义上只是经济制度的赘疣)……"

在《〈政治经济学批判〉导言》中,马克思指出:"有粗野的儿童,有早熟的儿童。古代民族中有许多是属于这一类的。希腊人是正常的儿童。他们的艺术对我们所产生的魅力,同它在其中生长的那个不发达的社会阶段并不矛盾。"

在这里,马克思主义经典作家在论述世界上的奴隶制时,明显地把亚细亚的生产方式和古典古代的生产方式放在同等的序列上,而且明确指出古典古代的生产方式就是古希腊罗马的生产方式,亚细亚的生产方式则包括了埃及、印度以及中国在内的东方各古国的生产方式。这些东方各古国走着与古希腊罗马不同的路径,它们不属于"正常的儿童",而属于"早熟的儿童",具有独特的历史特点。

为了把中国的亚细亚型的奴隶制生产方式搞清楚,很需要把东西方的奴隶制的各自的基本特点简要地区分开来,才会有助于把握中国历史发展的特殊性和文化发展的特殊性。

古希腊罗马奴隶制的基本特点,可归纳如下几点:

随着国家的出现,国家作为阶级统治的工具代替了氏族祖先崇拜的神圣地位,国家与氏族制度被严格地区别开来。

城市与农村分离,城市已经创造起来作为土地所有者的政治经济中心,农村成了城市的领地,从而形成了西方的城邦经济及其所派生的城邦文化。

土地私有条件更加成熟,这就造成社会分工的更加扩展,个人能力的更加发展,此外它又加上了一个第三次的,它所特有的、有决定意义的重要分工:它创造了一个不从事生产而只从事产品交换的"阶级——商人",随着就出现了金属货币即铸币,接着就出现了非生产者统治生产者及其生产的新手段。

和上述情况相反,中国商周奴隶制的基本特点是:

商周奴隶制是种族奴隶制(或称"家族奴隶制")。土地与奴隶都是国有的、王有的,臣下接受土地与奴隶的赏赐与分封。只有所有权而无私有权。

商周奴隶制是城市("国""都")与农村("野""鄙")的不可分割的统一。城市是"宗子维城",它是宗法的,而不是经济的。它"在真正意义上只是经济制度的赘疣",氏族血缘纽带制约着私有制的发展,不但土地是国有形态,生产者也是国有形态,在上的氏族贵族(奴隶主统治者)住在城市,在下的氏族奴隶住在农村,两种氏族血缘纽带结成一种紧密的关系,就形成了城市和农村的特殊的统一。这种过了时的氏族组织束缚着城市国家的发展,而城市与农村的对立以及城市对农村的阶级剥削,影响着社会历史的发展,影响着文学、艺术、哲学、宗教等的发展。

商周奴隶制商品生产与交换相对不发达,没有商业货币经济,没有形成"商人阶级"。商周时代商业行为主要发生在方国诸侯之间,并且是为奴隶主贵族服务的,在整个社会经济中只起着微小的作用。

这些情况说明,商周奴隶制不同于古希腊罗马的奴隶制,它们属于所谓亚细亚的生产方式,属于东方的"早熟的儿童"。"人惟求旧,器惟求新","周虽旧帮,其命惟新",正说明了商周奴隶制的特殊性。

马克思曾经指出:"除了现代的灾难而外,压迫着我们的还有许多遗留下来的灾难,这些灾难的生产,是由于古老的过时的生产方式以及伴随着它的陈旧的社会关系和政治关系还在苟延残喘。不仅活人使我们受苦,而且死人也使我们受苦。死人抓住活人!"

商周奴隶制正表现为"死人抓住活人",旧的拖住了新的,新的历史中包括旧的成分;旧的、死的、过了时的氏族制度制约着新的、活的、前进的东西,一切问题就是从这里产生的。

商周时代具有相当发达的文化。奴隶主贵族用牺牲奴隶的残酷手段发展奴隶制的文明。商周的奴隶数量庞大,千千万万的奴隶们的艰辛劳动,带来了社会生产和文化的巨大进步。集团奴隶的巨大劳动力与脱胎于原始社会末期的井田制的土地国有制度,"千耦其耘"的巨大劳动力与以石器、木器制成的原始生产工具两者形成强烈的对比。"早熟"的东方种族奴隶制与落后的生产条件虽然影响着生产力的发展,但是大规模的奴隶们的集体劳动促进了农业、手工业的发展,也促进了城市经济的繁荣。千千万万的奴隶就是用自己的血汗创造着物质财富和社会文明,推动着这个古老的社会向前发展。

马克思主义告诉我们,一个民族的生产力发展的水平最明显地表现在该民族分工的发展程度上,而"分工是先前历史的主要力量之一"。因为社会分工,不仅使物质活动和精神活动、享受和劳动、生产和消费由各种不同的人来分担这种情况成为可能,而且成为现实。分工,"首先引起工商业劳动和农业劳动的分离,从而也引起城乡的分离和城乡利益的对立"。"城市是一切形式的结合之最高贵者,并且将一切皆概括在内"。城市生活的复杂性是当时社会阶级关系集中反映的结果,也是当时这种复杂的阶级关系集中反映的场所。不断扩大的社会分工与城市生活的发展,大大地丰富着第一性的社会现实,社会存在决定社会意识,"生产规模的狭小,限制了人们的眼界",而复杂的城市生活与扩大了的社会分工则不断地提高人们的认识能力、思维能力、分析综合能力,从而也必然地相应地提高人们的概括能力和表现能力。古希腊罗马的繁荣的城邦经济与高度的社会分工的结果之一,是古典城邦文化的繁荣,大型叙事性的史诗的出现和综合艺术——戏剧的产生。

而商周则是以自给自足的自然经济为基础的奴隶制国家,自然经济的封闭性、保守性限制着人们的眼界,但是,大规模的奴隶集体劳动促进了生产力的高度发展,商周奴隶主贵族中虽然存在着从氏族组织蜕变而来的血缘宗族关系,商周仍然是一个发达的奴隶制国家。这就必然地给文学艺术的发展带来重要影响,使文学艺术具有自己民族的特征。

商周时期虽然没有产生长篇叙事诗和综合艺术——戏剧的物质条件(产生这些文学样式的物质条件到了唐宋以后才逐渐成熟),它产生了继承原始劳动诗歌的二拍节节奏和四言诗的文学样式,继承并发展着"饥者歌其食,劳者歌其事"的"诗言志"的传统;形成了善于抓住具有特征性的事物,运用比兴手法进行概括性的形象描绘的文学创作传统(它发展成为后代的"美刺比兴"的现实主义和善于幻想、富于夸张的浪漫主义的创作原则与批评原则),造成了我国古代抒情诗的长时期的高度繁荣,成为我国民族文化历史的突出特点和优良传统,对世界文学发展做出了重大贡献。

古希腊罗马地处海岛,渡重洋,冒巨险,城市经济高度繁荣,从而相应地产生了反映这种现实生活的城邦文化。与此不同,商民族从北方进入中原,周民族从西方进入中原,中原地区广大,有无限的土地资源可供农牧业的发展利用,自给自足的自然经济统治着这块土地。中国古老的黄河子孙,"其民厚重",执着于现实,扎根在土地上,富于幻想力,富于创造精神,产生在这个土地上的文学艺术以强烈的现实主义精神和积极浪漫主义精神著称于世,形成了光辉的现实主义文学传统和浪漫主义文学传统,《诗经》就是我国现实主义文学的伟大开端,而《诗经》中很多作品又具有浓厚的浪漫主义特色。

二

恩格斯指出:"只有奴隶制才使农业和工业之间的更大规模的分工成为可能,从而为古代文化的繁荣,即为希腊文化创造了条件;没有奴隶制,就没有希腊国家,就没有希腊的艺术和科学,没有奴隶制,就没有罗马帝国。没有希腊文化和罗马帝国所奠定的基础,也就没有现代的欧洲。"

奴隶制巩固并加强了在它以前发生的各次社会分工,这为生产力的提高、交换的扩大、国家和法律的发展、文学艺术和科学的创立提供了条件和可能。"这种分工的基础是,从事单纯体力劳动的群众同管理劳动、经营商业和掌管国事以及后来从事艺术和科学的少数特权分子之间的大分工。"

由于商周奴隶制亚细亚生产方式的制约,社会分工相对不发达,商品交换相对不发达,直接影响着物质生产与精神生产的分工的相对不发达,因此没有如同古希腊罗马那样产生专门哲学家、职业文学家、艺术家和戏剧家。相反地,在我国古代,思想家和政治家往往是统一的,政治家与文学家往往是统一的。商周时代的"大宗""大祝""大卜""太史"等等,他们是官吏,又是宗教思想家、哲人(主要是思想家);宗教与政治是统一的,官师是统一的,所以文学艺术是宗教的附庸、政治的附庸。又由于商品生产的不发达,作家及其作品长时期中没有可能商品化,没能出现职业作家、艺术家。

据《左传·襄公十四年》载:"自王以下,各有父兄子弟,以补察其政。史为书,瞽为诗,工诵箴谏,大夫规诲,士传言,庶人谤,商旅于市,百工献艺。故《夏书》曰,'遒人以木铎徇于路,官师相规,工执艺事以谏。'"又据《国语·周语》:"故天子听政,使公卿至于列士献诗,瞽献曲,史献书,师箴,瞍赋,矇诵,百工谏,庶人传语,近臣尽规,亲戚补察,瞽、史教诲。耆、艾修之,而后王斟酌焉。"据此可知,在古代为了观察民情(掌握阶级斗争动态),统治者曾有从社会上采言采诗的事。其中的"瞽"(盲者)"工"(乐工人)等等大有与古希腊罗马的"行吟诗人"的地位相当,但由于商周时代奴隶主阶级实行文化专制主义,这些"瞽""工"没有发展成为职业诗人、职业作家,而是官府的"宗""祝""卜""史"。

虽然最初这些人"代天立言",地位较重要,但他们终究是统治阶级的统治工具,不论"学在官府",还是"学在私人",正如司马迁愤怒指出的:"文吏星历,近乎卜祝之间,固主上所戏弄,倡优所畜,流俗之所轻也。"这就说明,商周时期(和以后的封建社会)的文学艺术只是政治的附庸,作家艺术家只是统治者的"弄臣",他们的地位与"倡优"相等;古代作家能够写出一些有价值的作品都不是官方所允许的,大都属于私人著述,"大抵贤圣发愤之所为作",表现为与官方哲学相对立的变风变雅或其他异端思想。

由于文学家又是政治家、政治家又是文学家,从而造成了文学艺术与政治斗争的紧密结合,构成了我国古代文学艺术具有鲜明的政治倾向性的特征。

由于观念家与事业家的统一,由于文学艺术是政治的附庸、宗教的附庸,所以与官方文学相对立,我国古代文学努力挣脱宗教的束缚,摆脱传统观念的影响,用文学艺术表达政见,批判现实,反映理想,形成了深刻而广泛地反映社会现实的现实主义文学传统,形成了暴露黑暗、反对腐朽反动统治的民主传统以及古代史官记言、记事的实录传统,形成了文学、历史、哲学三者密不可分地统一在一起的文化传统。

由于政治家与文学家的统一,在他们反映现实、表达政见时,往往采用短小的文学样式进行战斗,做到迅速及时,尖锐犀利,以小见大。这就是诗歌(主要是各种体裁的抒情诗)和散文成为这一时期(和封建社会很长一段历史时期)主要的文学样式的缘故。

我国原始先民创造的各种神话文学和传说故事以及各种形式的祭歌、颂诗、歌舞等等,在商周时期没有得到大力开发,没能给予更高的"艺术加工",它们的艺术魅力没有得到应有的挖掘与发挥。它们往往被历史化了,实事化了,成为了历史的补充,成为了历史的一个组成部分。

《玄鸟生商》,本是商民族起源的神话文学。玄鸟是商民族的原始部族图腾,这个神话反映了原始时期人们对人类起源的幼稚的认识。玄鸟是太阳(神),"玄鸟堕其卵,简狄取吞之,因孕生契",原始人们认为太阳和粮食是人类的父亲和母亲,人类正是依靠阳光雨露,依靠种植粮食,才能生活繁殖,开辟天下(契,即契开、开启、开辟之意,实为殷商民族的祖先神——开辟神)。这个美丽的神话,到了商民族进入文明时代之后,就打上了阶级烙印,神话传说与历史结合,成为民族历史的一个组成部分,这个宗教先王,这个祖先神就变成了理想先王,进而变成了历史先王,成为具有神与人的双重身份的殷商王朝的祖先神和第一代帝王。原始神话的艺术魅力被阶级的政治功利所掩盖,它没有成为商民族艺术幻想的基础,因而也就失掉了产生史诗的必要条件。

《大禹治水》神话是原始先民与自然力进行斗争的艺术幻化,是原始先民"征服自然力"的艺术加工,但是到周奴隶王朝的后期,禹已经成了夏奴隶王朝的先祖先王,《大禹治水》神话已经变成了禹建立夏王朝、开辟天下的伟大功绩之一。这是神话传说与历史的统一。到了春秋时期这个神话故事又变了样,孔子说:"禹,吾无间然矣!菲饮食而致孝乎鬼神;恶衣服而致美乎黻冕,卑宫室而尽力乎沟洫,禹,吾无间然矣。"这样,神话的"幻想的同一性"变成了现实的"具体的同一性",神话成分消失了,禹成为道德的化身,怪异的色彩被抛弃了,剩下的是人世间的理想先王。

我国原始神话文学与历史的统一的特点影响着我国古代历史编纂学,

并形成了我国特有的历史传记文学的创作传统。随着商业经济的发展,城市的繁荣,到了封建社会后期,我国原始神话文学的宝库逐渐被开发被加工,在古典小说与戏剧的产生与发展上起着重大作用。

我国原始神话、文学及其浪漫主义精神直接影响着屈原和《楚辞》的创作,在诗歌的抒情形象的艺术创造上,在浪漫主义艺术特色的构成上,起着重要的作用,使《楚辞》成为我国浪漫主义文学的开端。

三

"这些自给自足的公社不断地按照同一形式把自己再生产出来,当它们偶然遭到破坏时,会在同一地点以同一名称再建立起来,这种公社的简单的生产机体,为揭示下面这个秘密提供了一把钥匙:亚洲各国不断瓦解、不断重建和经常改朝换代。与此截然相反,亚洲的社会却没有变化。这种社会的基本经济要素的结构,不为政治领域中的风暴所触动。"这说明自给自足的自然经济所造成的狭隘性、保守性和稳定性对上层建筑意识形态的决定性作用。马克思这一精辟的论述完全适用于分析我国奴隶社会和封建社会。

自然经济所造成的内向的、保守的思想形态、政治形态,不容易接受外来的新生事物,在新旧冲突中,往往是在旧的基础上对新的东西给以某些吸收、改造、融合。以自然经济为基础的社会发展是缓慢的,渐变的。又由于君统与宗统是一致的,所以商周奴隶王朝一直保持着一个统一的政治中心,保持着一个以血族宗法观念为中心的一元的宗教思想,使其具有排外的、闭关自守的社会特点。反映在文学艺术上,它们继承并保持着前代的诗歌、音乐、舞蹈相结合的特征。

所谓"昔葛天氏之乐,三人操牛尾,投足以歌八阕",所谓"于! 予击石拊石,百兽率舞,庶尹允谐。帝庸作歌……"所谓"情动于中而形于言,言之不足故嗟叹之,嗟叹之不足故咏歌之,咏歌之不足,不知手之舞之,足之蹈之也。"这些都记载着古代文艺的诗、乐、舞三者统一的特点。

在前代原始祭歌和英雄颂诗的基础上,这时期产生了很多祭神歌舞,如隶舞、羽舞、万舞、殷乐、桑林舞等,其中有的有一定情节、化装扮演;而到了战国时代,屈原的《九歌》已具有歌舞诗剧的特点(对这一问题,闻一多先生已有过发明与探索),其中有人物,有故事情节,有矛盾冲突,已具有了戏剧的雏形。这种诗歌、音乐、舞蹈相结合的特征对我国古代戏剧的独特的民族形式的形成,对我国古代其他文学艺术的发展都产生了重大影响。

文学是语言的艺术,是以语言为工具塑造形象和典型来反映现实的,语言是"文学的第一要素"。世界各民族语言各具特色,并对各民族的文学发展发生巨大作用。汉语语言文字具有其独特的特点,鲁迅曾指出:"意者文字初作,首必象形,触目会心,不待授受,渐而演进,则会意指事之类兴焉。今之文字,形声转多,而察其缔构,什九以形象为本抵,诵习一字,当识形音义三:口诵耳闻其音,目察其形,心通其义,三识并用,一字之功巧全。其在文章,则写山曰峻嶒嵯峨,状水曰汪洋澎湃,蔽芾葱菶,怳逢丰木,鳟鲂鳗鲤,如见多鱼。故其所函,遂具三美:意美以感心,一也;音美以感耳,二也;形美以感目,三也。"这里"意美""音美""形美"就是指语言的形象性、精确性和音乐。

诗歌、音乐、舞蹈相结合的特点和汉语语言的特点对我国古代文学产生巨大影响,使古代文学(尤其诗歌)具有绘声绘色的特点,具有抑扬顿挫的音乐美和诗情画意的图画美,具有情景交融、形神兼备、简练含蓄、匀称自然的特色和内容丰富而形式单纯特点。

罗马始终只不过是一个城市,它与占领地之间的联系几乎仅仅是交通的联系,因而这种联系自然也就可能为政治事件所破坏。我国的商周奴隶制则不然,它是以农业为基础、自给自足的宗法的农业社会,这种社会的基本经济的政治结构是根深蒂固的、稳定的,"不为政治领域中的风暴所触动"。影响所及,反映在文学艺术上,使中国古代文学发展缓慢,一方面,在长时期里文学的样式没有发生重大的变化(如,四言诗样式延续了千年之久,骚体样式持续了五百多年);另一方面,促使诗人作家在一个或几个文学样式上精雕细刻、千锤百炼,使中国古代文学具有高度思想性和艺术性,形成多种文学风格和文学流派。

自给自足的自然经济和宗法制度使统治阶级在政治上总是保守的,在阶级关系上同广大人民群众处于敌对的地位,所以他们仇视人民群众,畏惧新生事物,对人民的创作视之为"异端",消灭它,排斥它,或者接过来把它变成僵死的东西。鲁迅说的好:"歌、诗、词、曲,我以为原是民间物,文人取为己有,越做越难懂,弄得变成僵石,他们就又去取一样,又来慢慢地绞死它。"各种新的文学样式产生于民间,文学家吸收它,提高它,最后又被封建文人绞死,这正是中国文学发展规律之一。统治阶级总是搞所谓"采诗"以及后来的所谓"设立乐府",对人民的创作保存、绞杀,使它们定型化,在内容上阉割它、改造它,在形式上使它整齐划一。当然这个保存,"一定失去了许多本来面目",《诗经》就是这样的。人民群众具有无限的创造力,他们是物质财富的创造者,也是精神财富的创造者。人民的文艺创作不断地创造着新的内容、新的形式,保持着"刚健清新"文学风格,对中国文学的发展产生重大的影响。

中国古代有成就的文学家、艺术家只有接受人民群众的革命斗争的影响,只有向人民群众的文学艺术学习,吸取其中的养料,他们才会创作出具有长久生命力的伟大作品,后代所谓"街谈巷说,必有可采;击辕之歌,有应风雅;匹夫之思,未易轻弃"的文学观点就正反映了这种情况。我国古代文学家、艺术家大都和人民群众有着密切的联系,屈原是这样,司马迁是这样,所有的伟大作家都是这样,这是中国文学的一个优良传统、一个鲜明的特征。

商周文学是世界史上古代文明之一,它是我国人民的伟大的崭新的创造,是具有独创性的伟大遗产。商周文学以它独特的民族风格、民族形式反映着中国古老的历史,是我国三千多年来文学历程的伟大开端。"我们这个民族有数千年的历史,有它的特点,有它的许多珍品",我们应该以马克思主义为武器,认真地研究、总结这一份珍贵遗产。

第六章　论马克思主义方法体系在古典文学宏观研究中的运用

　　当新观念、新方法随着对外开放,潮水般地涌进沉寂多年的中国学术界,形成以方法论、价值论、文化热为代表的三次热潮,共同对已有的文学评论框架发起密集性冲击之时,古典文学研究领域也开始了它不安的躁动。一些新方法如系统论、发生认识论、结构主义、符号主义美学、格式塔心理学、情感现象学等被引进,一些新术语如建构、机制、整合、完形、潜意识、集体表象等陆续被使用,一道更新观念、拓展视野、变革方法、调整格局的帷幕正在悄然开启。二十世纪的古典文学研究终于迎来了自"五四"之后又一次具有深远意义的变革。

　　变革必有骚动,尽管较之其他学科,古典文学研究已显得蹑手蹑脚,但它还是引起相当一部分人的困惑:难道乾嘉大师们的治学之路从此要"寿终正寝"? 难道建国三十余年马克思主义方法、观点在学术界的运用即此将步入尾声?

　　其实,这种担心是多余的。考据学的方法还要被使用,马克思主义的方法体系并未过时。问题在于:乾嘉朴学的实证精神能否把握民族审美心理的特征及民族文学传统生成和演进的规律? 过去对马克思主义的运用是观点、结论的机械照搬还是方法体系的有机应用? 如果我们能对此做出科学的、实事求是的回答,那么,古典文学宏观研究所面临的,既有新方法、新观念的移植、引进问题,更有马克思主义方法体系的科学运用问题。

　　马克思主义方法体系包括研究方法和叙述方法两方面,前者是后者的基础,它是一个系统的、有机的、不可分割的整体。为论述方便,我们按适于应用的侧重点分别阐述。

一、系统的、整体的方法与宏观意识、宏观范围、宏观层次的研究

古希腊哲学家亚里士多德提出的"整体大于它的各部分总和"的论点，是现代系统方法论的基本原则——整体性原则。整体性原则所要解释的是所谓"整体性悖论"，即系统的整体功能不等于它的各个组成部分功能之总和，它具有各个组成部分所没有的新功能。这个原则对科学研究有极大的价值。马克思的《资本论》就是按照这个原则进行科学研究的典范。马克思有一段著名的论述简明扼要地概括了他的体系的系统的整体性原则："我所得到的，并且一经得到就用于指导我的研究工作的总的结果，可以简要地表述如下：人们在自己生活的社会生产中发生一定的、必然的、不以他们的意志为转移的关系，即同他们的物质生产力的一定发展阶段相适合的生产关系。这些生产关系的总和构成社会的经济结构，即有法律的和政治的上层建筑树立其上并有一定的社会意识形态与之相适应的现实基础。……社会的物质生产力发展到一定阶段，便同他们一直在其中活动的现存生产关系或财产关系（这只是生产关系的法律用语）发生矛盾。于是这些关系便由生产力的发展形式变成生产力的桎梏。那时社会革命的时代就到来了。随着经济基础的变更，全部庞大的上层建筑也或慢或快地发生变革。"①他在这里虽然没有运用系统论、整体性原则等概念，但已明确指出政治经济学研究的上、下限：上限是与"社会革命"、上层建筑的"变革"的联系；下限是不同民族、不同历史阶段的生产关系。马克思主义方法体系的核心是联系和发展的观点，联系是发展的基础，发展是联系的体现。对此，马克思在评论英国古典经济学时曾特别加以强调。

英国的古典经济学家在研究诸经济范畴的内容联系以及资产阶级经济体系的内容结构时，有过很高的成就。发现创造商品的是劳动，这就是一个很大的历史功绩。但他们却停留在这里，没有让劳动创造商品的伟大发现成为剖析资本主义社会的利刃，反令其成为资本主义制度永恒存在的根据。

---

① 《马克思恩格斯选集》第二卷，人民出版社 1972 年版，第 82~83 页。

他们看不到创造商品的"劳动"是联系劳动主体和客体的一项中介,不晓得从这"中介"本身方可揭开资本主义制度的全部秘密。而马克思恰恰是在劳动主体、劳动客体与其中介——劳动的联系中,通过缜密的逻辑推演和具体的实证分析,创立了著名的剩余价值理论,建构了《资本论》的大厦。英国古典经济学和马克思主义经济学在研究对象的范围上并无多少根本性的差异,但后者注重事物联系网中那些隐蔽的间接联系,注重使客观世界联成统一整体的"中介环节",因而也就更好地把握了在事物间的联系、运动、变化中呈现出来的不同层次的系统性质。应该说,这是系统的、整体的方法的核心,也是马克思主义整个方法体系的关键。

陈伯海同志在《通向宏观文学史之路》一文中指出,"宏观研究不光是对象范围的扩大,同时也是研究意识的转变,它可以说是社会变革形势推动下现代意识渗入文学史领域的重要表征。"[1]这是很有见地的。古典文学研究不是打死人的"官司",也不是某种政治、哲学观念的确证。它应从千百年来中华民族审美心理的变化发展中,从审美经验的总结、概括中,挖掘出民族文学传统生成和演变的历史规律,为民族文化、民族心理、民族性格的反思、继承、改造提供有说服力的"数据"。而"人体解剖对猴体解剖是一把钥匙"[2],当自然科学、社会科学对发展中的人的生理、心理、思维机制有了深一层的探索,应用这些成就于历史领域,就成为必然的趋势。由此说来,新观念、新方法的引进、移植,研究意识的转变、更新,就绝非简单地赶"时髦",而是关联到能否对过往历史进行科学审视的大问题。过去的文学史研究,仅仅用"存在决定意识"的反映论原理,机械地看待文学和社会的关系,似乎既"宏观"又"马列",实则背离了马克思主义的整体观。具体表现为两个方面:

首先,马克思曾对生产者和物的关系、主体和客体的关系做过经典的表述:"在生产中,人客体化,在人中,物主体化"。[3]"在第一种生产(指物质生产——引者)中,生产者物化,在第二种生产(指物质消费——引者)中,生产

---

① 《语文导报》1987 年第三期。
② 《马克思恩格斯选集》第二卷,人民出版社 1972 年版,第 108 页。
③ 《马克思恩格斯选集》第二卷,人民出版社 1972 年版,第 92 页。

者所创造的物人化。"①马克思建构了他主客体哲学的"巨系统论",一切人类活动,都可以包括在这个"巨系统"中。而当马克思把艺术创作纳入经济学范畴,称之为"艺术生产"时,这一理论的指导意义就变得更加显著。它将使我们看到,离开马克思"自然人化"和"人的本质力量对象化"的观点而片面地强调直观反映论,是多么浅薄和无知。

其次,马克思通过系统的研究,区分了人类掌握现实的四种方式,认定艺术地把握现实的方式不同于对世界的理论的、宗教的、实践——精神的把握,间接肯定了审美认识有其独特的规律和价值,哲学认识论不等同于艺术认识论,艺术认识论也不是哲学认识论的简单应用。尽管马克思本人未能对二者的关系做进一步的阐述,但后起的马克思主义美学家如卢卡契、斯托洛维奇先后在《审美特性》《审美价值的本质》等著作中对联结二者的中介环节做过细密论证。而在我国研究界流行多年的直观反映论以及反映民生疾苦＝反映现实＝进步的简单模式,正是犯了将哲学认识论等同于艺术认识论的大忌。因此,值古典文学宏观研究方兴未艾之时,研究意识的转变就包括从侧重哲学认识论的应用到侧重艺术认识论的探索,从侧重文学反映现实的深广度到侧重文学的发生、发展机制的揭示。

宏观研究的范围是个仍在探索的课题。有人认为宏观就是一种意识,是潜在的研究意识的坐标,只要具有宏观意识,即使是考据,也可归入宏观研究的范畴。这种观点是颇值商榷的。既然宏观是相对于微观而提出,总应有各自适应的范围。笔者认为,宏观研究的范围可以从两个方面去把握:一个是对象范围,解决研究"谁"的问题;一个是内容范围,解决研究"什么"的问题。这两者又是互相对应的。

一般说来,无论古典文学的宏观研究还是微观研究,其对象都应是全部古代作家及作品。尽管微观研究是在对象内部的游弋,注重静态分析,宏观研究是对象内部的动态考察和对象外部的综合审视。但这并不改变两者在对象范围上的一致性。区别宏观和微观的,是在同一对象范围之内,由于研究意识的不同而形成的内容范围的不同。也就是说,宏观和微观是古典文

---

① 《马克思恩格斯选集》第二卷,人民出版社 1972 年版,第 93 页。

学研究的两个分支,它们针对同一现象,担负不同的任务,运用不同方法,研究不同的内容。这样,我们就可以尝试将宏观范围作如下界定:

1. 从现象的横断面进行总体特征研究;

2. 从对象的纵切面进行发展规律的研究;

3. 从对象与文化的中介点进行文学与非文学因素的关系研究。

上述三个方面构成一个稳定的三角形结构,囊括了宏观研究的所有内容。对它的进一步分析,就划出了宏观研究的三个内向层次和三个外向层次。

三个内向层次是:

1. 古代作家全部创作的整体性研究。它直接利用微观研究对单个作家、作品内部构成和机制的研究成果,通过横向比较,找出同一时代或不同时代的作家、同一体裁或不同体裁的作品进行艺术创作时相互间的内在联系以及联系中所反映出的发展特点,从而达到对古典文学总体特征的把握。

2. 古典文学发展过程的阶段划分的研究。文学的断代问题不可避免地要受到社会形态变更的影响,受到经济基础、政治环境、权力更迭的影响,但艺术生产和物质生产是不平衡的。这样,文学的断代就不是历史断代的附庸,它应有自身断代的尺度和标准。而古典文学断代学就是在把握文学总体特征、内在本质的基础之上,进一步探讨各个文学时代间的界限,各个文学阶段的具体特征。

3. 古典文学社团与流派、文艺思潮与运动、文学现象与变迁的研究。它是在前两个层次研究的基础之上,通过对各个流派、思潮、现象产生的原因、相互间横的或纵的关联等问题的探讨,解决文学的形态演变和发展规律问题。

三个外向层次是:

1. 世界文学史层次。这是把中国古典文学置于世界文学史的广阔背景之中,从世界文学角度认识民族历史、民族文化对民族文学的制约和规定,确定民族文学创作系统和欣赏系统在世界文学中的地位和影响。

2. 中国社会意识形态发展史层次。文学是人类意识形态中最为活跃的一种,因此,研究中国社会诸意识形态的产生、联系、演化、各自发展轨迹、相互间关系以及意识形态整体的性质和发展特点,就有助于对中国文学发展特殊规律的认识,有助于对文学"动力过程"中各种特殊文学现象的解释。

3. 中国文化史层次。它从文化的视角观察文学现象和文学史进程,探讨文化背景、文化氛围对文学的影响以及文学现象中所蕴含的文化心理内涵,从而达到对文化总流向中的文学和文学流向中的文化的整体把握。

二、历史和逻辑相统一的方法与文学发展规律的探讨

最早提出历史和逻辑相统一方法的是黑格尔。马克思批判继承了这个方法论,把它改造后创造性地运用到政治经济学领域。恩格斯在概括马克思的政治经济学研究方法时指出:"对经济学的批判,即使按照已经得到的方法,也可以采用两种方式:按照历史或按照逻辑。⋯⋯历史常常是跳跃式地和曲折地前进的,如果必须处处跟随着它,那就势必不仅会注意许多无关紧要的材料,而且也会常常打断思想进程;⋯⋯因此,逻辑的研究方式是唯一适用的方式。"①恩格斯把历史的和逻辑的统一方法奠基在唯物主义基础上,同时指出二者不是简单的相加,而是相互渗透、融合的。

古典文学宏观研究在运用这一方法时,与政治经济学相比,出于各自研究对象的不同,因而略有区别。后者的对象是商品、资本的历史,它们属于社会形态中起决定性作用的经济基础范围,因而所谓逻辑,也就是直接对它们发展过程中蕴含着必然性的偶然性因素的抽绎;后者的对象是文学的历史,属于观念形态,因此历史和逻辑相统一的方法便有两重含义:首先,"历史的"是指对整个社会的发展历史与文学发展的历史的把握;其次,"逻辑的"是指对从其中抽绎出的"始终是受内部的隐蔽着的规律支配的偶然性"因素系列和文学发展内部规律的把握。按照唯物主义社会存在决定社会意识的基础原理,文学历史与社会历史在整体上是一致的,因而文学发展逻辑也必然与社会发展逻辑一致。

例如我们用这个方法探索中国文学发展的规律,会发现虽然中国早期有类似西方的史诗,但是它直接发展的结果并没有产生西方的诗剧、诗体小

---

① 《马克思恩格斯选集》第二卷,人民出版社1972年版,第122页。

说、散文体小说这些发达的叙事文学样式,而是产生了在中唐之前正统文学
领域占统治地位的抒情诗,直到中唐之后,叙事诗以及叙事文学才逐渐发展
强盛。那么,在这个文学现象序列背后隐蔽着怎样的必然性呢? 一般说来,
从原始先民的神话、史诗到写实的、再现的叙事性文学是文学发展的正常的
逻辑进程,是文学从不自觉时代向自觉时代的直线过渡。古希腊文学是这
种类似的典范,而中国文学则明显地打破了这一"常规"。但是,当我们对产
生这种现象的原因深入探讨之后,又会发现,由于中国古代从原始氏族公社
向奴隶制过渡采取的是和古希腊完全不同的"维新""早熟"的路线,以氏族
血缘关系为核心的社会结构被人为地强化,形成惰性和保守性极强的多层
次的宗法秩序和宗法社会,构筑了以宗法观念为核心和超稳定社会结构系
统。这个结构系统延迟了社会意识形态自觉时代的来临,又造成意识形态
各构成因素的不平衡发展。当巫史文化中的神话和史诗被依据礼治统治的
需要分别历史化和神圣化,成为宗法文化的组成部分时,当新的文学尚未形
成自身的质的规定性时,文学渐进性发展的历史便被迎头拦住,拐入一条曲
折而又狭长的"隧道"。史诗之后的中国文学被迫走过一条向政治、哲学"斜
线"靠拢的发展道路,亦即从"再现"现实到"表现"作者主观情感再到"表
现"一般的理性观念。

《诗经》的大、小雅和三颂中的"史颂诗""祭颂诗""喻理诗""寓言诗"
"象征诗"等分别构成这一"斜线"的几个环节。而理性散文时代的到来,是
"斜线"发展趋势的必然结果。文学的发展与中国历史发展一致:先秦宗法
社会秩序和思想规范的完善,使一切文化都沦为宣扬这个秩序的规范的工
具,因而也决定了不自觉时代文学"斜线"发展趋势;同样,先秦至中唐,随着
宗法社会秩序的动摇、崩溃,文学形态从附庸地位摆脱出来,形成从形式到
内容的特殊的质的规定,叙事文学才有可能得到充分发展。这样,中国文学
在总体上又没有背离从不自觉时代到自觉时代,进入自觉时代便有叙事文
学的勃兴这一逻辑进程。

运用历史和逻辑相统一的方法,从中国历史发展的特殊性中说明中国
文学发展的特殊规律,还可以直接反映出辩证唯物主义的三大基本规律。

1. 质量互变规律。斯大林在《论辩证唯物主义和历史唯物主义》中指

出:辩证法把发展过程看作是"从不显著的、潜在的量的变化到显露的变化，到根本的变化，到质的变化的发展，在这种发展过程中，质量不是逐渐地发生，而是迅速地、突然地发生的，表现为从一种状态飞跃式地进行另一种状态，并且不是偶然发生的，而是有规律地发生的，是由许多不明显的逐渐的量变积累而成的"①。对于古典文学宏观研究来说，它是解释文学形态发展轨迹和文学发展规律变化，也即它们分别在不同阶段的不同特征的基础。例如上面所说，先秦文学呈"斜线"发展趋势，战国荀子的《赋》和《成相篇》的出现，标志这个趋势的中断和文学建立自身相对独立形态的开始，中唐前后这个形态完成并且沿着有自身质的规定的轨迹独立发展。于是相应构成中国文学的不自觉时期、文学形态独立化的过渡时期和文学形态独立发展时期等三个阶段，也即由于量变(例如"斜线"趋势中的各环节变化)而产生质变(例如"斜线"趋势终止，新的趋势到来)的飞跃阶段。

2. 对立统一规律。恩格斯指出，"所有的两极对立，总是决定于相互对立的两极的相互作用；这两极的分离和对立，只存在于它们的相互依存和相互联系之中，反过来说，它们的相互联系，只存在于它们的相互分离之中，它们的相互依存，只存在于它们的相互对立之中。"②要正确认识中国文学内部矛盾运动的规律，就必须在文学现象的对立中把握同一，在文学现象的同一中把握对立。例如，我们曾经将一大批作家、文体和流派打入形式主义的冷宫，如陆机、沈约、贾岛、李商隐、周邦彦、吴文英，如永明体、宫体、上官体、西崑体，如花间派、江西派、商南宋风雅词派、元曲清丽派等。原因是它们没有写国计民生，亦即没有反映现实(多么狭窄的现实)，因而未能实现文与质、内容与形式的统一。但是，内容和形式高度统一的作品是文学发展成熟期、高峰期的表现，在此之前，必然要有一大批人走过分别在形式和内容上各自探索的道路，他们的努力都标志着艺术的进步。如果说封建时代的评论家从建立在儒家实践理性精神基础之上的古典现实主义理论出发，对潜心形式探求的文学家做了非历史的评价，那么辩证唯物主义和历史唯物主义的文艺观就必须还历史的本来面目，认识到文质对立和文质统一是文学内部

① 《斯大林选集》下卷，人民出版社1979年版，第127页。
② 《马克思恩格斯选集》第三卷，人民出版社1972年版，第494页。

矛盾运动的必然表现形式,文质合一要以文质对立为前提,文质对立则以文质合一为归宿。对立时两极的距离越大,合一时达到的成就就越高。

3. 否定之否定规律。列宁指出:"发展似乎是重复以往的阶段,但那是另一种重复,是在更高基础上的重复('否定的否定')发展是按所谓螺旋式而不是按直线式进行的。"①运用历史和逻辑相统一的方法,在中国古代文学发展的全部历史中也可以发现这个规律。例如,从先秦至中唐文学创作中所反映出的时代审美意识,是美(形象性、以情感感染欣赏者)与善(宣扬、传播、表达政治、伦理、道德的规范化要求)的统一,从宋、明文学创作中所反映出的是美与真(指写脱离一般规范束缚的人的真实感情和真实行为,有些甚至流于自然主义)的统一,是对前代的否定。而明中叶以后所反映出的对真、善、美统一的追求,又是新的否定,即否定之否定。

马克思主义认为,历史的东西是逻辑的东西的基础,逻辑的东西是由历史的东西所派生的,科学体系的逻辑与科学发展的历史是一致的。因此,辩证法的规律就既是思维规律,也是存在规律。它的科学运用,必将揭开文学发展规律研究中最有魅力的一幕。

三、从抽象上升到具体的方法与文学总体特征的把握

从抽象上升到具体的方法,就是运用综合的方法把对事物各方面的本质的认识联系起来,形成关于统一的事物整体的认识,使抽象的规定在思维的具体中再现出来。马克思曾对这个方法的使用有过科学的阐述(见《马克思恩格斯选集》第三卷第 102 页)。而这个科学方法同样适合于古典文学宏观研究,尤其适合于民族文学总体特征的把握。

当然,由于政治经济学与文学的研究对象分属于物质生产和精神生产两个领域,因此,从抽象上升到具体的方法在运用于后者时,又有其特殊性。

首先,每个民族的文化大都经历了不自觉的时代、向自觉时代的过渡、完全自觉的时代三个发展阶段。在不自觉时代,文学和其他意识形态如宗教、哲学、艺术等浑噩一体,没有自身的质的规定性,文学的审美观念和非文

---

① 《列宁选集》第二卷,人民出版社 1972 年版,第 584 页。

学的实用性、功利性观念彼此不分,文学的特征淹没在整个意识形态之中。在向自觉时代过渡时期,文学开始从浑噩一体状态中逐步分离并相对凝固成独立的形态,开始挣脱政治、哲学、宗教的束缚并建立自身的质的规定性,政治功利性和实用功利性逐步让位于审美愉悦性。这时期文学的特征明显地留下斗争双方的痕迹,仍有较多政治、哲学的成分。在完全自觉的时代,文学才彻底摆脱其他意识形态的干扰(干扰并不是影响),按其质的规定性向多样化、复杂化发展,以成熟、完整的形态表现出鲜明的民族特征。文学发展的阶段性和受历史、文化积淀干扰的不稳定性,使从抽象上升到具体的方法在实际运用中十分难以把握。

其次,文学属于观念形态,它不断丰富、扩大的规定性由两方面因素所决定。一是依靠自身内部的矛盾运动。例如"再现"和"表现"的矛盾,产生出叙事文学和抒情文学;作家创作了作品,作品陶冶了欣赏者,培养了社会的欣赏能力,但同时又被欣赏者再创作,而欣赏者的态度(如保留、肯定或选择、淘汰)更直接影响着文学创作的方向。与此相联系,便产生几乎与文学并行的创作论、欣赏论等学科,它们最集中地体现了民族文化、民族心态对文学的规定性影响。二是社会历史发展的决定作用。例如在人类的早期,面对无法摆脱其控制和操纵自身命运而又不得不依赖它的自然力,"文学"便只有实用的功利性,随着社会分工,特别是体力、脑力劳动的分工,"文学"才开始露出审美愉悦的萌芽。阶级社会以后,文学的功利性和愉悦性的外延规定才不断扩大,前者有政治功利性、道德功利性、宗教功利性,后者有统治阶级审美趣味、市民阶层审美趣味等。它们之间的相互作用及其彼此力量的消长和社会经济基础、上层建筑的变革密切相关,形成与各个阶段适应的文学发展趋势。与此相联系,便有文学目的论、流派论以及民族文学等学科的建立。上述两种力量和相应产生的学科,在某种程度上,规定了文学的民族特征。因而,当我们运用从抽象上升到具体的方法把握中国文学的总体特征时,就远不是单从文学作品本身所能达到。比如,有人认为中国文学的特征是"中和之美",有人则认为是"狂狷之美",双方都能举出一些证明自己正确的例证。而"中和之美"和"狂狷之美"在一定意义上又是对立的,哪一个说法更接近中国文学的实际呢? 看来,从具体入手,我们的结论就只能五花八门,且陷入无休止的争论之中。

如果我们首先对什么是文学的特征、什么是文学的民族特征进行逻辑内涵的界定,再从文化史的角度探索我们民族具有怎样的普遍性的群体情感形式,进而考察文学怎样以个性化的情感形式表现出与普遍性的群体情感形式的一致、融合、矛盾和冲突,并通过对中国文学从内容到形式的整体性把握,抽象出那些既是文学的、更是民族的,不由某一具体作品全部体现,却贯穿于整个中国文学的特征。那么,我们对中国文学特征的认识就能摆脱混沌的表面的感性具体,接近深刻的清晰的思维具体。这由一系列抽象构成的思维具体,看来似乎比感性具体离客观存在的具体事物更远,但抽象是走向具体的步骤和阶段,思维具体意味着对客观事物的整体把握。

在运用从抽象上升到具体的方法时,还应注意这抽象必须是本质的、高度的、能够在所考察的问题的范围内解释说明事物的其他方面的属性。譬如,当我们把"中和""狂狷""雅俗文学的并存与交流"作为中国古典文学的特征时,虽也不失为一家之言,但由于抽象的高度不够,上升到思维具体时就实现不了对古典文学的整体把握。依笔者之见,古典文学的总体特征应是五个"对立与统一",即:简单精练的形式与丰富复杂的内容的对立与统一;理性和非理性的对立与统一;群体意识和个体意识的对立与统一;表现和再现的对立与统一;阴柔和阳刚的对立与统一。它们虽然也是从不同视角得出的结论,但每一视角都力图高度抽象,相互间也有区别、有联系。当然准确与否有待商榷,路子还是对的。除上述三种方法之外,归纳和演绎的方法、分析和综合的方法也同样是马克思主义方法体系的重要组成部分。苏联著名经济学家卢森贝曾对马克思应用这两种方法于政治经济学研究有过介绍说明。他说:"在摆脱了形式逻辑的界限内,提出运用演绎法还是归纳法的问题是十分合适的。虽然《资本论》的方法同时是演绎法和归纳法,可是从形式方面看,依据所研究的问题,有时以演绎法为主,有时以归纳法为主。""在从抽象上升到具体的每一阶段,马克思既运用分析又运用综合"[①]。这些经过改造列入马克思主义方法体系的方法,同样可以运用到中

---

① 《〈资本论〉注释》第一卷,三联书店1963年版,第44、46页。

国古典文学的宏观研究。例如对文学发展规律的研究,要用到演绎法;对文学特征的把握,要用到归纳法;对文学运动流向、变化的考察,要用到分析法;对文学现象成因的探讨,要用到综合法。而更多的是几种方法的同时运用或交替使用,它们相互间成为不可分割的整体。限于篇幅,不再详细阐述。

我们所论述的仅仅是中国古典文学宏观研究这样一个局部的、在人类现代社会科学浩如烟海的学科中微不足道的领域。马克思主义方法体系在全部学科的应用,还仍是处在探索阶段的问题。试图证明马克思主义过时的人,除了证明自己对它认识的一知半解和对人类全部科学认识的肤浅之外,再也证明不出任何东西。相反,发展着的马克思主义不但在过去的十九世纪,不但在我们生活着的二十世纪,而且在未来的世纪中,都将显示出它无比强大的、富有青春活力的生命力!

第七章　在中华文明的大背景下考察中国文学的发生发展诸问题

一个民族的文明史,决定性地影响着这个民族的文学历史。

卡尔·马克思对世界古代历史与社会曾提出两个类型的命题:"古典古代的历史"和"正常的儿童","亚细亚的历史"和"早熟的儿童",古代中国即属于"亚细亚的历史"和"早熟的儿童"这一类型。"亚细亚的历史"又称为"亚细亚的生产方式",所谓"早熟的儿童",按我们的理解是指中国原始公社过早地解体,母系民族社会提前过渡到父系社会,即军事民主制——酋邦——国家提前产生;未待土地私有制成熟,由军事领袖而成为酋邦——国家的君主,社会财富集中到少数人手中——借助政治权力而不是借助生产与贸易来实现的——军事政治权力与文化宗教权力高度集中的结果与象征。城市与农村不可分割的统一,城市是"宗子维城"——宗法的、政治的;以血缘的、宗族的构成政治结构的基础,成为集中政治权力的基本制度,由此而成为古代中国宗法制度、母氏系谱制度和家天下观念的来源。这种氏族血缘纽带制约着社会的发展,社会分工缓慢,商品生产与交换相对不发达,自然经济长期占据主导地位。

在思想文化领域,即指整个宇宙(包括人间社会)的所有组成部分都属于有机物的一个整体,小至一粒沙石,大到银河星宿,它们都是一个连续整体的组成部分,"历象日月星辰,敬授民时"(《尚书·尧典》),天人同构,宇宙一体,其中心,其主轴是独占通天权力的王者兼巫者,天地一体,人神同在,天人合一,这是古代中国的宇宙观,也是中国早期文明的重要标志。

一、中华文明产生于神权独占,王权来源于神权

古代之巫、觋是主持"明神降之"的通神仪式的大祭司,是沟通天地、掌

握天地的智者、圣者。由万物有灵,民神杂糅,人人均可通神。到专职巫觋的出现,意味着,也宣告了通神权力的独占。而这些巫觋又是王者。"由巫而史而为王者的行政官吏,王者虽为政治领袖,同时仍为群巫之长","君及官吏皆出自巫",是知,中华早期文明之王者本与巫者为综合一物,或者王者即出于巫者,王权即源于神权,部落联盟首长身兼巫觋,独占神权、政权、宗教权,沟通天地的大权掌握在少数人手中。而贯通天地、阴阳、生死,玉器就是通天权力独占的象征。对玉器象征性独占,正是古代王者获取与维护政治权力的主要工具,构成以国王(原为部落联盟长,因掌控神权而转化为王者)为核心的金字塔式的政治结构,建成严格等级的祭祀礼仪制度和天人合一的宇宙认知体系,形成为王权服务的贞人卜史集团(后转化为官吏集团)。

在从氏族社会转型为文明王国时,由于过早地转型——氏族社会中某些制度和意识形态被保留下来,带进文明社会中来,如以血缘为纽带的宗族制度,血缘与政治的关系更加紧密地结合,使血缘亲族关系得到加强;由祖灵崇拜发展为"尊尊亲亲"的观念更为牢固,强调对王权、权威和制度的绝对服从,如长幼、尊卑、资历、辈分、行当等,强调以维护王权为核心的严格等级制度,氏族社会的自然经济并未因社会转型而受到破坏,反而被保存下来。这种自给自足的自然经济结构所具有的内向的、保守的思想形态与政治形态,形成"周虽旧邦,其命维新"的维新思潮,在社会发展中,在新旧冲突中,往往是"损益观"占主导地位,"法先王","祖宗家法",因循守旧,反对变革,拒绝革命,制约着人们的头脑和眼界。朝代不断更迭,而"亚洲的社会却没有变化",凡此种种,从氏族社会所延续下来的人与人关系、天与人关系的原则在文明社会中被总结概括为法统、道统与宗统,构成中华文明传统,并因而形成稳定、和谐之美的民族心态,影响了竞争、进取、冒险精神的培养。

巫者为智者、圣者,为思想家,为政治家,为文化人,使文化(各种形态的)与政治、与政治斗争紧密结合,构成了我国古代文化(各种哲学社会科学和文学艺术)特征,创造了古典现实主义特别发达的文化历史实际。

二、这种早熟性贯穿了整个中华文明史,也贯穿于中国文学史

土地与奴隶是国有的、王有的,臣下接受土地与奴隶的分封与赏赐,只有所有权而无私有权。城市("国""都")与农村("野""鄙")的不可分割的统一,城市是"宗子维城",它是宗法的,而不是经济的。它"在真正意义上只是经济制度的赘疣",氏族血缘纽带制约着私有制的发展,不但土地是国有形态,生产者也是国有形态,在上的氏族(奴隶主统治者)住在城市,在下的氏族奴隶住在农村,两种氏族血缘纽带结成一种紧密的关系,就形成了城市和农村的特殊的统一。

　　文化也是国有的、王有的。文字被神化:"仓颉造字,天雨粟,鬼夜哭"——文化的产生、文字的产生,惊天动地,只有王者、巫觋才有权掌握、使用文字。殷商甲骨文之前,已发现6000多年前的陶器刻划文字,并认为"有着相当固定的刻划习惯。这种刻划符号,不会只限于陶器上,也是多元的,是夏商周文化的前身。"

　　中华文明的早熟性制约和导致了社会分工相对不发达,商品交换相对不发达,直接影响着物质生产与精神生产分工的相对不发达,因此也就没有如同古希腊罗马那样产生专门哲学家、职业文学家、艺术家和戏剧家。相反地,在我国古代,思想家和政治家往往是统一的,政治家和文学家往往是统一的。商周时代的"大宗""大祝""大卜""大史"等等,他们既是官吏,又是宗教思想家、哲人(主要是思想家);宗教与政治是统一的,官师是统一的,所以文学艺术是宗教的附庸、政治的附庸。又由于商品生产的不发达,作家及其作品长时期中没有可能商品化,没有出现职业作家、艺术家。

　　这就构成了这一时期文史哲的混一、诗乐舞的统一。《尚书·尧典》记载了唐尧时期观察日月星辰的天文学,其中"敬授民时"等等,又显示出早期文献的文史哲的混成特点;《尚书·禹贡》是人文地理学,其中表示夏代的天下中心观、金字塔式的五服职贡制——中华文明思想体系,揭示了多样化的生态体系,规划了文化类型和文明格局,综合性显示了早期文明史的文史哲混一的特殊形态。

　　早熟性的中华文明,保持着以血缘为纽带的宗法观念,在《诗经》的"雅""颂"中还保有对祖先的祭歌、先王的颂诗,而民间歌诗国风因周代统治者建立采诗制度而被采纳收集,这就是春秋时期的"诗三百"。

　　据《左传》襄公十四年载:"自王以下,各有父兄子弟以补察时政。史为书,瞽为诗,工诵箴谏,大夫规诲,士传言,庶人谤,商旅于市,百工献艺。故《夏书》曰:'遒人以木铎徇于路,官师相规,工执艺事以谏。'"又据《国语·周语》:"故天子听政,使公卿至于列士献诗,瞽献曲,史献书,师箴,瞍赋,百工谏,庶人传语,近臣尽规,亲戚补察,瞽史教诲,耆艾修之,而后王斟酌焉。"据上可知,在古代为了体察民情(掌握阶级斗争动态),统治者曾有从社会上采言采诗的事。

《史记·舜本纪》云"诗言意,歌长言,声依永,律和声",这表明上古诗歌是和音乐、舞蹈统一的。所谓"昔葛天氏之乐,三人操牛尾,投足以歌八阕";所谓"于!予击石拊石,百兽率舞,庶尹允谐,帝庸作歌……"所谓"情动于中而形于言,言之不足,故嗟叹之;嗟叹之不足,故咏歌之;咏歌之不足,不知手之舞之,足之蹈之也";所谓"诗,言其志也;歌,咏其声也;舞,动其容也,三者本与心,然后乐器从之。是故情深而文明,气盛而化神,和顺积中,而英华发外,唯乐不可以为伪。"(《礼记·乐记》)这为上古三代的诗乐舞制定的音乐美学原则。诗三百、楚离骚在其中。诗三百是歌唱的,诵诗三百,歌诗三百(现在还有老先生唱诗教学生),则诗三百实在音乐美学之中。

四言诗,二节奏,也是原始劳动的节奏,"饥者歌其食,劳者歌其事",在神权社会中,民间歌谣自发自然地抒发其生活感受,亦歌亦舞,后被神化。屈原披发行吟泽畔,"惜诵以致愍兮,发愤以抒情",屈原歌吟其诗以抒情。诗三百及楚骚被经学化、经典化,是后人在其上抹上经学迷雾,须还其文本本原。风骚并称,代表着中华文化精神、中华民族精神、中华民族艺术精神,是为中国文学之源头。

随着西周王朝的覆亡,神权世界崩塌,经济基础与上层建筑均发生根本性的大变化,土地私有,文化下移,春秋战国是一个文化大解放。文化大自觉的时代,史学独立、哲学独立,散文大勃兴。

秦汉大一统,政治大一统、文化大一统,百家争鸣的文化传统中断了。焚书坑儒,以吏为师,以法为教,罢黜百家,独尊儒术,秦汉文化走上了经学化、神学化的道路,汉代的造经运动,导致了六经学说的出现。

但汉代的统一,也促进了南北文化合流,为辞赋文学的盛行开拓了道路。汉武帝伐匈奴,开拓西域,建立乐府,收集民间歌曲,促使北方、西北方草原文化与中原文化合流。

乐府的杂言诗为从四言向五言过渡准备了条件。

三、两汉城市大发展，表明中国文学史由音乐美学时代跨入了文学美学时代

马克思主义告诉我们，一个民族的生产力发展的水平，最清楚地表现在该民族分工的发展程度上，而"分工是先前历史的主要力量之一"。因为社会分工，不仅使物质活动和精神活动、享受和劳动、生产和消费由各种不同的人来分担这种情况成为可能，而且成为现实。分工，"首先引起工商业劳动和农业劳动的分离，从而也引起城乡的分离和城乡利益的对立"。"城市是一切形式的结合之最高贵者，并且将一切皆概括在内"。城市生活的复杂性是当时社会阶级关系集中反映的结果，也是当时这种复杂的阶级关系集中反映的场所。不断扩大的社会分工与城市生活的发展，大大地丰富着第一性的社会现实，社会存在决定社会意识，"生产规模的狭小，限制了人们的眼界"，而复杂的城市生活与扩大了的社会分工则不断地提高人们的认识能力、思维能力、分析综合能力，从而也必然相应地提高人们的概括能力和表现能力。《孔雀东南飞》作为叙事长诗，应是这一时期城市文化的成果。

从四言诗到五言诗，从民间歌谣到文人诗歌，从音乐美学到文学美学，西亚文明、中亚文明、印度文明相继传入中国，多元文化的交流激荡，促进了中华文化的大发展，造成了中国文学这一体系性的根本性的变化——魏晋南北朝是五言诗的文学时代，是文学美学取代音乐美学的时代，是文学表现力大提高的时代，是文学个性化全面成熟的时代。

五言诗（包括七言诗）———文学的自觉、独立，经历了一个很漫长、曲折的历史过程。上古三代，可说是音乐美学时代，经春秋战国，"诗亡然后《春秋》作"，孔子的"兴观群怨"，孟子的"知言养气""以意逆志"，庄子的"言不尽意""求之于言意之表而入乎无言无意之域""得意忘言"等等，均接触或接近了文学的美学境界。

《毛诗序》提出了儒家诗学观——教化观与美刺讽谏的审美原则。但汉代的文学与文学家、史学家地位低下，正如司马迁愤怒指出的那样："文吏星

历,近乎卜祝之间,固主上所戏弄,倡优所畜,流俗之所轻也。"(《报任安书》)这正说明商周时期(和以后的封建社会)的文学艺术只是政治的附庸,作家艺术家只是统治者的"弄臣",他们的地位与"倡优"相等;古代作家能够写出一些有价值的作品,都不是经官方允许的,大都属于私人著述,"大抵圣贤发愤之所为作",表现为与官方哲学相对立的变风变雅或其他异端思想。

汉王朝的崩溃,全国性的农民大起义,儒学的衰微,神学社会影响的彻底消除,曹氏父子抛弃传统经学,家弃章句,人重异术,从此开始了文人作诗——形成一个邺下文学集团,并正式提出《典论·论文》,把文章提到事功并立、不朽盛事的地位,涉及文体、才气、个性与作品风格等文学创作一系列重大问题——为文学美学创立原则。"诗赋欲丽"为诗赋文学特点的质的规定——创造并总结了文学独立化的历史进程。

陆机《文赋》第一次比较明确地论述了文学创作的形象思维的某些特征,重点阐述了文学的形象性问题,提及灵感("应感之会")、"余味""诗缘情而绮靡,赋体物而浏亮"等抒情艺术(美学)传统。

《文心雕龙》是在中外文化大交流,并在多种思潮及书法理论、绘画理论及文学创作实践、文学理论遗产的总结下、吸收下出现的体大思精的文学美学专著。它对文体论、创作论、批评论、风格论、欣赏论以及创作规律、审美特征等,做了系统而完整的文学理论体系性的总结,标志着中国封建社会的文学美学理论体系的最后完成。

钟嵘的《诗品》、沈约的《四声谱》、任昉的《文章缘起》、萧统的《文选》等为声律、体制、设论、总集之始,均表示文学创作的繁复、艺术上的成熟、理论上的完整、文集的汇纂——文学的独立化、自觉化的历史集成,为唐代文学繁荣,准备了条件,奠定了基础。声律学与永明体是这一时期文学史的大事件。

南亚印度文化传入,带来了声律学。自建安讫南朝是由古至律的转变期,声律学受印度梵声的影响,将音律与文学创作结合,首见于《西京杂记》所载司马相如论辞赋,又及陆机《文赋》之论声律,而及永明(公元483—493)极盛。齐梁时期作家的新创造:永明变体是文学与音韵学、对偶学的结合,诗的声律美来源于汉语语言本身的音美、意美、形美所构成的整齐美——变化中的统一,顿挫中的和谐,形成完整组合的序列化与格律规范化,进而构成诗歌的整体美。

声律学之进入诗歌创作,加强了诗歌的形式美、音韵美,从自然成韵为人工成韵;对偶学之进入诗的创作,提高了诗的艺术概括力、艺术联想力,加强了诗的整齐美。对偶丽句,声韵音律,加强了诗的情采,提高了表现力,增强了诗的抒情性能,为中国古典诗歌的高度繁荣准备了条件。

诗由古体转入近体,散文由散体转入骈体,也就意味着文学独立化之更加深入,文学的审美功能达到一个历史新高度,为新时代的文学高涨,准备了充分的条件,打下了坚实的基础。

四、李唐王朝的建立,标示着中国文学史进入了新阶段

李唐王朝的统治集团本是胡化了汉族政治集团,"李唐一族之所以崛兴,盖取塞外野蛮精悍之血,注入中原文化颓废之躯,旧染既除,扩大恢张,遂能创空前之世局。"[①]

初唐文学遇到的是南朝宫体诗、唐初的上官体。初唐四杰从理论方向上、文学创作上,清除齐梁宫体诗及其影响,诗歌开始从宫廷走向社会,走向生活。在五言律、七言歌行上创出了新天地,杜甫的诗论则充分地肯定了四杰的"从台阁移至江山塞漠"的"当时体"的创作意义和现实价值。

李白、杜甫是盛唐诗歌的两个高峰,一代表前期,一为后期。杜甫把近体诗创作推向了新阶段。

"诗到元和体变新",白居易的诗作和诗论发生了巨大变化。这是元稹、白居易作为诗人的变化,其背景是时代的变化:安史乱后,唐由盛转衰,但城市经济、城市文化却获得了大发展。草原丝绸之路、海上丝绸之路带来了长安、荆襄湖广的国际大都市的繁荣,城市工商业高度发展。自春秋战国的城邦经济,工商业大发展,秦汉以降,城市商品经济大繁荣,但都在榷会制度、专卖制度下管理。城市工商业并未转型为资本主义,这些工商业只为皇家所用、官僚所用,是国家管理,但造就了新型市民阶层、城市市民文化,《孔雀

---

① 陈寅恪:《金明馆丛稿二编》,上海古籍出版社 1980 年版,第 303 页。

东南飞》《木兰辞》等长篇叙事诗均产生于城市市民阶层。

白居易写出长篇叙事诗《长恨歌》、元稹写出传奇小说《莺莺传》，是受城市市民文化影响，这是中国文学史上第一篇文人创作的长篇叙事诗和传奇小说，白居易的《长恨歌》《琵琶行》在长篇叙事中，加以浓重的抒情成分，在长篇抒情中加进大量的叙事成分——这种抒情中叙事、叙事中抒情的混合统一，是白氏的一个艺术创造，广泛地影响到了小说、戏曲的文学创作，成为中国古典小说、古典戏曲最具艺术影响的文学创作典范，文学更加接近民众，接近社会底层。

由诗而词而曲，诗境厚重雄浑，含意丰富，形象阔大；词境柔媚新巧，含意微妙，形象细腻；曲境畅达泼辣，含意单纯，形象直率。三者各具其美，后二者当与城市文化密切相关。

因城市经济、城市文化的发展，传奇小说、唐戏曲、唐变文等说唱文学、戏曲戏弄艺术等新型文学类型出现，中国文学表现出繁荣复杂面貌。

宋代的诗词、评话、南戏，元代小说（长篇评话）、杂剧，成为时代的文化生态主流。明清时长篇小说、大型戏曲为中国文学生态主流。

中国的传统的抒情艺术体系进入小说、戏曲之中，形成在叙事性的长篇小说、戏曲中，有浓重的抒情成分，这种叙事、抒情混而为一体的小说、戏曲具有极强的艺术魅力、极高的艺术影响力，使其具有世界性艺术品格。

这些生活在城市中的小说家、戏曲家及其演出艺人，可以是专业的，但不是职业的。这个时期中国还没有产生职业作家，还没有如同西方城市产生以此为谋生手段的职业作家。

这就是我们在马克思的"亚细亚生产方式"理论的观照下，所认识所勾画的中国古代文学史的基本轮廓。

第八章　东西方神权（天命）观念之比较

西方认为"上帝是真理,精神是实体,上帝是超越时间、空间的绝对真理,是宇宙万物的创造者,是至上的真善美。"信仰上帝才是人生的享受,对于其他一切,只能是使用。古代西方民族奉为先知,作为上帝的选民,宗教信仰渗透在整个社会生活中。

一、中华历史上神权思想文化产生的背景条件

1. 石器文化的大变化

从大石器到中石器到小石器到细石器,在旧石器晚期,东北地区(主要是黑龙江地区及华北地区)出现了细石器工业:投枪、石镞及弓箭的出现,这大大提高了狩猎族团的生产力,提高了人们的思维能力——"弓箭对于蒙昧时代乃是决定性的武器。"(恩格斯《家庭、私有制和国家的起源》)才有后来的毛皮(文皮)贸易。

物质生产的发展带动了精神生产的大变化,促进了、带动了精神生产的大变化。

2. 巫觋时代

人类历史是从万物有灵开始的,宇宙万物都是神秘的,"民神杂糅,不可方物;夫人作享,家为巫史"(《国语·楚吾下》),人人皆可通神,人人均是巫者,"民神同位",万物皆为神,人人皆可通神,造成人神的混乱、社会的混乱。对自然力与超自然力的不理解,就产生了神的观念,企求这个神来解决,他们遇到的各种生存困难,把自然与超自然力看成万物有灵,万物有神的观念。中华民族认为神在天上,称神为天神,接触上神,就获得神的认可,就获得了神权。神在天上,巨树皆可以接近天、天神;借助灵禽以接近天神,借助

— 207 —

法器以接近天神——如玉器、青铜器;借用灵器以接近天神,如观测日月星辰、面具、骨器、龟甲、石器。

"绝地天通",是从"家为巫史"以来,中华上古思想文化史上最大、具有决定意义的变化。所谓"绝地天通"——断绝地民与天神的相通之道,即断绝人人可以通神的"家为巫史",改变为只有少数人可以沟通天神,这是从人人可以通神变为少数人独占的通神权利——"乃命南正重司天以属神,命火正黎司地以属民"——由大巫者掌管沟通天神的职权。"使复旧常,无相侵渎"——不再侵犯通天神权。这个思想文化上的大变化,应是伴随以细石器产生开始的。

生产工具的变化促进了生活水平的提高,带来思想观念的变化,物质生产大提高,促进了精神生产的新变化,改变了中华历史文化格局与面貌。沟通天神就获得了神权,王权来于神权。沟通天神的中介就是巫觋,巫觋之获得神权者又多为王者,王巫结合,是中华早期王权的基本模式。

3. 巫觋时代又是玉器时代,新石器时代就是玉器时代,各地已出土的玉器多为祭祀天地的玉礼器

从距今9000~8000年的舞阳贾湖、阜新查海文化起始,中华古史进入新石器时代——玉器时代开始,到距今4000年进入青铜时代的夏王朝止,玉器时代横跨5000年。在中华大地上,北至黑龙江流域南至珠江流域,东在山东、江苏、浙江地区,西至新疆、四川等广大地区均有玉器出土,在辽西红山与江浙良渚出现两大制玉中心。在长时间、广泛地域的"惟玉为礼"的时代文化氛围中,形成了众多的以玉为礼器、以玉为神器的方国,构成了完整的玉礼器文化体系。依靠玉的自然特性最大限度地达到人与神沟通的文化功能与文化效应。这种玉礼器文化体系(制)为夏商周继承、沿袭,并影响整个中国封建社会。

掌控玉礼器、玉神器用以祭祀天地鬼神、沟通天地的权利的人是大巫者兼王者。

4. 王者来于巫觋

"绝地天通"是一次伟大的宗教文化改革,把混沌而无序的宗教文化秩

序化,其实质是由少数人独揽大权、独揽神权。"历象日月星辰,敬授民时";
"黄帝使羲和占日,常仪占月,臾区占星气,伶伦造律吕,大挠作甲子,隶首作
算数。容成综此六术而著周历也。"黄帝时有羲和,尧时仍称羲和,夏仲康主
管天地四时历数的仍称羲和,则羲和乃是黄帝以来世代主管天文历法的巫
者;世代相袭继承,则羲和是官职名而为人名,接受历代国君的管辖。是知
黄帝为大宗教主,如同颛顼"命南正重司天以属神,命北正黎司地以属民"一
样,颛顼亦为大宗教主。独占司天司历、祭礼天地、沟通天地的大权,传达上
帝意旨。"敬授民时",根据天象决定物候时序以管理社会生产与社会生活。
从天上到地上,从天神到人间,天神、地祇、人鬼均在这祭祀礼仪制度之中。
从神权到政治权再到社会财富垄断权,社会产生了统治阶段,有了等级差
别,有了贫富分化,王权产生了,社会分层结构出现了,历史进入了文明阶
段,国家就产生了。这就构成了中华文明产生的一种模式,在中华大地各文
化区域中相继发生作用,使横跨 5000 年的玉器时代成为中华文明产生的时
代。这就形成一种历史文化动力,普遍推进中华文明的进程。考古学充分
证实了这一点。

　　从"家为巫史"到"绝地天通"的社会转型时期,原来的酋长因在转型时
借机获得"通神独占"的神权,由人人皆可通神的一般性的巫觋转化成为独
占神权,成为协调人与天神、地祇、人鬼之间关系的具有特殊身份的人物,
"不王不禘",由掌管天人关系的祭祀大权而获得政治权、管理社会的权力,
神权就成为政治中心,王权正是源于神权的独占。

　　"暴力是一切孕育着新社会的旧社会的产婆"。"一方面,每一个新的进
步都必然是对于某一种神圣事物凌辱,是对于一种陈旧、衰亡但为习惯所崇
奉的秩序的叛乱。另一方面,自从各种社会阶级的对立发生以来,正是人的
恶劣的情欲——贪欲和权势欲成了历史发展的杠杆。"当氏族部落酋长(他
本身是个巫者)一旦获得通天的神权之后,就利用这独占的神权,扩大其贪
欲与权势欲,从神权(以神代言人的神职身份)扩大到社会领域、政治领域,
"国之大事,在祀与戎",部落长本就有军权、战争权,因其获有独占的神权而
使其权力得到加强。由神权而王权,国家产生了,社会历史进入文明阶段。

王的文字原型是一把斧头之形,甲文作戉,即石斧、玉钺,斧、钺为王权象征,权杖所在。①

最始初的王者是从氏族部落酋长中转化过来的,当他和他的族团进入文明阶段时,必然在氏族社会尚未解体前,提前由部落联盟而为国家,由野蛮阶段进入文明阶段,其所建立的国家形态属于早熟性早期性形态,它还保留有氏族文化(制度)某些特点,如氏族血缘宗法观念与制度、部落长老议事制度以及王位(酋长)继承制度等等。这种文明的早熟性是古老的中华历史上的一个突出特点,并贯穿于整个中华历史文化之中。

正基于此,中华文明史有一个王权神授的文化传统,君王自称天子——天地之子,其王位来于"奉天承运"和王权神授。国运的兴衰、世代的交替冥冥之中均有天帝的意旨存在其中,在夏商周则形成了天命观念,成为三代以来的中华传统文化观念。

王权源于神权,王权神授,国家之兴衰,正在于"克堪用德,惟典神天"(《尚书·多方》)——实行德政,尊祀天神,这总结并发展了上古三代以来的天人合一宇宙观,赋予了天人合一观念以新的内涵,成为周代以来的思想信仰体系的核心。

二、东方(中国)信仰天、天有天神,天、天神是有意志的

王权天受——王权天受观念、天命所归观念成为古代中国一种思维模式,为历代王朝所继承沿袭,是古代中国思想信仰体系中一个重要内容。

商之伐夏,是"有夏多罪,天命殛之","夏氏有罪,予畏上帝,不衣不正。"是"致天之罚"。周之征商,"今予发惟恭行天之罚,""膺受大命革殷,受天明命"。

这个天、天命,其内涵:人助即天助观念——"天视自我民视,天听自我民听"。民众看到的就是上天看到的,民众听到的就是上天听到的,上天听到的来自民众听到的。民众的眼睛就是上天的眼睛,民众的耳朵就是上天的耳朵,民众的心愿就是上天要做的。这应是对"天聪明,自我民聪明;天明

---

① 见康殷《古文字形发微·释王》,北京出版社 1990 年版,第 709 ~ 721 页

畏,自我民明威"(《尚书·皋陶谟》)的直接继承。这是说天意、天命从民意来,从民心来,民心的向背正体现着天意、天命,是天意、天命的突出表征。这就使藐远神秘不可把捉的天意、天命人间化,使其更具有人情味、人文性。

人兆即天意,梦兆乃神谕。占卜、卜兆、梦卜,是古人天命观念、天帝观念又一表现形态。人算不如天算。人定胜天,是从周文王时建立的新的天命观。

三、古中国天命观与古希腊命运观的比较

天命观与命运观是古代中国与古希腊的两种不同的思想信仰体系的观念形态,分别源于中、希民族各异的历史生活与心路历程。这种中西文化观念的比较是一个大课题,这里只就几点做些简要分析。

1. 在古希腊哲人心目中,命运是一个基本的绝对的观念,它主宰一个人的生活与生命,是先验的,与生俱来,不可抗拒,不可改变,无所不在;它超越人间社会,具有神秘的非伦理的文化特性。

古中国则主张天命是一个普遍和绝对的观念原则,它不是先天的超越人间行为而是后天的合乎人间社会的因果关系与伦理规范,个人的品行、情操道德权威与天意融合一致,人的道德伦理行为符合天意,获得天命,天人合一是古中国天命观的核心。

2. 命运观崇拜个人奋斗,崇拜力量与知识,强调个性与个性的张扬;在个体化的命运中,表现为个性与命定、自由与命运的对立统一,每一位英雄、每一神祇都在其与命运的抗争中表现他的个人意志力量,并将个性张扬到极致并作为其人生价值取向的首要目标。

天命观强调天命所归,人间社会秩序化、伦理化,反对多元多中心,强调一元化、一个中心;以伦理分解思维模式:家与国、君与臣、父与子、夫与妇的固定结构构成社会结构与思维体系,个体、个性被包容在这君臣父子夫妇的庞大而严密的伦理结构体系之中。

3. 命运是个人的,人人均有自己的命运,与生俱来,生而注定,在普遍命运观念下是一个复杂多样的现实世界和多神系统的神灵与圣殿。

天命是集体的族团的,"天命兴邦""天命兴商""天命兴周",这是一种

群体化的道德伦理观念认知,由此产生单一的王朝帝系。

4. 天命观为社会上层所专有,为王权所专用,天命所归,奉天承运,历代王朝把天命观的神学意识法典化、制度化,其中一个突出表现则是建年号、改正朔、易服色,用以上应天命,这可以称之为历代统治阶段神学目的论在天命观念上的表现形态。而在下层社会则逐渐产生与流行一种与西方相似的命定论、命运观,决定命运的不是神而是冥冥的昊天,表现为广大群众对苦难命运的抗争与无可奈何的悲剧心理。

命运观与天命观表现出中西文明的明显差异与各自民族文化与心理结构特点,它们的产生与发展形成中西方各自的文明发明道路、文化结构与文化特质。

起于西土的周族集团在前代历史文化的基础上,将天命观念体系化,使之成为西周王朝思想、信仰体系中的核心支柱(另一支柱为道德伦理观念),成为周族集团争夺政权、巩固政权与建设政权的强大思想武器,它所体现的中国式的伦理文化与人文精神对中华文明产生巨大的影响力与强大的启示力,成为中华文化传统的重要组成部分,应该认真加以总结。

附　录

一、给王巍先生的一封信

王巍先生：

请原谅贸然打扰你,有关中华文明起源问题向你请教,请拨冗一阅。

有幸看到《光明日报》2015 年 5 月 29 日《陶寺遗址与中华文明起源》整版文字,从中可知,参加讨论的六位均是"探源工程"人员,这应是关于"探源工程"的代表性意见。从中可归纳出中华文明理论:"传统的三要素":"文字、冶金和城市";"尧文化是中华文明的主要源头"——"进入早期文明的阶段";"唯独以陶寺为代表的中原华夏文明延续至今";"崇尚神权的模式……崇尚军权和王权的模式——这两种模式带来了不同的后果:崇尚神权的垮掉了,崇尚军权和王权的延续了下来。"

所谓"传统三要素"与"历史阶段三段论"(石器—青铜器—铁器——世界各地各国历史均经历这三个阶段)。这是由西方传入而为中国学界广泛使用的理论。我并不排斥西方理论,西方理论可以给我们以启发,甚至可以给我们以指导。

西方理论是否符合中华文明史的实际? 我们特别期盼参与"文明探源工程"的先生们能以中华文明的发生学史及中华文明史的实际,概括出符合历史实际的,揭示中华文明特质、中华文明史模式的中华文明理论。

所谓华夏文明论,唐尧王国及虞舜王国时代,华夏文化中心观念、中原王朝中心观念逐渐成为历史主流意识,但是,南蛮、西戎、东夷、北狄也在这一时期出现。

在中华文化的多元性、区域性与发展不平衡性的观念认识基础上,确认文明起源满天星斗、四面开花式,或谓之多元多向散点式的。

华夏与夷狄，天下与四海的历史格局逐渐形成，多元向一元转化，方构成多元与一元辩证统一的中华史发展方向。

夏者，大也，大人、手持斧钺的权威、首领、王者。甲骨文作执戌而立之人，"权威者、酋长或大奴隶主的造像"。

四夷观念始源于四方、四方风、四时节令、四方神等观念，到了夏代，产生九州观念、五服观念和以中央王朝为中心的金字塔式的王朝政治结构与统治秩序，由此产生天下与四海、华与夷、内与外等华夏中心观念，四海、夷狄与中心观念对应，华夏与夷狄，构成严华夷之防的思想文化路线，主宰并影响着中华历史的进程。

是知，夏之名称出现是社会阶级出现的产物，是权威、酋长、王者的标志，进而成为族团的标志。

所谓"神权"与"王权"，一指"垮掉了"，一指"延续下来"。这里认为唐尧时期是抛弃神权、"崇尚军权和王权"的时代。

似乎，唐尧时期恐尚在神权时代。帝尧以王者独占沟通天地的神权兼群巫之长的身份，命令知天的羲氏与知地的和氏两个智者与巫者集团观察天象星历，以敬授民时，使天地宇宙与人间社会秩序化，在以天地宇宙同构为中心的认知体系形成中，突出以王权（神权的代表者）为中心的社会意识、政治意识，在此基础上构成国家的政治结构与社会结构，并借此加强了王权的神圣性与合理性。

陶寺文化遗址的大型王城，以土鼓、特磬、龙纹盘、玉器为葬器，不仅显示了王室的神圣与尊显，而且表明王者与巫者结合，政治权力与宗教权力相结合的早期国家文明特点。

神权是中华文明史的一个历史阶段，是中华早期文明史的一个特点。王权神授，王权源于神权，是中华早期文明史的一种基本模式，唐尧王国在这一模式之中，直至夏商周时代，仍可看到这种模式的影响。

在文明探源问题上存在一种值得关注的文献学怀疑论和考古学独门化的思潮倾向。王先生会知道的。

《中国文物报》总第1376期2005年12月9日第4版刊发的河南博物院等单位召开"文明探源：考古与历史整合"学术研讨会实录，从学科整合思维角度讨论文明探源问题,标志文明探源问题讨论已进入一个新阶段。

在中华文化史上,中华文明史上,大综合、大整合不断地进行着,无论统一时期抑或分裂时期,无论华夏族团还是夷狄族团,其当政者及其文化精英均对前代历史文化遗产进行融合工作,这才有中华文化史与中华文明史。

《光明日报》5月59日的报道中,除了考古资料外,只用了《尚书·尧典》,因为陶寺考古中,出有"圭表"遗物。此外不见其他历史文献及史迁的东西,一个字也未提及。这里是否也存有文献学怀疑论的疑问?

西方文明理论,恩格斯、马克思的国家与东方社会学说等,我们均可以从中吸取有利于建构中华文明理论框架的成分,并结合中华文明起源及其发展的历史实际,构建中华文明特色的理论框架,应是学界的共同任务。

马克思的"亚细亚生产方式"学说揭示了古老的东方社会生产方式、生产关系诸问题,而且指出东方社会文明的产生与发展的独特特征:早熟性。应结合中华古史的实际,应用马克思学说,从中找到并建构符合中华历史实际的文明理论框架。

我曾写出《马克思"早熟的儿童"观与中华早期文明——以唐尧王国为例》一文,贸然寄给了《中国社会科学》《光明日报》,不予理睬,这是意料中的事,而编辑的封闭式的宗派式的作风,不会有利于学术事业。

请原谅我这个80多岁老人的唠叨,交流意见,请批评。

张碧波
2015 年 6 月 12 日

二、关注文明探源研究中的宗派思潮

中华文明探源,这些年来取得很大发展、很大成绩,新作迭出,创见不断,但也出有另种意见,不合学术常规,令人关注。

问题的提出

请看:

说到理论,本书没有使用新近流行的舶来的考古学理论和方法,只是通过一些中国考古学个案的研究,发现了一种特殊的线索,形成了一点点自己的看法而已。世界上流行的关于文明起源的理论不能说完全没有道理,但是,那终究是国外的经验。中国考古学的研究必须像老一辈考古学家那样实事求是,走自己的路,总结自己古老国度的特点与规律,完全按照外国的经验对号中国的资料犹如隔靴搔痒,根本不解决问题。中国文明起源的探索很像是对甲骨文和金文的研究,只能依靠中国古代文献提供的理论、辞例和用法加以考释,因为别处没有这种古老的文字。中国古代文化就是具有这种特殊性。所以,拿来主义、教条主义只能吓唬别人、糊弄自己,削足适履更是容易被耻笑的:这是被中国革命实践反复证明了的道理。本书的研究主要依据考古学资料,尽量不用历史文献,偶尔用一点儿,也实出无奈。因为东周的文献说西周的事情,大概还有可信度,如果讲商代的事情就不能那么认真了,用来套新石器时代的考古学资料那就更没谱了。对于中国古代文明的核心与特色、传统与精华又有哪个学科能够比考古学更有发言权?中国古代漫长的历史中有很多重大课题是必须由考古学来完成的,考古学还在研究和探索的课题,其他学科当然就无能为力了,只有中国考古学能够化腐朽为神奇,向历史的深度挺进,为其他学科的研究提供理论的武器。在中国的学术界,几乎所有关于人类精神生活和思想意识水平的研究,不论是方法、理论或例证都是照搬照抄外国的经验,而缺失自己的认识体系。探索思想的起源、艺术的起源、宗教的起源、财产的起源、国家的起源和文明的起源,都把眼光仅仅局限在原始宗教的概念上,用这个概念解释中国的考古学资料是典型的削足适履,而且,很容易令人对这个时期的精神生活和社会行为产生出个别的、杂乱的、无序的误解。原始宗教的意识与行为在古代中国的存在是不能否认的客观事实,但其意义如何,在人类社会的进程中发挥怎样的作用是不能笼统地、似是而非地加以解释的。因此,在中国研究原始社会史、研究原始宗教必须有个年代的界定。距今 10000 年以前是原始宗教的研究范畴,此后是古礼的研究范畴,用国外的那套研究方法和理论是无能为力的。①

这位论者提出两个问题:一是拒绝"舶来的考古学理论和方法","拿来主义、教条主义只能吓唬别人,糊弄自己","世界上流行关于文明起源的理论……终究是国外的经验……对号中国的资料……根本不解决问题";二是拒用历史文献,拒与其他学科合作。

《北方文物》2010 年第 2 期田建文先生的《让材料牵着鼻子走》一文,编辑部将此文列在"考古学研究基本方法"一栏中,则此文是阐述考古学方法论,其涉及考古学与史学的关系,这是考古学与史学研究的一个大问题。

田文的主旨是"让材料牵着鼻子走",其所说的"材料",是指考古材料:"通过以物论史,透物见人,代死人说话,达到把死人说活的目的","这也是在考古学研究中贯彻实践是检验真理的唯一标准的具体表现"。这是一种理论,一种考古学研究的基本方法。

田先生在考论晋国遗址和倪祁宫、夏、夏都、夏文化和陶寺遗址时均借

---

① 　上引自卜工《文明起源的中国模式》,科学出版社 2007 年版,前言第 6～7 页。

助《左传》《水经注》等历史文献以之为佐证。田文强调让考古材料牵着鼻子走,却对历史文献持怀疑态度。请看:"得分清(历史)文献的真与伪和可靠性有多大";"当时或接近发生时间的文献较少,比较可靠。再往后就与实际有着差距,甚至概念混淆……导致是非极端化";"似是而非的文献,去伪存真的任务,非考古学莫属,在与文献数据的比较与权衡过程中,首先考古学,才能做到优势互补。"

田文是上文所列观点的进一步补充。

这种拒绝国外(主要是对马克思恩格斯的)理论,这种文献学怀疑论和考古学独门化倾向,这是一种宗派主义思潮,应引起我们的关注。

考古学大师苏秉琦先生晚年提出考古学的改革问题,苏先生将欧洲创立的考古类型学理论成功地实现了中国化,进一步提出考古文化的区系类型理论,把考古类型学理论推向了新高度。

晚年苏先生提出"把(考古学)描述的科学变成真正的科学;科学是讲规律的,恰巧我们的学科缺这一块",应该指出中国考古学的局限和问题,为此,苏先生急呼:"也该改换门庭了。"为此他提出科学考古学、动态考古学的命题,作为中国考古学的"学科建设的思考",深情地表达了一位老学者对考古学科建设的关切与期待,并提出重建中国史前史的目标,将史学、人类学与考古学的相互交流融合,构建成合为一体的研究模式。

《中国文物报》总第1376期2005年12月9日第4版刊发的河南博物院等单位召开"文明探源:考古与历史整合"学术研讨会实录,从学科整合思维角度讨论文明探源问题,标志文明探源问题讨论已进入一个新阶段。

中国是一历史文献大国,历史文献出于"实录"。

———— 一 ————

中华第一代文化人——巫觋集团参与并创造了中华早期文明,在中华文明史上发挥着重要作用,这在世界文明史上是罕见的。在研究与探索文明起源问题时必须关注这一问题。

①人类一诞生就创造了巫史文化,即所谓"民神杂糅,不可方物;夫人作享,家为巫史。"万物有灵,人人皆可通神,直到"颛顼受之,乃命南正重司天

以属神,命火正黎司地以属民,使复旧常,无相侵渎,是谓绝地天通。""如是则明神降之,在男曰觋,在女曰巫。"

文化人来于巫,换言之,巫就是古代之文化人,这已成为学界之共识。《国语·楚语下》记述了巫觋产生历史过程,这些巫觋为智者,为圣者,处在民神之间,上下比义,沟通天地上下,因此有了宇宙秩序,"各司其序,不相乱也"。这种祭祀礼仪制度是巫觋创造并建立的,因此,民众有了忠信,神鬼有了明德,"故神降之嘉生,民以物享,祸灾不至,求用不匮",社会大治。

《说文》:"巫,巫祝也,女能事无形,以舞降神者也,象人两袖舞形。与工同意,古者巫咸初作巫。"《说文》:"工,巧,饰也,象人有规矩。"段注:"巫祝"之祝乃觋之误。《说文》:"觋,凡巫之属皆从巫。觋能齐肃事神明者,在男曰觋,在女曰巫。"巫与工同意,"象人有规矩",规矩为古之划圆划方的工具。"数之法出于圆方。圆出于方,方出于矩。""方属地,圆属天,天圆地方","是故知地者智,知天者圣。智出于句,句出于矩。"[1]

这是中国古老的数学观念、数理思想,可知,规矩是规划天地宇宙的象征工具,"用这工具的人,便是知天知地的人。巫便是知天知地又是能通天通地的专家,所以用规矩的专家正是巫师。""商周时代的巫便是数学家,也就是当时最重要的知识分子,能知天知地,是智者也是圣者。"[2]

[2]巫觋的另一重要职务是"历象日月星辰,敬授民时",掌握天地之历数,即掌握天宇、掌握宇宙、掌握天人关系,这是巫者的也是王者的职能。这揭示中华文明起源阶段王者与巫者的一种内在的特殊联系。《左传》曾保存上古文明史料,其中著名的如昭公十七年(前525年)郯子来朝,向昭公谈上古历数。这是记述从黄帝伊始,古代王者创造、掌控与垄断天文历数,天数与权力结合为一。正揭示出王者兼巫者,王巫合一的中华文明起源的一大特点,天人合一、天人同构,成为中华民族的宇宙观念,贯穿于中国古代社会之始终。

文明史初期,掌管天文历算是古帝王兼巫者的不可或缺的政治统治术、神圣权力,是统治者获得"神权"——沟通天神、敬授天时的标志,它是"一种

---

[1] 《周髀算经》。
[2] 张光直:《商代的巫和巫术》,《中国青铜时代》,三联书店1999年版,第156页。

初始的文明对于愚昧的征服,而且成为后世君权神授、君权天授思想的渊薮。"

从"家为巫史"到"绝地天通",是文化或文明演进的两个阶段的标志。《国语·楚语下》记楚昭王问其大夫观射父关于颛顼命重、黎沟通天地的事时,观射父说:"古者民神不杂……及少昊之衰也,九黎乱德,民神杂糅,不可方物。夫人作享,家为巫史,无有要质。……颛顼受之,乃命南正重司天以属神,命火正黎司地以属民,使复旧常,无相侵渎,是谓绝地天通。"家为巫史,人人皆可主持祭祀,人人皆可通神,造成"民神同位""神狎民则",上天失掉威严,社会没有秩序,"祸灾荐至,莫尽其气",给人间社会带来灾难,造成严重威胁。从旧石器时代进入新石器时代,社会发展需要新的社会秩序,而在万物有灵观念还严重影响与支配人们头脑的时代,需要在人天关系上有所整顿、有所突破——突破无序、突破家为巫史的散乱态势,变无序为有序,变"家为巫史"为"绝地天通"。"帝颛顼出来,使少昊氏的大巫重为南正重'司天以属神'——只有他同帝颛顼才管得天上的事情,把群神的命令会集起来,传达下去,此外无论何巫全不得升天,妄传群神的命令。又使'火正黎司地以属民',使他管理地上的群巫,使他们好好地给万民治病和祈福。""这是宗教里面从低级向高级上升的一个大进步,关系颇大。""帝颛顼是一个宗教主";"帝颛顼的处置是有进步意义的,并不是复古。""从宗教的低级、巫术而进于高级的宗教是人类知识演进时候必经的阶段。"①宗教文化领域的大变革,带动了整个历史的变动,并逐渐构成源于神权的王权的建立,造成社会结构的新变化。这是中华上古史从旧石器时代向新石器时代转轨时的重大事变。"绝地天通"是一次伟大的宗教文化改革,断绝地民与天神的交通,把混沌而无序的宗教文化秩序化,其实质是由少数人独揽宗教大权、独揽神权。"历象日月星辰,敬授民时"②;"黄帝使羲和占日,常仪占月,臾区占星气,伶伦造律吕,大挠作甲子,隶首作算数。容成综此六术而著调历也。"③黄帝时有羲和,尧时仍称羲和,夏仲康主管天地四时仍称羲和,则羲和乃是黄

---

① 徐旭生:《中国古史的传说时代》,文物出版社 1985 年版,第 83~84 页。

② 《尚书·尧典》。

③ 《世本》。

帝以来世代主管天文历法的巫者;世代相袭继承,则羲和是官职名而为人名,接受历代国君的管辖。是知黄帝为大宗教主,如同颛顼"命南正重司天以属神,命北正黎司地以属民"一样,颛顼亦为大宗教主。独占司天司历、祭礼天地、沟通天地的大权,传达上帝意旨;"敬授民时",根据天象决定物候时序以管理社会生产与社会生活。从天上到地上,从天神到人间,天神、地祇、人鬼均在这祭祀礼仪制度之中。从神权到政治权再到社会财富垄断权,社会产生了统治阶级,有了等级差别,有了贫富分化,王权产生了,社会分层结构出现了,历史进入文明阶段,国家就产生了。这就构成了中华文明产生的一种模式,在中华大地各文化区域中相继发生作用,使横跨5000年的玉器时代成为中华文明产生的时代。这就形成一种历史文化动力,普遍推进中华文明的进程。考古学充分证实了这一点。

从"家为巫史"到"绝地天通"的社会转型时期,原来的酋长因在转型时借机获得"通神独占"的神权,由人人皆可通神的一般性的巫觋转化成为独占神权,成为协调人与天神、地祇、人鬼之间关系的具有特殊身份的人物,"不王不禘",由掌管天人关系的祭祀大权而获得政治权和管理社会的权力,神权就成为政治中心,王者正是源于神权的独占。

二

《大戴礼·五帝德》:"颛顼乘龙而至北海,东至蟠木。"陈奇猷《〈吕氏春秋〉校释》注引:"毕沅曰:前詹事云:'扶木即蟠木'。古音扶如酺声转为蟠。"陈氏案:"此'扶木'与'大夏''北户''三危'相对为文,而大夏、北户、三危皆地名,则扶木亦当为地名无疑。古无轻唇音,故扶读酺(《汉书·天文志》)注引郑氏曰:'扶当为蟠,齐鲁之间声如酺。酺、扶声近。'酺、蟠双声,故扶木、蟠木、榑木均同。且此云'东至扶木',《求人》'禹东至榑木之地'日出、九(之)津、青羌之野,攒树之所,椿天之山,鸟谷青丘之乡,黑齿之国。"蟠木首见于《史记·五帝本纪》"帝颛顼高阳者,……北至于幽陵,南至于交趾,西至于流沙,东至于蟠木。"

颛顼高阳帝以蟠木——扶桑为其"东方之极"的人文地理标志是一极具

启示性的问题。则蟠木——扶桑乃颛顼及其重黎巫史集团已创造了扶桑十日神话,《尚书·尧典》:"乃命羲和,钦若昊天,历象日月星辰,敬授民时。分命羲仲,宅嵎夷,曰旸谷……"旸谷即汤谷,汤谷、扶桑成为中华古族在朝鲜半岛所创造的十日神话。

英国科学史家李约瑟在《中国科学技术史》中引用 19 世纪著名天文学家德莎素的一段话,在《尧典》中"司天之台,天文学家正观察天球赤道点上的四颗恒星的活动"。这个活动正由羲和巫史集团进行。

可以得知,颛顼之"蟠木"、唐尧之"钦若昊天,历象明星辰"之旸谷,均由重、黎、羲、和巫史集团进行并记录下来,则《尧典》正出于羲和集团观察天象、确立物候时序的文字记录。

"司巫掌群巫之政令","太史掌建邦之六典"。《周礼》所记应是集前代及周代的巫史文化的记录。

三

①司马迁在《太史公自序》中开篇记司马的家世:"重黎氏世序天地",司马彪序云:"南正黎,后世为司马氏"。可知司马氏世代为天官,至司马谈,"为太史公"。可证史家源出于巫觋。从中华第一代文化人的世代相继,中华史学大家有深厚的历史文化积淀。自颛顼的南正重始,司马氏十几代的巫史文化传统,深厚的家学渊源(据此,史迁关于上古三代的文化史是极有价值的),秦汉大一统所带来新型的开放式的文化观念和对前代文化的大整合,造就了一代文化巨人。

②在中华文化史上,在中华文明史上,大综合、大整合不断地进行着,无论统一时期抑或分裂时期,也无论是华夏族团还是夷狄族团,其当政者及其文化精英均对前代历史文化遗产进行整合工作,这才有中华文化史与中华文明史。徐旭生先生早就指出了这个问题:"战国又是学术昌明的时代,把宇宙中间已经知道的一切现象综合起来,造成一个整齐的大系统,实在是学术昌明时期的特征。时过境迁,学术进步,很容易指摘他们的错误。但是通览各国的学术史,一方面没有一个学术发达的时候不喜欢作大综合,成整齐系统;另外一方面,没有一个大综合、大系统没有错误。这两方面似乎互相

矛盾,但全是真实,皆非虚伪。"①对所谓"传说时代的史料也应认真地给以辨析,很古时代的传说总有它历史方面的质素、核心,并不是向壁虚构的。"②可知,春秋、战国时期"把宇宙中间已经知道的一切现象综合起来,造成一个整齐的大系统",是应该包含新石器时代的中华文明产生的种种历史文化现象,上古三代的历史文献是可信的,至于对这些历史文献的如何使用,在于使用者的史事鉴别能力了。

③倡导整合研究的学术意义。考古学的出现带来一场人类的认识革命,英国著名史学家戈登·蔡尔德说:"史前考古学造成了一场人类对自己过去的认识革命";"它像光学仪器一样,已经将我们的视力范围往回延伸五十倍,而且每年都在扩大着用新的立场和观点来加以叙述的领域。"③考古学的主要成果之一是打破了欧洲文化中心论;成果之二是打破了中原文化中心论,给人们提供了中华文化多元的丰富多彩的、活生生的历史场面;成果之三也是最重要、最持久的成果,则是打破了历史学家、文化史家对文字记载的传统依赖,使历史学家与文化史家能够超越传统史料所限定的范围,极大地扩展了研究的时间与空间视野,把历史学、文化史学等学科推向了一个研究新层次。

但是,任何学科都有其局限性,对于文化史(或文明史)来说,考古学只提供了最基本最主要的构筑材料,考古学的成果是文化史或文明史的史料,考古学的终点是文化史或文明史研究的起点(请注意:这里没有任何轻视考古学的意思),因为考古学的终极目的同样是对人类历史的一般描述,而文化史或文明史研究则需从庞杂、琐碎、重复的遗物、遗迹中,从考古文物中加以归纳、概括、提炼,而不停留在具体的文物形态的考查上。考古学文化并不就是文化史、文明史。虽然它们有密切联系,作为文化史或文明史研究,不能仅仅满足于文物类型学的整理上,而需要结合并运用文化人类学、体质人类学、环境生态学、宗教学、天文考古学、古文字学、神话学以及原始美学、

---

① 徐旭生:《中国古史的传说时代》,文物出版社1985年版,第204页。
② 徐旭生:《中国古史的传说时代》,文物出版社1985年版,第20页。
③ 蔡尔德:《史前史学家对播化论的解释》,转引自杰弗里·马勒克拉夫《当代史学主要趋势》,上海译文出版社1987年版,第168页。

原始思维科学、原始工艺学等诸多学科的综合研究,并尽可能地、最大限度地结合文献学对考古文化功能做出符合实际的探求,而氏族集团的地缘性、血缘性或氏族族团的规则如原始禁忌等必然反映在文物形态上,一定程度地制约文物的形态、纹饰以及文物所显示的文化水平、文明特性与程度。这是说,文物的功能意义与人的生物学欲求相对应,文物的符号意义则与文化所体现的欲望相对应,应在能动地、多元性地分析文物的功能时加上对遗物及遗址形态方面的多层次、多学科的整合分析,方可从具体的考古遗址遗物中看到其所体现的文化观念、文明内涵。"考古与历史的整合"的"历史"并不仅指历史学,而包含社会科学、人文科学的方方面面,这也应取得共识。

四

思想是行动的先导和指南,理论为实践注入灵魂的动力。马克思主义是我们立党立国的根本指导思想,中国革命的伟大实践充分证明,只有马克思主义才能救中国,只有在马克思主义指导下才能建设中国。只有马克思主义理论才会指导我们解决文明探源问题。我们已从马克思主义理论体系中找到了认识与解决中华文明探源(包括原始公社等问题)的金钥匙。

2014年,我写了一篇用马克思的理论说明中华早期文明的文章,一时心血来潮,就给《中国社会科学》寄去了,意料之中的事,不见回音,又给《光明日报》寄去了,也不见回音,可能因为是黑龙江人写的,不屑理睬。

偶然看到《光明日报》2015年5月29日刊发以中国社科院考古研究所王巍所长牵头的"中华文明探源工程"的广告:"陶寺遗址与中华文明起源"。这是我早已盼望能看到"工程"的文章,在哈市各书店找不到工程成果的出版物。对这份广告所载的文章内容,我提出三点意见向王所长请教,就按《考古》编辑部的地址,专递寄去。没有下文。接着,我连续写了《学习马克思的"生产方式"理论,探索中华早期文明模式》《在马克思的理论统摄下,对中华早熟性文明诸问题的考察》二文,打听到考古所的地址,又用专递寄过去,过了很长时间,打听到王巍所长的手机,由我的研究生询问说没收到,又用电传把二文传过去。可能因观点相左,不予理睬吧。

这些曲折过程说明,在学术界存在着学术不民主、不平等的问题,存在着宗派主义思潮。这不利于学术事业的发展,寄文章只为了听听意见(只是关心文明探源事业罢了),给高级刊物、高级研究机构和人士也只是听听意见而已,"地势使之然,由来非一朝",这只会给事业带来不利的影响。

文明探源是探讨中华文明史的开篇,中华民族怎样创造自己的文明史;总书记强调"让历史说话",正是要准确书写、正确认识中华民族怎样走上文明发展道路的,中华文明产生与发展的独特道路,中华文明的特质等根本性的问题;从历史中发现规律,以正确的历史观奠定中国和世界走向未来的基础。因此,中华文明探源问题,让历史说话,用史实发言,中国要有自己的符合中华历史文化实际的中华文明史,具有中国特色的中华文明模式,构建以马克思主义为指导的中华文明史观。这是中国学界一项重大的战略任务。

三、碧波先生大作初识

孙慕天

　　碧波先生大作《学习马克思"亚细亚生产方式"理论,探索中华早期文明模式》,将马克思的著名历史哲学命题用于中国文明起源史的探索,在同类研究中,独树一帜,是原创性的力作。我是历史学的门外汉,虽对中国古代文明起源问题素有兴趣,但仅限于好奇性泛览。这个主题在马克思主义和整个西方历史学话语体系中,至今仍属空白,我虽对之充满求知欲,但学殖瘠茫,未克治史,仅因涉及中国传统思维方式与中国科技发展模式关系问题(所谓"李约瑟问题"),对相关文献偶有涉猎。碧波学长不弃愚陋,不耻下问,惶恐之至,唯盛意难却,不揣鄙陋,谈一点读书心得。

　　少时曾亲聆先师侯外庐先生阐释亚细亚生产方式,振聋发聩,至今难忘,始终认为这一主题是马克思主义历史哲学最富创造性的生长点之一。碧波先生秉先贤观堂先生所倡"二重证据法",以亚细亚生产方式为立论基础,勾勒出中国文明起源的总体模式,并给出四种类型的类型学分析,据此做出中国文明起源特质的概念建构。

　　依鄙见,大作演绎亚细亚生产方式的特殊中国模式,就其理念说,是把中国古文明这个大系统的特质做了三个维度的解析:

　　1. 天人合一:敬授民时,人天同构;吾生有命在天,而人事悉关天意;天人感应,获罪于天,无可祷也。

　　2. 天祖合一:敬天法祖,神化祖先,天、帝、祖一体化,如大作所云:"将巫史文化与祖先图腾崇拜结合起来",这成为殷人一元祖先神的滥觞。侯外庐先生考证殷人高祖夔为殷先人族帜图腾意正在此。

3. 天地合一:敬天尊君,君权神授;法天象地,皇天后土,社会的一切规制立法是神道设教,而敬德孝思即意识形态亦本乎天意。《尚书·甘誓》启讨有扈氏,政纲堂而皇之:"有扈氏威侮五行,怠弃三正,天用剿其命"。

我认为,大作这一历史逻辑建构,匠心独运,是史识的原创性突破。我虽孤陋寡闻,但在我所见的相关文献中,此论不落窠臼,别具只眼,适足发聩启聩。

关于亚细亚生产方式的问题,长期争论不休,核心问题是亚细亚生产方式是社会历史形态范畴(和奴隶制、封建制、资本主义、社会主义并列),还是社会经济范畴。我们这里讨论文明起源与亚细亚生产方式问题,可以置上述争论于不顾。但回避不了的问题是,马克思所说的亚细亚生产方式本义是什么? 在我看来,仅就亚细亚生产方式与古代文明起源这一主题而论,国内所做的解读可分为两大派:一派是以侯外庐先生为代表的广义派,一派是以田昌五先生为代表的狭义派。

先说广义派。亚细亚的古代是文明演化道路、财产所有关系、阶级形成方式、社会结构特点、思想生产性质的综合概念,属于文明历史模式(或用时下流行的概念说是范式,paradigm)的范畴。

1961 年春,中国哲学史课上曾恭听侯外庐先生专题讲授亚细亚生产方式,引起我强烈兴趣,后又拜读了先生相关著述。侯外庐先生 1946 年出版《中国古代社会史论》一书,系统提出他对"古典的古代"和"亚细亚的古代"的比较观,成为以亚细亚生产方式理论研究中国文明发展道路的奠基之作。此书解放后多次重版,其主要论点收入作者主编的《中国思想通史》第一卷(1947 年初版)第一章"中国古代社会及其亚细亚特点"一节,作为这部五大卷皇皇钜制的开篇,看来这是侯公研究中国思想史的指导思想。侯先生的观点概括起来说就是,中国文明走的是改良的维新道路,所谓"人惟求旧,器惟求新"。他的观点已经为史学界包括考古学界乃至哲学界普遍接受,成为主流共识。李学勤先生于 1997 年 12 月连出二书,一曰《走出疑古时代》(辽宁大学出版社),一曰《中国古代文明与国家起源研究》(云南人民出版社)。李学勤引用侯外庐自传中语云:"古代社会这两个不同的路径,如果用恩格斯家族、私产、国家三项作为文明路径的指标,那么,'古典的古代'就是从家

族到私产再到国家,国家代替了家族;而亚细亚的古代则是从家族到国家,
国家混合在家族里面,……所以,前者是新陈代谢,新的冲破了旧的,是革命
的路线;那后者却是新陈纠葛,旧的拖住了新的,是维新的路线。"这段话见
侯外庐先生《韧的追求》(三联书店,1985 年版,第 235 页),可以看作是侯外
庐先生对中国文明的亚细亚生产方式解读的纲领。有趣的是,李学勤先生
说,触动他想起侯公此语的乃是张光直先生的考古研究,张氏的《中国青铜
时代》一书中《谈"琮"及其在中国古史上的意义》等专题论文,注重探讨中
国文明是"怎样"形成的,"为什么"这样形成,其关键是对财富积累和形成的
方式和途径的探析。李学勤认为张光直从考古地下证据得出的结论有三:

1. 中国古代文明的工具和技术与前文明时代没有本质变革;

2. 宗族制度是中国古代文明的阶级分化和财富集中的基础;

3. 天人合一宇宙观是中国古代文明财富积累和集中的工具。

张光直据此认为,中国文明起源的形态是"连续性"形态,西方文明起源
形态是"破裂性"形态,并得出中国形态才是世界文明转进的主流形态,西方
形态是一种例外。所以,李先生说,侯公虽然只是从历史哲学的理论上立
论,却与张光直先生立足考古研究得出的结论"殊途同归。"[1]

这倒使我想起我另一位先师关锋先生,他也是我中国哲学史老师之一。
此公是"文革"的干将,后又以"王关戚"反党集团罹祸,其实他是极有学问的
人,自不应以人废言。我读大学时——大约是大四或大五吧——读过他的
《春秋哲学史论集》一书,年方弱冠,所以印象极深,并做过笔记,写了长篇心
得。此书序言用专门篇幅讨论亚细亚生产方式,但不知为什么,只字未提侯
外庐先生的有关论点(记得他讲课时也未提及,我听课时就觉得他像是有意
不提),虽然他的观点和侯公是同一进路。这姑且不论,应当说,关的阐释颇
系统,也有推进。近日拜读大作,想起当年的一些思考,可惜关锋《春秋》一
书早成绝版,手边无书,无法征引。突然想起我的旧笔记,居然还在,虽然纸
页已经泛黄,觉得仍有参考价值。结合关锋先生的论述和侯外庐先生的阐
释,我曾把学习心得概括如次(大意):

---

① 参见李学勤《走出疑古时代》,第 67~68 页。

1. 中国的亚细亚古代不是以财产的个体私有制为基础的,而是以氏族公社公有(实际是氏族贵族共有)为基础的;

2. 氏族公社内部农业手工业合一,商品经济极不发达,城市是政治军事中心而非经济中心;

3. 走向文明的道路不是打倒氏族贵族,打碎以血缘为纽带的氏族制度,而是保存了宗法血缘关系的深层社会结构,氏族领袖转身而为国家统治者,不是由富而贵,而是因贵得富;

4. 阶级统治关系的支柱是等级制和宗法制的结合,即"氏所以别贵贱"的所谓"宗子制度""大宗维翰""宗子维城"①,大小宗等级结构的族权,也是财权、法权、军权和神权的等级结构;

5. 由于主要靠协作("千耦其耕")而不是凭工具——技术进步提高生产力,社会生活以维护等级和宗法关系为依归,囿守自给自足的农耕模式,因此在精神生产上重道德伦理轻自然稽求("天何言哉"),国民思想具有典型的"贤人"(而非"智者")倾向。

这些肯定都可以在考古学领域得到证实,张光直先生关于"巫术法器"在中国古文明政权集中和财富集中过程中的特殊意义的研究,正是亚细亚生产方式的物质符号。

再说狭义派。

大约世纪之交,我读到田昌五先生的专著《中国历史体系专论》(山东大学出版社 1995 年版)。田氏认为,马克思的亚细亚生产方式不是社会形态概念,实际上是一种经济社会模式,这种模式的特点是,以农村公社为基础的社会组织,国家在社会生活中管理农村公社,国家指挥公社进行大型工程建设(主要是水利工程),土地公有,不允许自由转让等等。所以亚细亚生产方式就是村社制度,这只是一种经济社会模式,主要是在"从印度起到爱尔兰止",或者加上个埃及,涵盖西亚、北非,至于马克思说的"这在中国,也是原始形式"一语,则"纯属揣测之辞"。据田先生的研究,中国古代根本没有什么"农村公社"。由于没有村社制度,所以说中国古代文明是亚细亚生产

---

① 《大雅·板》。

方式,不啻"神话"。

田昌五先生认为,中国原始低下生产力的耒耜耕作(不像古典的古代早已使用金属工具)需要协田耦耕,不能单个农户独立运作,因而出现以家族为单位的协力耕耘,一个家族有多少户就将土地分作若干块,一族人共饮一井水,同耕一片地,是为井田。"有些人以为井田制是什么农村公社,这是十分迂腐的。农村公社是由个体农户组成的,怎么这里却是家族共耕呢?"至于"换土易居",则是当时开垦一块耕地只能用上九年,地力耗竭,必须另开新地,是来一次大搬家,迁到新开垦的耕地附近去居住。所以,"有些人将换土易居,说成什么农村公社,纯属牵强附会,当然其中也有随声附和,人云亦云。"①因此中国根本没有什么亚细亚生产方式。

但是,《公羊传·宣公十五年》有云:

> 是故圣人制井田之法而口分之,一夫一妇受田百亩,……司空谨别之高下善恶,分为三品;上田岁一垦,中田二岁一垦,下田三岁一垦;肥饶不能独乐,硗确不得独苦;故三年一换土易居,财均力平。

李亚农先生在《中国古代的公社制度》中,对此的解释恰恰是:农村公社的土地一部分分配给各家族,由他们独自去耕种。但各家族分得的土地都有定额,亩数虽同,但有肥饶之差,所以要三年调换一次,以均苦乐。同时,还有一部分是属于公社整体的,由各家族共同耕作,所得产品用于支付共同开支,如战争、祭祀等("祀与戎"),而有"雨我公田,遂及我私"(《小雅·大田》)之分。李氏对中国古代公社做了全面考证,征引卜辞,金文,《尚书·召诰》《周礼》,"遂人""大司徒""祭法",《诗经》大小雅诸篇什,以及后世《吕氏春秋》《春秋繁露》等文献,可谓言之凿凿。② 田氏否定中国古代村社制度的论据,未免武断。

田昌五先生认为中国古代文明的社会结构有四种社会组织形式:姓族、宗族、家族、家庭。他认为:"中国古代的社会经济是以宗族共同体形式而出

---

① 田昌五:《中国历史体系新论》,第 50～51 页。
② 载《李亚农史论集》下卷,上海人民出版社 1962 年版。

现的,在出现族邦之后,就有族邦共同体。因此,其阶级和等级也超不出宗族共同体。"①这不正是说,中国古代文明具有亚细亚特质吗? 换言之,即使不承认中国古代有村社(公社)制度,但其保留氏族亲缘关系,以血缘而不以地域划分人群的基本属性是不能否认的,这不正是侯外庐先生所主张的维新道路和"早熟的儿童"吗? 所以,即使按田氏自己的论证,也得不出他那个"破除中国历史东方类型说"和"亚细亚形态神话"说的结论。

　　以上主要是我的读书札记,一些零碎感想,书之供碧波学长一晒,聊以塞责。

---

① 《李亚农史论集》下卷,上海人民出版社 1962 年版,第 59 页。

后　记

　　用马克思主义研究中华文明史及其相关问题,是我们的必修课;这里着重在文明起源以及从神权社会转型人文社会的新时期和文明史诸问题,并在中华文明史的大背景下考察中国文学的发生、发展诸问题。我们找到了马克思的"亚细亚生产方式""早熟的儿童"及关于原始社会的论述,从中找到了解决中华文明起源及其发展诸问题的金钥匙。

　　在分析论列中,坚持考古与历史文献整合研究,充分运用多学科的综合研究,使立论建立在科学基础上。

　　这本小册子列入关于文明史研究中的宗派思潮问题。我们切身感受到学界存在一种只要一家独占这一领域,就不允许他人问津的倾向,听不得不同意见的倾向。缺乏一种学术性风气、讨论风气、相互切磋琢磨的风气,这不利于学术发展,而有些问题是需全国参加的,如文明探源问题,考古大师苏秉琦先生在其晚年曾提出中华文明"满天星斗"式的论断,这当然需全国学界参与;而且苏先生特别提到考古学的改革问题,这些均对我们很有启发和启示的。

　　希望这些研究能经得住历史的检验。

张碧波、陈永宏

2015 年 11 月 16 日初稿

2016 年 2 月 3 日定稿